전국 꼴찌 **구짱구**의

꼴_{찌도} 통_{하는}

공부법

전국 꼴찌 구짱구의

꼴찌도 통하는 공부법

2018. 3. 16. 초 판 1쇄 인쇄
2018. 3. 22. 초 판 1쇄 발행

저자와의
협의하에
검인생략

지은이 | 구본혁
펴낸이 | 이종춘
펴낸곳 | **BM** 주식회사 **성안당**
주소 | 04032 서울시 마포구 양화로 127 첨단빌딩 5층(출판기획 R&D 센터)
| 10881 경기도 파주시 문발로 112 출판문화정보산업단지(제작 및 물류)
전화 | 02) 3142-0036
| 031) 950-6300
팩스 | 031) 955-0510
등록 | 1973. 2. 1. 제406-2005-000046호
출판사 홈페이지 | www.cyber.co.kr
ISBN | 978-89-315-8208-6 (13370)
정가 | **16,000원**

이 책을 만든 사람들
책임 | 최옥현
기획 · 진행 | 박남균
교정 · 교열 | 류지은
내지 디자인 | 에프엔
표지 디자인 | 임진영
홍보 | 박연주
국제부 | 이선민, 조혜란, 김해영
마케팅 | 구본철, 차정욱, 나진호, 이동후, 강호묵
제작 | 김유석

■ 도서 A/S 안내

성안당에서 발행하는 모든 도서는 저자와 출판사, 그리고 독자가 함께 만들어 나갑니다.
좋은 책을 펴내기 위해 많은 노력을 기울이고 있습니다. 혹시라도 내용상의 오류나 오탈자 등이
발견되면 "좋은 책은 나라의 보배"로서 우리 모두가 함께 만들어 간다는 마음으로 연락주시기
바랍니다. 수정 보완하여 더 나은 책이 되도록 최선을 다하겠습니다.
성안당은 늘 독자 여러분들의 소중한 의견을 기다리고 있습니다. 좋은 의견을 보내주시는 분께는
성안당 쇼핑몰의 포인트(3,000포인트)를 적립해 드립니다.

잘못 만들어진 책이나 부록 등이 파손된 경우에는 교환해 드립니다.

BM 성안당

추천사

공부는 과연 '어떻게' 해야 하는 것인가?

저자는 이 진부하고도 난해한 질문에 굉장히 체계적이며 구체적인 답변을 제시한다. 십여 년간 강사생활을 하며 수많은 공부법 책들을 읽어보았지만, 너무 두루뭉술하고 이상적인 방법들뿐이라(또는 너무나 당연한 얘기들만 나열되어 있기도 하고) 실제로 적용하기 힘든 경우가 대부분이었으나 이 책은 다르다.

이 책에는 저자가 다년간 고민하고 경험하며 발전시킨 공부법이 아주 상세히 나와 있다. 또한 기초개념과 함께 곁들인 공부법의 실제 적용 사례가 매우 유용하다. 이 책을 읽고 체득하게 되면 반드시 성과를 볼 수 있을 것이다. 본인의 제자들 중에서도 기본기가 없어 힘들어하는 친구가 있다면 반드시 일독을 권할 정도이다.

공부를 해도 도무지 성적이 오르지 않거나, 공부 자체를 어떻게 해야 되는지 모르는 친구들에게, 반드시 이 책이 필요하다.

'공부법'을 가르친다는 것은 정말 어려운 일인데, 많은 선생님들이 쉽게 '공부법'을 가르치고 있습니다. 그저 본인들이 과거에 했던 공부 경험을 혹은 몇몇 명문대학생의 공부 경험을 통합해서 "이것이 성적이 오르는 공부법이다."라고 말하는 것이 실상입니다. 아무것도 모르는 학생들은 "공부는 이래야 한다더라, 아니다 저래야 한다더라."하며 더 혼란스러워하고 있습니다.

묵묵하게 공부법을 연구한 구본혁 대표의 공부법은 이런 문제의식에서 출발했습니다. 풍부한 이론적 배경과 다양한 실제 사례를 통해서 학생들은 체계적으로 공부를 배울 수 있을 것입니다. 물론 이 책을 읽는다고 해서 바로 성적이 오르지는 않을 수도 있습니다. 하지만 특별한 무언가를 비싼 돈을 내고 배워야만 성적이 오르는 것이 아니라, 제대로 된 방법으로 공부하는 습관만 익힌다면 누구나 좋은 성적을 받을 수 있다는 사실을, 바로 이 책을 통해서 배울 수 있기를 바랍니다.

"추상적인 공부법은 공부법이 아니다."

20대 내내 학습법 관련 교육 멘토링에 종사해오며 느낀 바를 이보다 더 자세히 정리할 수는 없을 것 같다. 그러므로 이 기치를 내걸고 끝까지 서술을 이어가고 있는 이 책은 가장 정직하면서도 본질에 충실한 학습법 지침서라고 말할 수 있다.

같은 학습법 전문가로서 보았을 때, 이 정도로 탄탄한 기본 바탕 위에 논리적으로 일관된 체계를 이어나가고 있는 책은 찾아보기 어렵다. 우리는 바야흐로 '공부법 인플레이션'의 시대 속에 살아가고 있지만, 정작 '누구나' 할 수 있는 뻔한 이야기들만 가득 차 있으며, 우리가 원하는 가장 간지러운 부분을 긁어주는 정보는 찾기 힘든 상황이다. 학습에서 애를 먹고 있는 독자로서는 답답한 상황이 아닐 수 없다.

그렇게 이런저런 공부법에 치여 왔던 독자가 이 책을 읽는다면 신선하면서도 속 시원한 느낌을 받을 수 있을 것이다. 무엇보다도 이렇게 값진 공부법들이 굉장히 상세하고 구체적으로 기술되어 있기 때문에, '누구나' 쉽게 따라할 수 있다는 장점이 있다. 만약 그간 내가 이야기해왔던 공부법들을 망라한다면 이 책의 내용과 비슷할 것이라는 생각이 들 정도로, 책 한 권에 중요한 정보들이 모두 담겨 있다.

이 책을 읽고 또 읽어서 자신의 것으로 숙지한다면, 반드시 저자처럼 인생역전을 통해 '꼴찌'들에게 꿈과 기회를 줄 수 있는 사람으로 성장하게 될 것이다.

2004년, 본혁이의 담임을 맡았다. 이 친구는 그때 무슨 생각을 했었던 것인지 야자 한 번 하는 꼴을 본 적이 없었고 당연히 성적은 최하위였다. 그랬던 꼴통이, 졸업한 지 13년이 지난 2017년에 공부법 책을 낸다며 나를 찾아왔다. 네가 무슨 공부법 책이냐며 웃었지만 그때의 골치 아팠던 그 녀석과는 사뭇 달랐다.

"너희 선배들도 다 뒤늦게 찾아와서 후회하더라."라는 나의 말이 기억에 남았다고 하며 들려주는 역전 스토리를 듣고 어안이 벙벙했다. 자신의 책이 신빙성을 얻기 위해서는 자기의 꼴통시절을 직접 보고 느꼈던 담임 선생님의 추천사가 필요하다기에 펜을 들었다.

공부라고는 일말의 관심도 없었던 농땡이가 공부법 책을 쓴 것처럼, 이 책을 읽는 학생들에게 앞으로 어떤 일이 벌어질지는 아무도 모른다. 어쩌면 공부를 잘 하는 것보다 훨씬 멋진 일들이 많을 것이다. 하지만 이 책은 적어도 공부가 발목을 잡는 일은 없도록 해줄 것이며, 더 나아가 공부가 아닌 다른 길을 선택하는 방법도 제시하고 있다.

이 책은 세상을 살아가면서 수많은 선택의 기로에 설 때, 여러분의 선택의 폭을 넓혀줄 것이다. 꼴통이었던 본혁이의 책이라니 아직도 믿기지 않지만, 그래서 이 책을, 과거의 이 친구와 꼭 닮은 학생들에게 추천하고자 한다.

최용석 필자를 쓰레기라고 불렀던 고3 짝꿍

'죽마고우(竹馬故友)'라는 말은 미취학시절의 일화가 그 유래지만, 대한민국의 입시전쟁을 함께 치른 친구가 '전우'로서 허물없이 오래가는 친구라고 생각한다. 저자는 고등학교 시절 함께했던 전우로서, 나름대로 모범적인 생활을 했던 나와는 전혀 다른 길을 걷고 있었다. (사실 생각이 있었던 건지는 잘 모르겠다.) 그랬던 이 친구가 고등학교를 졸업하고 몇 번의 입시를 거쳐 교육이라는 백년대계에 발을 담그기까지 맞닥뜨렸던 세상의 편견과 오해, 치열하게 부딪히고 깨져온 실패의 흔적들, 이는 엘리트 코스를 밟아온 여느 입시교육론자와는 다르게 심심찮은 울림을 가져다준다.

"괜찮아. 넌 할 수 있어! 힘내! 내가 응원할게."라고 흔히들 던지는 한 마디가 인생에서 단 한 번도 실패를 경험하지 못한 친구의 입에서 나온다면, 우리가 공감할 수 있을까? 공감의 기본 요건은 '그 일을 경험해봤는가'라고 생각한다. 그 요건을 충족하고 나서야 비로소 함께하는(共) 느낌(感)을 가지기 위한 출발선에 설 수 있다.

저자는 그런 점에서, 공부하고 싶지만 공부방법을 모르는, 실패를 경험했지만 앞으로 나아가고 싶은, 그런 학생들에게 누구보다 공감해줄 수 있을 것이다.

이 책을 추천하면서, 한 가지 당부하고 싶은 것이 있다. 모든 정답은 스스로에게 있다. 기다린다고 해서 저절로 나아지는 것은 아무 것도 없으며, 노력하지 않으면 얻을 수 없다. '링에 올라서는 것'은 오롯이 '당신'의 몫이다. 이렇게도 변할 줄 몰랐던 죽마고우의, 어쩌면 부끄러울지도 모를 과거를 담은 이 책을, '꼴찌'라는 서글픈 굴레를 벗어버리고픈 전국의 꼴씨들에게 권한다.

김 혜 원 학생 어머님 초등학교 교사

아이가 마음에 쏙 드는 이력의 과외 선생님이 집에 오신다고 이야기했는데, 나는 걱정이 앞섰다. 남자선생님이신 데다가 평탄한 삶을 살아온 분이 아니라고 들었는데, 아이를 둔 부모의 입장에서 선생님이 조금은 평범했으면 하는 생각이 들었기 때문이다. 하지만 거실 문을 향해 들어서는 구본혁 선생님을 본 순간, 우리 아이에게 참 좋은 선생님이 될 것 같다는 느낌이 들었다. 25년 동안 교직생활을 하면서 느꼈던 직감 같은 것이 통했었는지도 모르겠다.

선생님은 먼저 딸아이의 학습 수준을 테스트해보고 어느 정도인지 확인한 후, 학습 계획을 세우고 스케줄을 관리하는 방법에 대해서도 차근차근 말씀해주셨다. 딸아이는 선생님의 설명을 듣고 나서, 자신이 선택한 선생님이 마음에 쏙 든다고 흡족해했다.

학습 수준 테스트 후, 선생님은 아이가 고등학교 수학은 많이 알고 있지만 중학교 수학의 부족함 때문에 원하는 만큼의 성적이 나오지 않는 거라고 하시며, 한 달 동안 중학교 수학의 부족한 부분에 대해서 지도해주셨다.

아이는 선생님과 공부를 시작하면서 마냥 어려워만 했던 수학이라는 과목에 대해서 자신감이 생기는 것 같았고, 아이가 공부를 하면서 힘들어할 때마다 인생의 멘토로서 현재의 삶에 최선을 다하는 자신의 경험을 이야기해주시는 등 선생님은 공부와 마음을 동시에 잡아주셨다.

그렇게 약 1년의 시간이 흐른 뒤, 아이는 수학에 자신감을 얻어 성적이 많이 향상되었고, 꿈도 가지게 되었다. 선생님과의 수업이 끝난 후에도 계속 연락하면서 서울에 계신 선생님을 만나러 가곤 했다. 아이는 선생님이 졸업하신 연세대도 둘러보면서, 자신의 꿈을 키워가고 있다.

다양한 과외 선생님을 만났지만 아이에게 꿈을 키워준 선생님은 없었다. 선생님을 만나 성적 향상, 학습 스케줄 관리 방법을 배울 수 있어서 좋았고, 아이가 삶이라는 긴 여정의 멘토를 만나게 되어서 무엇보다 좋았다. 또한 수업이 끝났음에도 늘 한결같이 챙겨주고 보살펴주시는 마음이 따뜻한 선생님이라는 생각이 들었다.

이 책은 그런 선생님이 심혈을 기울여 만든 책이다. 어떤 환경에서도 굴하지 않았던 선생님의 의지와 노력, 공부방법이 독자들에게 전해질 것이라 생각하며 이 책을 추천한다.

선생님 늘 감사하고 앞날에 행운이 가득하시길 기원합니다.

윤 민 섭 학생 2017 대한민국 국가대표 요리사(조리부문)

부모님은 내가 어릴 때부터 맞벌이를 하셨다. 때문에 공부를 봐주거나 공부하라고 시키는 사람이 없어서 항상 게임만 했었다. 혼자 있는 시간이 많다보니 혼자 밥을 해서 먹거나 라면을 끓여서 끼니를 때웠다. 이런 생활은 중학교 3학년까지 이어졌고, 나는 '요리'라는 것에 흥미를 갖게 되었다.

요리사가 되고 싶다는 생각에 조리고등학교 진학을 알아봤지만, 내신 50% 이상만 지원할 수 있었다. 그 사실을 알고 나는 좌절했고, 요리사라는 꿈을 포기했다. 그만큼 내 내신은 밑바닥이었다. 그렇게 일반계 고등학교로 진학했고, 나는 언제나 잠만 잤다.

고등학교 3학년 2학기 무렵, 열심히 공부하는 친구들의 모습이 눈에 밟혔다. 수능이 코앞이라는 이유로 친한 친구들조차 만날 수 없었고, 혼자가 된 기분에 미래에 대한 불안감도 몰려왔다. 그때부터 포기했던 요리사의 꿈을 향해 다시 나아가야겠다고 생각했고, 구본혁 선생님을 만나게 되었다.

첫 수업에서 선생님은 공부 방법과 생활패턴 등을 하나하나 살펴보시고 잘못된 부분을 알려주셨고, 나에게 맞는 공부 방법을 처방해주셨다. 그리고 꿈을 이루기 위해 목표 대학과 학과를 정할 수 있도록 도와주셨다.

기초가 없던 나는, 고등학교 3학년 때 중학교 1학년 교과과정부터 공부해야 했다. 다른 사람들이 6년간 해왔던 공부를 4개월 만에 하다 보니, 목표했던 서울 4년제 대학교에 입학할 수 있는 성적을 내는 것은 무리였다. 하지만 거의 전교 꼴찌였던 내 성적은 부모님과 담임 선생님께서 깜짝 놀라실 정도로 많이 올랐고, 결국 '요리'를 향해 한 발 내딛을 수 있었다.

수능과 대입이 끝나고, 이제는 선생님과 사제 관계가 아니라 인생의 선후배로 지내고 있다. 대학생이 된 후에도 선생님께서는 내 꿈인 '요리'를 향해 진로를 개척할 수 있도록 방안을 제시해주셨고, 인생의 길잡이가 되어주셨다. 그로부터 5년이 지난 지금, 나는 '대한민국 조리부문 국가대표'라는 타이틀을 가지게 되었다.

공부뿐만 아니라 진로를 개척하는 데에도 도움을 주시고, 꿈을 포기해야만 했던 나에게 손을 내밀어 이끌어주시고, 인생의 선배로서 옳은 길로 갈 수 있도록 지도해주신 선생님. 이 기회를 빌려 선생님께 내가 이 자리까지 올 수 있었던 것은 선생님 덕분이며, 정말 감사하다는 말을 전하고 싶다. 많은 독자 분께서 이 책을 계기로 제대로 된 공부방법과 기초지식을 흡수할 수 있길 바라며, 이 책을 통하여 얻고자하는 것을 얻을 수 있을 것이라고 장담한다. 어떤 목표를 가진 독자라도 이 책을 읽고 난 후에는 보다 나은 내일이 기다리고 있을 것이라 믿는다.

"추상적인 공부법은 공부법이 아니다."

전교 꼴찌에서 최상위권이 되었다는 드라마틱한 스토리는 이제 뻔하다. 공부가 제일 쉬웠다거나 공부밖에 방법이 없었다는 엄청난 스펙을 가진 스토리들도 마찬가지다. 뻔한 이야기라고 했지만, 고교시절의 나는 꼴통이었고 꼴찌였다. 공부를 어떻게 해야 하는지, 왜 해야 하는지는 당연히 몰랐고 PC방, 오락실, 노래방을 전전하는 구제불능이었다.

앞서 말한 뻔한 책에는 이런 내가 보고 따라 할 수 있는 내용은 없었다. 꼴찌인 내가 보고, 이해하고, 따라 할 수 있는 내용으로 쓰이지 않았었다. 당연히, 공부의 시작을 어떻게 하고 어떤 과정에 의해 공부가 진행되는지는 알 수 없었고 공부가 능사가 아니라는 것도 대학을 졸업하고 나서야 알았다. 그 때문에 나는 방황했고 여기까지 오는 데에 너무 오랜 시간이 걸렸다.

비록 오랜 시간이 걸렸지만, 여러 번의 실패와 작은 성공에서 얻은 노하우와 교훈을 통해 내 공부법을 구체화하는 데에 성공했고 이 책을 세상에 내놓을 수 있게 되었다. 나는 이 책에서, 과거의 나와 같을 여러분들에게 바로 따라 할 수 있는, 조금 더 특별한 공부법을 가르쳐 주고자 한다. 딱히 대단한 학벌이나 스펙이 있는 것은 아니지만 꼴찌부터 최상위권이 되는 수험생활에서 겪은 수많은 실패와 성공, 그리고 오랜 시간동안 현장에서 강사로 활동하며 얻은 알짜배기 노하우를 이 한 권의 책에 모두 담고자 노력했다. 또, 가난한 학생들이 이 책 한 권만 갖고도 공부하는 방향을 잡을 수 있기를 바라는 마음과, 방황하는 학생들이 더는 늦지 않기를 바라는 진심을 담아 글을 썼다. 굳이 공부가 아니더라도 말이다. 이 책에는 최하위권에서 최상위권으로 도약하는 과정에서 느낀 말로 형용할 수 없는 감정들과 필사적으로 얻어낸 나의 노하우가 고스란히 담겨있다.

많은 학생들이 상담을 요청해온다. 이 학생들의 공통점은 교과서적인 해답, 즉 '설명서'를 필요로 한다는 것인데 각기 다른 유형의 학생들에게 별개로 적용되어야 하는 공부를 단편적으로 설명한다는 것이 참으로 어려웠고, 그에 대한 명쾌한 답을 내놓기 위해 아주 긴 시간을 연구하고 또 연구했다. 그런 학생들을 위해 읽고 따라만 해도 되는 '설명서'를 만들고자 했다. 긴 고민 끝에 도달한 결론은 생각보다 간단했다.

"Specificity is special"

공부법은 누구든 따라 할 수 있어야 하므로 구체적이어야 했다. 나의 공부법은 구체적이다. 이 책의 PART 1에 제안한 7개의 STEP은 성적 향상에 최적화된 과정이며 순차적으로 쓰여 있으니, 최하위권들 조차도 적힌 대로 따라만 하면 누구라도 쉽게 따라 할 수 있다. 대체 공부가 무엇인지 모르겠다면 이 책을 두 번만 정독하라. 그 어떤 공부라도 막막해서 손도 못 대는 일이 벌어지지는 않을 것이다.

2018년, 이제 나의 노력의 결과물이 세상에 모습을 드러낸다.

마지막으로, 고3 시절 나태했던 나를 깨워 준 고등학교 단짝 용석이, 이 책을 쓸 수 있도록 지식과 지혜를 가르쳐주신 은사님들, 자녀를 선뜻 맡겨주신 수많은 학부모님들과 믿고 따라와 준 제자들, 창업이라는 전쟁을 함께 견뎌가고 있는 스타트업 대표 동료들, 부족한 대표를 믿고 따라와 주는 엔리프에듀 식구들에게 감사한다는 말을 전한다. 또, 이 책을 빌려 내가 가장 아끼는 친구들에게도 감사의 마음을 전한다. 우람이, 현준이, 선천이 그리고 이제는 연락조차 하지 못할 남이 되어버린 성수도…. 아직 많이 보고 싶고 사랑한다고.

그리고 세상에서 가장 사랑하는 나의 가족, 항상 정정당당하고 바르게 살아가는 법을 가르쳐 주신 어머니와 언제나 형을 믿고 따라와 주는 하나 뿐인 동생 본우에게도 너무 고맙고 사랑한다는 말을 전하고 싶다. 비록 여기 다 적지 못했지만 크고 작게 나를 응원해준 다른 모든 지인들께도 정말 감사하다는 말씀을 드리고 싶다.

십 수 년 전에는 누가 봐도 불가능해 보였던 일들이 이제는 현실이 되었다. 이제, 내가 모토로 삼는 문장 세 개를 소개하며 여러분이 궁금해 할 구체적인 공부에 대한 설명을 시작하려 한다.

"해야 하는 것은 할 수 있는 것이다."
"안하는 것은 있어도 못하는 것은 없다."
"Impossible is nothing"

Let's get it !
2018년 1월 구 본 혁

Part 01

전국 꼴찌 구짱구의
꼴찌도 통하는 공부법

CONTENTS

Part 01

Part 01은 무작정 공부하라는 내용이 아니다. 단순한 교과 내용은 더더욱 아니다. 필자와 수많은 선배의 경험을 통해 입증된 가장 효율이 높고 현실적이면서도 구체적인 방법이기에 누구든 차례대로, 쉽게 따라 할 수 있을 것이다.

긴 말은 하지 않겠다. 여기에 적힌 내용을 순서대로 100% 소화하면 완전 입문자도 최상위권이 될 수 있다. 벼랑 끝에 서 있다면 이 공부법이 여러분의 마지막 동아줄이 되어줄 것이라고 확신한다.

너 자신을 알라

처음부터 공부를 논하기에는 이르다. 탐색전을 통해 자신을 파악하고 앞으로의 전략을 세워보자.

01 나를 돌아보자

이 책을 읽는 학생들 모두가 공부를 하기 싫어하는 것은 아니다. 물론 공부 자체가 싫은 학생들도 있겠지만, 그 학생들은 이 책조차 읽지 않겠지. 이 책을 읽는 학생들 대부분의 마음은 이럴 것이다.

> 하기는 해야겠는데 하기는 싫고,
> 공부(를 안 해도 성적이 잘 나오는)법을 알고 싶어.
> 나는 해도 안 되는 것 같아.

공감하나? 줄여서 말하면 '날로 먹고 싶다'는 것이다. 많은 학생이 공부하지 않아도 성적이 오르는 방법만을 찾는다. 공부법을 찾는다는 것은 핑계고 '쉽고 편하게' 공부하고 싶은 생각일 뿐이다. 그래서 시중에 돌아다니는 좋은 공부법을 찾아다니지만, 이를 아무리 익혀도 성적은 오르지 않는다. 진짜 해야 하는 공부가 아니라 공부법을 공부한 셈이니 실질적으로는 전혀 공부하지 않은 것과 같기 때문이다. 또, 제대로 해보지도 않고서 해도 안 되니까 안 하는 거라고 합리화한다. 돌이켜보면 나 또한 그랬었다. 인정하자. 인정하지 않으면 더 괴롭다.

노력 없이 잘하는 방법

당연히 알겠지만 이런 방법은 없다. 이 방법을 기대하고 책을 편 학생들도 많겠지만, 안타깝게도 이번에도 틀렸다. 그런 방법은 세상 어디에도 없다. 공부뿐만 아니라 게임조차도 잘하기 위해서는 엄청난 노력을 꾸준히 해야 한다. 이런 마음가짐으로는 제대로 된 노력을 1%도 하지 않을 것이기 때문에 상식적으로 결과가 좋을 수 없다. 많은 학생이 본인 말로는 정말 열심히 한다고 하지만 4등급을 넘지 못한다. 정말 열심히 한다면서 대체 왜?

크게 세 가지 이유를 들 수 있는데, 첫 번째는 간절하지 않아서 대충 하기 때문이다. 두 번째는 본인에게 필요한 공부를 하지 않고 엉뚱한 공부를 하기 때문이다. 마지막으로는 공부해도 남는 게 없을 만큼 비효율적으로 하기 때문이다.

성적이 좋지 않은 이유는 많지만, 근원적인 이유는 단 하나, 본인에 대해 모르기 때문이다. 본인에 대해 모르니 목표를 세우기도 쉽지 않고, 설사 어설픈 목표를 세웠다고 하더라도 간절하지 않다. 그러니 대충하게 되는 것이다.

많은 학생이 본인은 어느 정도 노력을 하고 있다고 생각한다. 본인에 대해 잘 모르고 있다. 가슴에 손을 얹고 생각해보면 절대 간절하지 않았을 것이다. 간절했다면 많은 것이 달랐을 것이다. 곰곰이 생각해 봐라.

공부에 어려움을 겪고 있는 학생들은 무작정 공부를 하는 것이 아니라, 마인드를 바꾸기 위한 노력부터 해야 한다. 마인드가 바뀌지 않으면 수많은 공부법은 아무짝에도 쓸모없다. 이 책도 마찬가지로 냄비 받침일 뿐이다. 자, 그러면 마인드를 어떻게 바꿀 수 있을까?

모든 현상의 개선은 문제를 인지하는 것에서 출발한다. 우리가 개선하고자 하는 것은 '나'의 공부현황이다. 그러니 나에 대해 자세히 알아야 한다. 과거의, 현재의, 미래의 나에 대해 명확히 이해해야만 개선할 수 있다는 것이다. 같은 맥락에서, 공부하기 위해서는 가장 먼저 과거의 나의 공부습관을 분석해보고, 어떤 문제가 있었는지를 파악하는 것에서 출발해야 한다. 이를 위해서 나를 돌아볼 수 있는 세 가지 방법을 제안한다.

1. 내가 했던 공부들을 돌아보자

지금까지 정말 수많은 방법을 동원해서 공부했을 것이다. 많은 학생이 학원, 과외, 인강 등 할 수 있는 걸 다 해봐도 도움을 받을 수 없었을 것이다. 그 이유가 뭘까?

지금까지 내가 했던 공부들

20 년 월 일 요일

언제였나요?	어디서 했나요? (인강, 학원, 과외 등)	무슨 과목이었나요?	공부를 어떻게 했나요? 솔직하게 말해 보세요.

불편한 진실 하나를 말하자면, 학원은 성적을 올리러 가는 곳이 아니라 굳히러 가는 곳이다. 공부를 못하던 친구가 잘하기 위해서는 새로운 내용을 받아들여야 하고, 새로운 내용을 받아들이기 위해서는 내가 모르는 것부터 해야 한다. 하지만 학원의 특성상 다수의 학생에게 초점을 맞추기 때문에, 내가 모르는 것을 찾아서 알려주지 않는다. 즉, 학원에서 했던 공부는 나에게 전혀 도움이 되지 않았을 가능성이 높다.

그리고 공부란 반복이다. 경험을 누적시켜 모르는 내용이 없도록 만들어야 공부를 잘할 수 있는데, 지금까지 했던 공부는 반복의 과정이 없었을지도 모른다. 아까 말했던 '대충하는 습관'이 과거의 공부를 지배했을 수도 있다는 말이다. 이처럼, 내가 했던 공부들을 하나씩 조사해봐야 한다.

작성자 :

성적이 올랐나요? 배운 게 있었나요?	아니라면 이유가 무엇일까요?	똑같은 기회가 있다면 어떻게 공부할 건가요? 구체적인 방법을 알려주세요.

2. 내 공부습관을 돌아보자

　내가 했던 공부를 돌아보고 나면, 내 공부습관도 돌아볼 수 있다. 공부를 제대로 하고 있는지, 나에게 부족한 내용이 뭔지를 찾고 나면 보완 방향도 확실히 알 수 있다.

　다음 표의 첫 번째 섹션은 기초 국어 능력, 두 번째 섹션은 자제력, 세 번째 섹션은 학습의지, 네 번째 섹션은 공부법이다. 각 항목별로 체크를 해보고 평균 점수를 내보자. 평균 점수가 낮을수록 부족한 항목이며, 보완이 시급하다는 뜻이다.

　국어 능력이 부족하다면 [STEP 02 입문 : 워밍업] 단계의 공부를, 자제력이 부족하다면 [STEP 03 공부법 습득] 단계의 '본인을 제어하는 방법'을, 학습 의지가 부족하다면 바로 다음에 이어질 '공부의 이유'를, 공부법이 부족하다면 이 책 전체에서 배울 내용을 조합하여 보완하면 된다.

		매우 그렇다. (1점)	그런 편이다. (2점)	모르 겠다. (3점)	아니다. (4점)	절대 아니다. (5점)
1. 평균 ___점	나는 어릴 때 책을 많이 읽지 않았다.					
	나는 지금 책을 많이 읽지 않는다.					
	나는 글을 잘 읽고 잘 쓰는 편은 아니다.					
2. 평균 ___점	나는 친구들과 어울리는 데에 시간을 많이 사용한다.					
	나는 게임, SNS, 영상감상 등을 하느라 시간을 많이 보낸다.					
	나는 잠이 많은 편이라 해야 할 것이 있어도 안 하고 자는 경우가 많다.					
	나는 계획을 세워도 실천하기 어렵다.					
	나는 나와 했던 약속도 자주 어긴다.					
	솔직히 누가 나 정신 좀 차리게 해줬으면 좋겠다.					
3. 평균 ___점	나는 솔직히 학교, 학원에서 선생님 수업을 잘 듣지 않는다.					
	나는 계획을 세우지 않는다.					
	나는 자투리 시간까지 활용하지는 않는다.					
	나는 누가 시켜야 공부한다.					
	나는 숙제가 없다면 공부를 일부러 찾아서 하지는 않는다.					
	나는 이렇다 할 목표나 꿈이 없다.					
	나는 공부를 왜 하는지 모르겠다.					
	솔직히 지금부터 한다고 될까 싶다.					
4. 평균 ___점	나는 질문을 잘 하지 않는다.					
	공부할 때 생각을 잘 하지 않는다.					
	나는 주로 벼락치기 식으로 공부를 한다.					
	문제를 풀 때 논리보다는 느낌으로 푸는 경우가 많다.					
	실수가 많은 편이다.					
	나는 공부했던 내용도 잘 잊어버린다.					
	과목별로 정리해놓은 노트가 없다.					
	어떤 스케줄로 공부해야 하는지 잘 모르겠다.					
	뭘 어떻게 공부해야 하는지 잘 모르겠다.					

3. 내 인생의 핑계를 정리해보자

우리의 인생은 핑계 덩어리였을 것이다. 너무나도 많은 핑계를 대며 합리화하고, 해야 할 일을 미뤄왔을 것이다. 그래서 핑계는 습관이 되었고, 공부마저도 핑계를 대며 미루게 된 것이다.

습관이라는 것은 고치기 쉽지 않다. 지금까지 댔던 모든 핑계를 하나씩 찾아내면서 그 핑계가 과연 합리적이었는지, 그러한 핑계를 댈 수밖에 없었는지, 혹시 그 상황을 모면하기 위

내 인생의 핑계

20　년　월　일　요일

언제였나요?	어떤 불편한 상황이 있었나요?	그 상황을 모면하기 위해 어떤 핑계를 댔나요?

해 합리화를 한 것이 아닌지 돌이켜보자.

　가장 최근부터 과거로 가면서 하나씩 찾아내자. 잘 생각나지 않겠지만 아주 사소한 것들까지도 떠올려보자. 이를 찾아내야만 내가 지금껏 왜 그리 핑계를 댔었는지 알 수 있고, 똑같은 실수를 반복하지 않을 수 있다. 어떤가? 나는 진짜 공부를 하고 있었나? 아니면 하는 척만 하고 있었나? 과거가 어쨌건 반성하고 똑같은 실수를 저지르지 않으면 된다. 이제는 더 나은 내가 되어보자.

작성자 :

왜 그랬어요? 이유가 적절한가요? 핑계를 댈 수밖에 없었나요?	앞으로 똑같은 상황이 생기면 어떻게 할 건가요?

02 공부의 목적은 '이유'

이제 막 자신의 공부를 돌아보고, 공부를 시작하려는 학생들에게 아직은 진짜 공부법이 필요 없다. 좋은 공부법이 아니라 '공부의 이유'를 찾는 것이 필요할 뿐이다. 좋은 공부법을 알아도 공부의 이유 없이는 정상에 도달하기 힘들다. 공부를 지속하기 힘들기 때문이다.

물론, 이유 없이 공부하는 것도 가능하긴 하지만, 지금 이 책을 읽고 있는 학생들이나 학부모님의 자녀들이 하기에는 이미 늦었다고 봐야 한다. 정말 아무 이유 없이 공부하기 위해서는 어릴 적부터 공부하는 습관이 있어야 하고, 그런 학생들은 이미 상위권에 있을 것이다.

그러면 공부의 이유는 어떻게 찾을 수 있을까? 공부해야 하는 이유는 목표, 이걸 학생에게 대입하면 '꿈'이 된다. 바꿔 말하면, 꿈이 없으면 공부를 하기 힘들다는 것이다.

공부를 왜 하는지 모르겠어요.

이런 질문을 하면 선생님 대부분은 이렇게 말한다.

일단 꿈을 정하고 나면 공부가 쉬워질 거야.

환장할 노릇이다. 그걸 누가 몰라서 이렇게 방황하고 있나? 자신도 잘 알고 있다.

꿈을 인위적으로 만드는 것은 정말 어렵다. 그래서 나는 꿈을 만들라고 하지 않는다. 사실 내가 꽤 많이 받는 질문 중 하나가 "꿈이 뭔지 모르겠어요."라는 것인데, 질문이 다소 잘못되었다.

이 질문의 본질은 '꿈을 찾는 것'이 아니다. '공부가 왜 필요한지'를 돌려 묻고 있을 뿐이다. 한 번 생각해보기 바란다. 공부를 왜 해야 할까? 성공하기 위해서? 아니다. 꼭 공부를 잘해야만 성공을 하는 것은 아니다. 먹고 살기 위해서? 공부를 안 하면 먹고 살지 못하는 것도 아니다.

그러면 공부는 대체 왜 해야 할까? 정답은, 모든 사람이 공부할 필요는 없다는 것이다. 그래서 공부가 왜 필요한가에 대하여 속 시원하게 답변하는 것 자체가 불가능하다. 누군가에게는 필요하지 않을 수도 있기 때문에.

지금 우리나라의 교육과정은 생각하는 것을 방해한다. 정답을 요구하지, 방법을 찾아보라고 권유하지 않는다. 그래서 스스로 이것저것 생각해본 경험이 거의 없는 우리나라의 학생들은 명확한 목표도 꿈도 가지기 힘들다. 아주 특별한 경우가 아니고서는 꿈꿀 수 있는 환경조차 마련되어 있지 않고, 어릴 적부터 꿈을 꾸면서 목표를 향해 달려가는 것은 거의 불가능하기까지 하다. 대부분 학생은 꿈 그 자체가 아니라 이런 의도로 질문한다.

> 공부를 굳이 왜 해야 하는지 모르겠어요.
> 이 공부가 내 인생에 어떤 영향을 끼칠지 전혀 모르기 때문에
> 굳이 공부할 필요성을 못 느끼겠어요.

당연하다. 이유 없는 일, 목적이 없는 일을 과연 할 수 있을까? 하더라도 얼마나 할 수 있을까? 공부는 장거리 레이스임에도 많은 학생은 달리는 목적조차 모른다. 그러나 보니 당연히 공부를 등한시하게 되는 것이다.

이러한 이유로 공부보다 먼저 해야 하는 것은 공부의 이유를 찾는 것이다. 하지만 무작정 찾는다고 해서 찾아지지 않는다. 공부의 이유를 찾기 위해서는 '자의적 노력'이 필요하다. 엄마가 시키는 대로, 선생님이 시키는 대로만 움직여서는 영원히 공부의 이유를 찾을 수 없다. 그래서 공부는 학습자의 의지에 달려있다고 할 수 있다.

공부의 이유는 내 의지로 많은 경험을 해야만 찾을 수 있다. 경험이 없으면 선택지가 적을 수밖에 없고, 선택지에 흥미 있는 항목이 없을 가능성이 높다. 그러니 지금 당장 밖으로 나가야 한다. 컴퓨터나 스마트폰 앞에만 있어서는 결코 다양한 경험을 쌓을 수 없다.

카페, 서점, 산, 바다, 어디든 가보자. 아르바이트, 동호회, 동아리, 어떤 활동이라도 해보자. 많은 사람을 만나고 최대한 많은 것을 느껴보자. 그리고 체험일기를 쓰자. 경험을 쌓아야 무

엇이 즐거운지, 무엇을 위해 공부해야 하는지를 깨달을 수 있다. 단, 비생산적인 것 혹은 취미생활과 직접 연관된 것은 하면 안 된다. 게임방이나 오락실을 가는 것은 체험활동이 아니라 노는 것일 뿐이다.

시간이 될 때마다, 여러 번 할수록 좋다. 하고 싶은 것, 가고 싶은 곳을 선정해서 경험하고 일기로 남기자. 그 경험이 재미있었는지, 그 경험을 통해 배운 것은 무엇인지, 어떤 생각이 들었는지를 자세히 적어두자. 이 모든 내용은 공부할 수 있도록 만드는 원동력이고 경험치이기 때문에 쌓아 둬야 한다.

이 활동의 포인트는 최대한 자의적으로 많은 경험을 하도록 하는 것이기 때문에 부모가 강제적으로 시키는 체험활동은 아무 의미가 없다. 등 떠밀어 시키는 활동은 스스로 생각하는 힘을 오히려 없앤다. 본인이 직접 기획한 활동을 통해 배움을 얻는 것은 추후에 공부 계획을 세우고 본인을 제어하는 것 등으로 공부에 직접적인 영향을 주기 때문에도 아주 중요한 활동이니 꼭 해보도록 하자. 만약 자녀가 이 활동을 거부한다면 강제력을 동원하는 것이 아니라 협상을 하는 것이 옳다. 다음은 체험활동 일기 양식이다. 참고해서 쓰도록 하자.

체험활동 보고서

작성자 :

20　년　월　일　요일 　　　　　　　_____번째 체험 활동 장소 : _______________

1. 이 체험활동을 선택한 이유는 뭔가요? (관심이 있는 이유, 선택한 이유 등 자유롭게)

2. 이 활동을 하면서 좋았던 것과 싫었던 것을 나열해보면?

3. 이 활동을 하면서 어떤 사람들을 만났나요?

4. 이 체험활동을 통해 배운 것이 있다면? (무엇을 해야겠다, 하지 말아야겠다, 이렇게 해보고 싶다 등 자유롭게)

5. 이 체험활동이 좋았다면, 어른이 되어서도 이 체험을 계속할 수 있도록 하는 직업은 무엇일까요?

그리고 하나 더, 꿈 찾기. 꿈을 찾아야만 공부를 할 수 있다는 것은 반은 맞고 반은 틀렸다. 많은 학생이 "꿈이 뭔지 몰라서, 공부를 못하겠어요."라고들 하지만 엄밀히 말하면 꿈과 공부는 상관관계가 거의 없다. 꿈과 장래 희망직업은 서로 다른 의미다. 물론 꿈과 장래 희망직업이 일치할 수도 있겠지만, 극히 희박하다. 직업은 경제활동을 하기 위한 '옷'이고 꿈은 '얼굴'이다. 옷은 언제든 갈아입을 수 있고 입고 싶은 것을 골라 입을 수 있지만, 얼굴은 바꾸고 싶다고 바꿀 수 없다. 꿈은 강제로 만들기가 쉽지 않다는 것이다. 그래서 여러분은 꿈을 찾기 위해 노력해서는 안 된다. 노력해도 찾기 힘들 테니까. 꿈은 찾는 것이 아니라 저절로 생기는 것이다.

여러분은 꿈이 아니라 '할 만한' 직업을 찾아야 한다. 진짜 하고 싶은 그런 것이 아니라 한 번 정도는 해 볼 만할 것 같은 직업을. 꿈은 직업을 가지려고 움직이는 과정에서 자연히 생긴다.

사실 공부를 하는 이유는 꿈을 찾기 위해서가 아니라 괜찮은 직업을 '건지기 위해서'라고 봐도 과언이 아니다. 파격 세일을 할 때 건질 만한 옷을 찾아서 사지 못하면, 세일이 끝난 후 다른 사람이 선택하지 않은 옷들을 비싸게 사야 한다. 물론 찾는다고 해서 모두 살 수 있는 것은 아니다. 옷을 사려면 '노력'이라는 재화를 내야만 한다.

옷을 잘 입는다는 것은 패션 센스도 있고, 옷을 사 입을 돈도 있다는 뜻이다. 둘 중 하나라도 없으면 옷을 잘 입는다는 말은 듣기 힘들다. 패션 감각은 공부의 기본기, 옷을 사 입을 돈은 노력이라는 재화에 비유할 수 있다. 두 가지 모두를 가지고 있어야만 좋은 직업이라는 멋진 옷을 사 입을 수 있다.

모든 직업은 경제적 여건, 심리적 만족감, 획득 가능한 명예, 여가활동 가능성, 자아실현 가능성, 인간관계라는 여섯 가지 선택기준을 갖고 있는데, 서로 다른 수치와 장단점을 갖고 있다. 당연히 직업에 따라 획득할 수 있는 것들이 다르고, 일방적으로 좋기만 한 직업은 거의 없다. 많은 학부모님이 선호하는 판·검사, 의사도 단순히 장점만 있는 것은 아니다.

대한민국은 자본주의 사회이기 때문에 경제적 여건이 나머지 요건들을 채워주는 경우가 많아서 '돈을 많이 버는 직업'을 선호하는 경우가 많다. 하지만 어떤 사람이 어떤 직업을 갖느냐에 따라 결과는 너무도 다를 수 있다. 그러므로 여러분은 자신이 할 만한 직업을 찾기 위해, 관심 있는 직업들을 직접 조사해 보아야 한다. 어떤 방법을 사용해도 좋다. 해당 직업을 가진 사람에게 찾아가 직접 인터뷰를 해도 되고, 포털사이트에서 검색을 해봐도 된다.

자신과 어울리는 옷을 입어야 멋있다. 어떤 직업은 어떤 것이 좋고 나쁜지, 할 만할 것 같은지, 나에게 어떤 영향을 미칠 것 같은지 철저하게 조사하고 기록해놓자.

옷은 입기 싫어도 입어야 한다. 근처 마트를 가려고 해도 옷이 필요하다. 아무도 거들떠보지 않는 누더기를 입기 싫다면 지금 당장 내게 어울리는 옷을 찾아 나서야 한다.

작성자 :

| 20 년 월 일 요일 | ______번째 직업 : ____________________ |

1. 이 직업에 관심이 있는 이유(이 직업을 선택해서 조사한 이유)

2. 이 직업을 갖고 있는 사람들은 어떤 일을 하고 있을까?

3. 이 직업의 장단점은 뭘까?

4. 앞으로 이 직업은 어떻게 될까? (흥망성쇠)

5. 내가 이 직업을 가질 수 있다면 기분이 어떨까? 좋을까? 좋다면 왜 좋을까?

6. 직업선택 기준 평가					
경제적 여건	심리적 만족감	명예	여가활동 가능성	자아실현 가능성	인간관계
←——→	←——→	←——→	←——→	←——→	←——→
좋음　　　나쁨	좋음　　　나쁨	좋음　　　나쁨	좋음　　　나쁨	좋음　　　나쁨	좋음　　　나쁨

7. 이 직업을 갖기 위해서는 무엇부터 해야 할지 하나씩 순서대로 언급해보자.(대학교, 학과 / 자격증, 면허증 / 필요한 공부 / 내가 해야 할 일 등 자유롭게 작성)

03 미래를 그려보자

　그렇다면 내 미래는 어떨까? 어떤 옷을 입고 어떤 얼굴로 살아가게 될까? 많은 학생이 이렇게 말한다.

 **그냥 평범하게 살 것 같아요.** 

　평범하게? 받아들이기 힘들 수도 있지만, 평범하게 사는 것이 가장 힘들다. 평범하게 살고자 한다면 평범하지 않은 정도의 노력을 기울여야 한다. 평범하다는 것의 정의가 무슨 뜻인지 생각해보라. 적어도 가난에 허덕이지는 않는다는 뜻 아닌가? 그러면 어느 정도의 삶이 가난하지 않은 걸까? 물론 이것은 사람마다 다르다. 방 한 칸, 옷 한 벌에도 만족할 수 있지만 빌

딩 한 채가 있어도 부족한 사람들이 있다. 즉, 여러분이 원하는 평범함은 정말 평범한 것이 아니라 '불편함이 없는 이상향'에 가깝다.

잠깐 경제에 대한 이야기를 해보자. 재화의 총량은 끊임없이 증가한다. 재화의 총량이 고정되어 있다고 가정한다면, 자본주의 사회에서의 재화는 Zero-sum 구조를 이루고 있다. 이 말은 누군가가 돈을 벌기 위해서 누군가는 반드시 돈을 써야 한다는 뜻이다. '평범한 삶'은 어느 정도의 경제적 안정이 보장된 삶일 가능성이 높은데, 이를 유지하기 위해서는 반드시 돈을 벌 수 있어야 한다는 뜻이다. 무엇을 통해? 직업을 통해. 내가 고른 옷을 입고 다른 사람에게 '내 옷 멋있죠? 그러니 박수 좀 쳐주세요.'라고 한다. 옷이 별로라면 그 누구도 박수 쳐주지 않겠지. 이 박수가 바로 우리가 벌어야 하는, 자본주의 사회에서 평범해지는 데 필요한 '돈'이다.

자본주의 사회에서는 좋든 싫든 어쩔 수 없이 돈이 필요하다. 범법행위를 하지 않는다면 돈을 마련하는 수단과 방법에는 제한이 없다. 당연히 사용에도 제한이 없다. 소유한다면 사용할 수 있는 권한이 생긴다. 그래서 많은 사람이 평범한 삶을 영위할 수 있을 정도의 돈을 벌기 위해 악착같이 사는 것이기도 하다.

평범하지 않은 평범한 삶. 누구나 꿈꾸고, 누구나 누릴 수 있지만 아무나 누릴 수는 없는 삶. 안타깝지만 이것이 여러분이 말하는 평범한 삶의 현실이다.

'나는 지금 평범하게 살고 있다'고? 지금 누리고 있는 평범한 삶은 부모님의 삶이지 당신의 삶이 아니다. 와닿지 않는다면 오늘부터 딱 3일만 부모님의 지원으로부터 나를 떨어뜨려 보자. 아, 집을 나가라는 것이 아니라 굶어보자는 것이다. 물만 마시면서 아무것도 먹지 말고 딱 3일만. 그러면 여러분 혼자의 힘으로는 할 수 있는 게 아무것도 없다는 걸 바로 알아챌 수 있을 것이다. 바로 그게 아무 계획 없이 살아가고 있는, 지금의 당신이 성장했을 때 마주할 평범한 삶의 하루다. 굶주리는 순간 평범한 삶을 안일하게 생각했던 과거의 너 자신을 원망하게 될 것이 분명하다.

잃을 것이 없다고 말하는 친구들을 자주 보는데 정말 그럴까? 지금 네가 먹고 있는 밥과 따뜻한 집이 언제까지 네 곁에 있을까? 이것들은 본인의 나태로 얼마든지 잃을 수 있는 것들임을 명심하라. 하지만 절망할 필요는 없다. 누구든 준비한다면 평범하게 살 수 있다. 평범한 것 이상으로 남들보다 훨씬 더 특별하게 살 수도 있다. 단, 계획이 필요하다. 인생은 한 판의 게임과 같아서 이기기 위해서는 철저한 준비와 전략이 필요하다. 어떻게 살아갈지, 어떤 전략을 세울지, 어떻게 흘러갈지를 말이다. 어떻게 해야 원하는 삶을 살 수 있을까?

답은 간단하다. 미리 미래를 그려보고 계획한 후 그대로 실행하면 된다. 어떤 옷(직업)을 입을지, 어떤 얼굴(꿈)로 살아갈지, 어떤 평범한 삶(이상향)을 살지는 결국 본인이 계획한 대로 흘러가게 된다. 설사 100% 이뤄지진 않더라도 그에 근접할 것만은 분명하다. 성공한 사람들은 모두 그들 나름대로 명확한 방향을 세우고 노력하며 살았기 때문에 실력이 쌓이고, 성공할 수 있었을 것이다. 즉, 어떤 결과는 방향을 설정하고 미래를 설계함에서 출발하여 그에 대한 노력의 산물일 뿐 우연의 일치나 오직 재능에 따라 얻은 열매가 아니다. 성과는 노력의 과정에서 나온 결과물이지, 최종 목표가 아니라는 것이다.

10년 동안 무언가에 매진한 사람이 있다고 생각해보자. 이 사람은 어떤 사람일까? 특별한 사람일까? 엄청난 위인이라서 노력할 수 있는 걸까? 아니다. 실은, 이 세상을 살아가는 대부분의 사람은 무언가에 매진할 수밖에 없다. 좋든 싫든, 살기 위해서는 언젠가는 옷을 입을 수밖에 없다는 소리다. 내가 입고 싶은 옷을 골라서 그 옷을 입기 위한 계획을 세우고 투자하지 않으면 나중에는 누더기 같은 옷을 아주 비싸게 사 입는 최악의 선택을 해야 한다. 계획과 투자에 대한 결정은 본인 스스로 하는 것이고, 그에 대한 책임도 본인이 지는 것이라는 걸 결코 잊으면 안 된다.

그러면 여러분의 10년 후는 어떨까? 인생은 어떻게 변할까? 당연히 어떻게 될지는 아무도 모른다. 신이 아니고서야 이걸 어떻게 알 수 있겠나. 하지만 인생의 방향만은 신이 아니라 내가 결정할 수 있다. 당신은 무엇이든 할 수 있다. '안 될 거야.'라는 패배감은 끝까지 너를 '안 될 놈'으로 남겨 놓을 것이고, '해보자!'라는 희망은 실낱같을 가능성이라도 강철로 만들어 줄 것이다. 굳이 공부가 아니라도 된다. 무엇이라도 도전해라.

10년 뒤 미래는 사람에 따라, 결정에 따라 다양할 것이다. 평범하지 않아도 된다. 아니 자신만의 평범함을 만들라. 그래야 한다. 결정은 본인이 하는 것이고 그 결정에 대한 결실도 직접 만들어 가는 것이니 하고자 하면 반드시 길이 생길 것이다. 내가 원하는 것을 향해 가는 것에 두려움을 느끼지 않았으면 한다. 10년 뒤, 오늘을 후회하지 않도록 여러분이 원하는 미래를 향해 달려가길 바란다.

미래를 위해 도전하고 노력한 경우와 그렇지 않은 경우 당신의 10년 후 모습을 일기 형식으로 남겨보자. 각 결정에 대해 10년 후 어떤 모습으로 살아가고 있을지, 오늘의 선택을 어떻게 생각하는지, 그리고 그 하루를 어떻게 보낼 것 같은지 미래일기를 남겨보자. 그리고 그 전후에 어떤 일들이 있었기에 그 모습을 만날 수 있었을지, 평생을 어떻게 살게 될지를 하나의 그래프로 남겨보자. 때에 따라 인생은 달라질 것이다. 겪게 되는 위기도, 하는 고민도, 우는 날도 웃는 날도 이유가 다를 것이다. 좋을 때는 위로, 나쁠 때는 아래로 표시하여, 자세한 근거를 들어 그래프로 남겨보자.

굴곡진 삶 외에도 꾸준히 지옥 같은 삶, 행복한 삶, 평범한 삶도 모두 그에 대한 근거가 필요하다. 왜 그런 삶을 살 것 같은가? 10년 뒤, 10년 전에 더 나은 선택을 할 여지가 있었다면 다른 선택을 했을까? 어떤 선택을 하느냐에 따라 미래는 달라질 수 있다. 다음의 양식을 사용해서 될 수 있으면 많은 미래를 그려보자.

지금 공부할 경우 10년 뒤 미래일기

작성자 :

20　년　월　일　요일	미래의 내 직업 :

1. 나는 어디에 사나요?

2. 나는 무슨 일을 하는 사람인가요?

3. 그 일을 통해 어떤 보람을 느끼나요?

4. 오늘은 무슨 일이 있었나요? (마음껏 상상해보세요!)

5. 오늘 있었던 일 중에서 가장 좋았던 일은 무엇인가요?

6. 10년 전의 어떤 선택이 자랑스럽나요? 과거의 나에게 팁을 하나 주자면 무엇이 있을까요?

작성자 :

20   년   월   일   요일   미래의 내 직업 :

1. 나는 어디에 사나요?

2. 나는 무슨 일을 하는 사람인가요?

3. 그 일을 통해 어떤 보람을 느끼나요?

4. 오늘은 무슨 일이 있었나요? (마음껏 상상해보세요!)

5. 오늘 있었던 일 중에서 가장 좋았던 일은 무엇인가요?

6. 10년 전의 어떤 선택을 후회하나요? 그 때로 돌아가면 무엇을 할 건가요?

인생그래프

20 년 월 일 요일

작성자 :

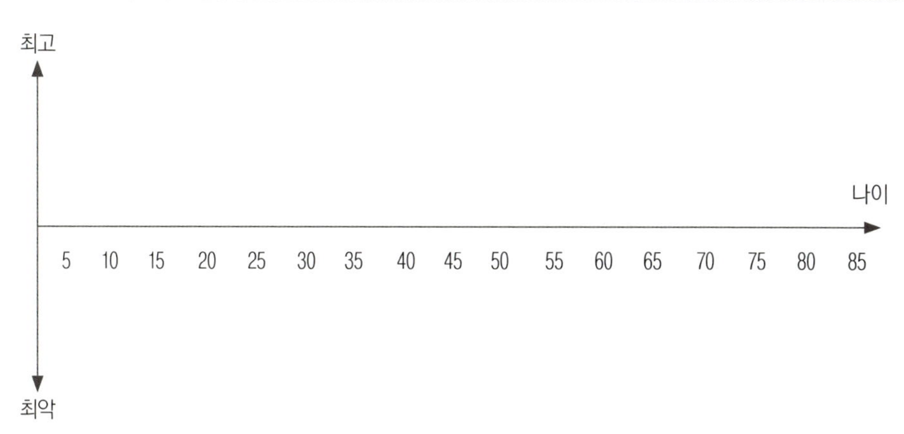

나이	이벤트(그래프가 이렇게 그려진 이유)	나이	이벤트(그래프가 이렇게 그려진 이유)

앞으로 내가 해야 할 일(그래프와 위 내용을 현실로 만들기 위해 해야 할 일)

04 목표를 설정하자

10년 뒤 미래에 다녀온 기분이 어떤가? 어떤 옷을 입고 어떤 얼굴로 살아갈지 생각을 해보니 어떤가? 하지만 아직 그 어떤 것도 결정된 것은 없다. 당신은 목표를 설정하지 않았고, 그 선택에 대해 어떠한 노력도 시작하지 않았기 때문이다. 그래서 이제는 목표를 설정해야 한다. 어떤 미래가 가장 좋았나? 어떤 옷을 입는 게 가장 잘 어울릴지 생각해봤나? 이 결정은 누구도 대신해 줄 수 없다. 그러니 신중하게 목표를 설정해야 한다.

가장 먼저, 아까 그려본 10년 뒤의 나의 미래 중 가장 마음에 드는 것을 하나 고르자. 그리고 똑같은 방식으로 그 미래에 맞춰 30년 뒤의 내 모습을 그려보자. 마지막으로, 인생그래프를 다시 그려보자. 직접 선택한 10년 뒤의 미래, 30년 뒤의 미래에는 어떤 일들이 생길까?

이제 현실로 돌아와서, 이 미래들을 꿈이 아니라 예지몽으로 만들기 위해서는 지금 당장 무엇을 어떻게 해야 할까? 앞에서 그려본 모습들로 살기 위해서 공부가 필요하다면 무슨 공부를 어떻게 해야 할까? 꼭 앉아서 펜으로 하는 공부가 아니라도 좋다. 어떤 공부라도 괜찮다. 앞으로 1년간 어떤 목표로 무슨 공부를 할 계획인가? 그리고 향후 1달은 어떻게 보낼 계획인가? (이 계획을 잘 지키는 방법은 [STEP 03]에서 설명하겠다)

목표를 잡는 것에 대해 간단히 설명하면, 1개년 목표는 추상적으로 잡고 그 목표를 이루기 위한 1개월 목표는 명확하게 만들어보자. 그 어떤 목표라도 좋다. 단, 조건이 있다. 1년 뒤의 목표는 변화한 모습과 그때까지 이룬 성과를 포함하여 세우도록 하자. '모의고사 수학 고정 1등급 받을 수 있는 사람. 미적 1, 2 끝내기'처럼 말이다.

1달간의 목표는 수행하고자 하는 행동에 대한 목표로 만들자. '단어 5,000개 외우기, 수학 2 전 단원 1번 읽기, 매일 국어 지문 3개씩 풀기'처럼 성공 여부를 명확히 확인할 수 있어야 하고 내 의지로 컨트롤할 수 있어야 한다. 3시간씩 공부하기나 영어 80점 맞기처럼 명확한 성과를 확인할 수 없거나 추상적인 목표, 목표 점수여서는 안 된다. 성과를 확인할 수 없거나 추상적인 목표는 목표 달성에 실패했는지 성공했는지를 확인할 수 없기도 하고, 엄청난 합리화의 유혹에 시달리게 되기 때문이다. 목표를 점수로 설정할 경우, 노력과는 관계없이 실패할 수 있기 때문에 목표의 역할을 하지 못한다.

플래너를 잘 쓰는 방법과도 일맥상통한데, 구체적인 목표만이 성과를 만들어 낼 수 있다. 그러니 이상향을 목표로 잡는 것은 아무런 의미가 없고, 해내고자 하는 구체적인 분량을 목표로 설정하는 것이 옳다.

어렵게 생각하지 않아도 된다. 다음의 양식을 채우면 자연스럽게 목표가 무엇인지 알 수 있다. 1달 만이라도 스스로 세운 목표를 달성하기 위해 노력해보자. 앞서 상상했던 10년 뒤 미래는 현실이 될 것이라고 장담한다. 다음은 1년, 1달의 목표를 설정할 수 있도록 하는 양식이다. 한 번 채워보자.

작성자 :

| 20   년   월   일   요일 | 10년 뒤 나의 직업, 꿈 : |

내가 원하는 10년 뒤 모습이 되려면 무슨 공부를 해야 할까요?

[1년 뒤]인 20   년   월   일   요일 나는 어떤 모습이어야 하나요?

[1년 뒤]인 20   년   월   일   요일까지 이뤄내야 하는 성과는 무엇인가요?

[1달 뒤]인 20   년   월   일   요일까지 이행하고자 하는 '행동 목표'는 무엇인가요?

입문 : 워밍업

바로 공부법을 가르쳐 줄 것 같았나? 안타깝게도 아니다. 지금 공부법을 알려주면 3일 이 내에 포기하게 된다. 그래서 당장 할 수 있는 것부터 가르쳐 주고자 한다.

펜 한번 잡아본 적 없는 학생들, 아무것도 모르는 친구들이 공부를 시작할 때는 무엇부 터 해야 할까?

공부를 잘하고자 한다면 무작정 공부부터 해서는 안 된다. 모든 것에 순서가 있는 것처럼 공부에도 순서가 있다. 기본을 배우지 않으면 그 어떤 것도 잘할 수 없다. 실질적인 공부가 아 니라 공부를 할 수 있도록 만드는 힘의 원천에 대해 배워보도록 하자.

01 시작은 재미있게

모든 것을 하게 하는 원동력은 '재미'다. 재미가 있다면 그 어떤 어려운 것도 정복해낼 수 있 다. 물론, 김연아나 박지성 같은 천재들은 타고난 재능에다가 '재미없어도 그냥 하지 뭐.'라며 참아낼 인내력이 있었기에 그 위치에 도달할 수 있었을 것이다. 하지만 대부분의 범재는 그렇 게 하지 못한다. 재미가 없으면 그 어떤 것도 할 수가 없다는 것이다. 그건 나도 마찬가지다. 재미가 없으면 공부도 할 수 없었을 것이다. 우리가 공부하기 위해서는 공부가 재미있도록 장치를 만들어야 한다. 대체 어떻게 하면 공부가 재미있어질 수 있을까?

공부에 재미를 느끼지 못하는 대부분의 경우는 다음과 같다.

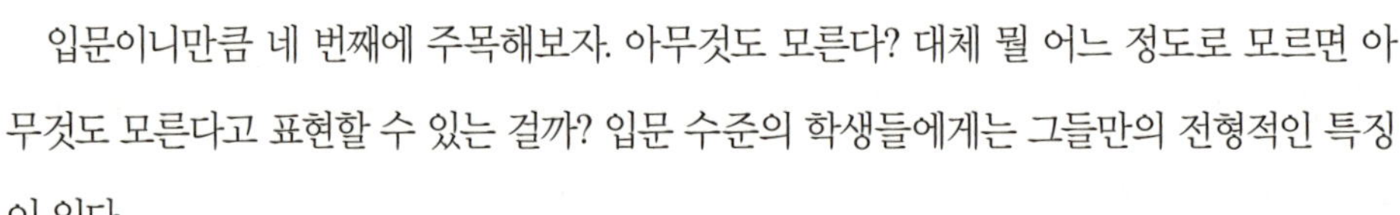

- 공부하는 방법을 모르고 무작정, 주먹구구식으로 공부했던 학생
- 아주 조금 공부했지만, 성적 향상에 대해 기대가 너무 큰 탓에 실망한 학생
- 공부뿐만 아니라 인생의 목표가 없는 학생
- 너무 아무것도 몰라서 이 상황을 탈출할 방법도 찾을 수 없는 학생

입문이니만큼 네 번째에 주목해보자. 아무것도 모른다? 대체 뭘 어느 정도로 모르면 아무것도 모른다고 표현할 수 있는 걸까? 입문 수준의 학생들에게는 그들만의 전형적인 특징이 있다.

첫째, 글을 읽고 쓰는 것조차 어려워한다.

어릴 때 책을 거의 읽지 않았던 경우가 많다. 그러다 보니 국어를 잘 모른다. 하지만 국어 시험과 별개로 읽고 쓰고 이야기를 나눌 수 있으니 스스로 국어를 잘 알고 있다고 생각한다. 국어를 잘 모르다 보니 말싸움을 하면 항상 진다. 자기 생각을 상대에게 표현하는 방법도 잘 모르고, 상대가 무슨 의도로 말한 것인지도 파악하지 못한다. 그래서 대화를 제대로 못 해서 오해를 많이 사고, 그로 인한 문제가 발생한다. 그리고 종종 타인의 생각에 공감하지 못한다.

둘째, 생각하는 방법을 모른다.

오목을 두면 거의 백전백패다. 게임도 전략 게임은 거의 못한다. 생각하는 것을 두려워한다. 아니면 생각을 하지 않고 행동하다가 문제 되는 경우가 많다.

셋째, 24시간 내내 무기력증에 시달린다.

딱히 하고 싶은 게 없다. 뭘 해도 대충, 등 떠밀려서 한다. 무언가를 본인의 힘으로 이겨내 본 적이 별로 없어서 패배감에 시달린다. 친구랑 놀거나 게임을 할 때도 아무 생각 없이 무작정, 시간을 보내는 느낌으로 한다. 당연히 시간을 아무리 많이 투자하더라도 잘하는 단계에 도달하지는 못한다. 뭘 하더라도 항상 평범하거나 못하는 축에 속하게 된다.

어떤가? 혹시 내 이야긴가? 그렇다면 반드시 입문 파트부터 공부의 초석을 다져야 한다. 다른 공부법이 먹힐 수가 없는 수준이다.

요약하면, 아직 입문 단계에 있는 이유는 '국어능력과 생각능력이 부족해서'라는 것이다. 이 두 가지는 일상생활에도 큰 영향을 미치기 때문에 이런 것들이 부족한 친구들은 일상생활에서도 뭔가 문제를 겪는다. 사실 입문 수준의 학생들은 공부뿐만 아니라 다른 것에도 큰 흥미를 느끼지 못한다. 그 어떤 것도 공부할 준비가 안 되어 있기 때문이다.

국어능력과 생각능력이 어째서 다른 과목이나 일상생활에도 영향을 끼칠까? 한 번 생각해 보자. 공부뿐만 아니라 그 어떤 것이라도 언어를 통해서만 습득할 수 있다. 언어가 없이는 우리가 아는 모든 것들이 허상이라는 것이다. 또, 습득된 내용은 생각하면서 체화된다.

이 내용은 게임에 대입해보면 간단히 이해가 된다. 국어를 잘 모르고 공부하는 것은 게임의 기본적인 원리를 이해하지 않고 게임을 하는 것과 같다. 튜토리얼조차 진행하지 않고 무작정 게임을 하려는 것이다. 같은 맥락에서, 생각하는 방법을 모른다면 게임에서 이기는 방법을 고민하지 않는 것과 같다. 그래서 백전백패를 면하기 어려운 것이다.

모든 공부의 기반은 국어능력과 생각능력이다. 걷기 위해서는 다리가 있어야 하는데, 국어능력과 생각능력 없이 공부하려는 것은 다리 없이 걸으려는 것과 같다. 그래서 공부하기 전에 국어능력과 생각능력을 키워야 한다. 하지만 이마저도 쉽지 않다. 아까 말했던 것처럼 재미가 있어야 공부를 한다. 기초 공부는 진짜 공부가 아니어야 하고, 쉽게 할 수 있어야 한다. 그래서 입문자는 반드시 '취미일기'를 써야 한다.

취미일기란 하고 싶은 것을 마음껏 하고, 그 내용을 일기로 쓰기만 하라는 것이다. '이게 무슨 초등학교 방학숙제 같은 소리야?'라고 생각하겠지만 지금 초등학생 수준의 공부를 하지 않으면 이 수준에서 영원히 벗어날 수 없다. 생각보다 간단하고 쉬워 보이지만 취미일기를 쓰는 데에도 조건이 있다.

정말 초등학교 저학년이 일기를 쓰는 것처럼 '오늘은 뭘 먹었다. 맛있었다. 잤다.' 이런 식으로 글을 쓰지 말라는 것이다. 정성 들여서 조목조목 써야 한다.

예를 들면, 내 취미는 '하스스톤'이라는 카드게임인데, 이 취미로 일기를 쓰면 다음과 같이 쓸 수 있다.

2017년 6월 8일 목요일

학교를 마치니 5시, 오늘도 어김없이 하스스톤을 켰다.

지금 등급은 20등급, 오늘 내로 10등급을 만들겠다는 약속을 하고 덱을 하나 만들었다. 직업은 마법사고 컨셉은 퀘스트, 요그사론, 거인을 넣은 한방, 로또 덱이다. 승률은 낮을 것 같지만 한번 테스트해 보기로 했다. 첫 판은 해적전사. 사실 이 덱은 얼방 2개, 광역기가 불기둥1, 눈보라2, 얼회2, 폭물1, 종말이2로 총 8개라 해적한테 매우 세지 않을까 하는 생각에 잽싸게 덤벼들었다. 하지만 초기에 잡힌 멀리건에서 거인 1기가 들어오는 바람에 손해를 보고 시작했고, 이후에 불기둥과 눈보라가 들어오긴 했으나 사용하기에는 코스트가 너무 높았다. 해적전사는 초기에 결판을 보는 덱인데 반해, 내가 만든 덱은 후반을 바라보는 덱. 결국, 그때까지 견뎌야 했으나 6턴이 채 되지 않아 체력은 5에서 간당간당했다. 운 좋게 얼방이 나와도 두 턴간 맞고만 있어야 하므로 이길 확률은 매우 낮다는 뜻. 원인이 뭘까? 이 덱으로 해적전사를 이길 수는 없는 걸까?

　해적전사를 이기기 위해서는 여러 가지 방법이 있었다. 첫째로 해적을 잘라줄 카드들이 필요했는데, 이 덱과 컨셉이 너무나도 맞지 않았다. 둘째로 주문+도발이 있는 환영복제 카드. 왠지 기용하는 것 자체가 낭비 같은 카드라 선뜻 손이 가지 않았는데 아쉬운 마음에 기용했다.

　그 후 다시 시작한 판에서 재수 좋게 만난 해적전사.
　그래, 다시 붙어보자.

　뭐, 이런 식으로 쓸 수 있다는 것이다. 내가 좋아하는 취미니까 충분히 이것보다 더 재미있게 쓸 수 있다. 주의할 점은 나의 취미를 다른 친구들에게 소개하겠다는 생각으로 문맥에 맞도록(앞뒤가 맞도록) 최대한 자세히 써야 한다는 것이다. 반드시 매일 써야 하고 한 번 쓸 때는 최소한 공책 한 페이지 정도는 채울 수 있어야 한다. 그리고 다 쓴 후에는 맥락상 이상한 부분이 없는지 읽어봐야 한다. 맥락이나 어휘관계가 조금이라도 이상한 부분이 있다면 수정하는 작업도 일기 쓰기의 한 과정이다. 하루 일기 중 이상한 부분이 전혀 없다고 판단되기 전까지 읽고, 고치기를 반복해야 한다. 이 작업이 없다면 국어 실력이 늘지 잃기 때문에 취미일기를 쓸 이유가 없어진다.

　써보면 알겠지만, 첫 번째 난관은 쓸 말이 없다는 것이다. 무슨 말을 써야 하는지 생각이 나질 않는다. 취미활동을 아무 생각 없이 하기 때문이다. 이기기 위한 전략을 세워보자. 더 효율적으로 할 수 있는 방법을 생각해보자. 졌다면 왜 졌는지 생각해보자. 어떻게 하면 똑같은 실수를 하지 않을 수 있는지 생각해보자. 이 모든 내용이 취미일기에 들어갈 수 있다.

　두 번째 난관에 부딪힌다. 느낌은 알겠는데 말로 표현하기가 어렵다. 어휘력이 부족해서다. 국어 단어를 모르는 것이다. 어휘는 그 언어를 사용하는 사람들끼리 약속해놓은 내용이기 때문에 어휘력이 부족하면 이 약속을 무시한다는 뜻이 되고, 글을 읽는 데 큰 문제가 생긴다. 이런 경우 당장의 해결책은 뉴스를 보고 모르는 단어를 찾아본다거나 사설 분석을 한다거나 책을 읽으면서 모르는 어휘를 줄여나가는 것이다. 어떤 방법을 사용하든 자유지만, 단어를 외워야 한다는 것은 변하지 않는다. 국어도 단어를 외워야 한다는 것을 명심하라.

취미일기는 이렇게 쓸 수 있다. 매일 정성 들여 쓴다면 1달만 써도 기초가 만들어질 수 있다. 물론 다른 공부를 병행하면서 할 수 있다. 이렇듯 취미일기는 어렵지 않게, 내가 좋아하는 취미를 하면서, 나도 모르는 사이에 국어 실력이 향상되며 모든 공부의 근간을 만들어준다. 다음의 취미일기 양식을 참고해서 작성해보자.

취미일기

작성자 :

20 년 월 일 요일	취미 :	오늘의 소요 시간 :

오늘은 어떤 재미있는 일이 있었나요?

실수한 것이 있나요? 실수인가요? 실력인가요?

오늘 새롭게 배운 것이 있나요? 있다면 무엇인가요?

새롭게 배운 내용을 잊지 않고 잘 활용하기 위해서는 무엇을 해야 할까요?

오늘 취미 활동을 하며 배운 것을 공부에 접목한다면 어떤 식으로 가능할까요?

이젠 기본기의 중요성과 공부의 이유를 조금이나마 알았을 것이다. 국어능력과 생각능력도 약간 향상되었을 것이다. 하지만 이 정도로 공부를 시작하기에는 턱없이 부족하다. 아직 기본기가 부족하다는 뜻이다.

기본적으로 언어라는 것은 생각을 전달하기 위한 수단일 뿐이다. 지금까지 했던 것은 본인의 생각을 정리하기 위한 과정이었기에, 다른 사람의 생각을 이해하여 국어 시험을 치르기에는 턱없이 부족하다. 이제는 다른 사람이 써 둔 글을 읽고 그 글을 분석해보도록 하자.

그러면 어떤 글을 읽어야 할까? 아무 글이나 읽어도 될까? 소설이나 시 같은 문학도 글쓴이의 생각이 녹아 있다는 점에서는 글을 읽는 목적에 부합하지만, 지금 수준에서는 이해하기 어렵다. 그래서 비문학을 읽어야 한다. 비문학 중에서도 필자의 의도가 뚜렷하게 표현된 '쉬운' 지문을 접해야 한다. 이것이 바로 '신문 사설'이다.

당연한 말이지만, 모든 글에는 글쓴이의 의도가 포함되어 있다. 앞으로 여러분이 겪을 모든 글도 마찬가지다. 반드시 저자가 하고자 하는 말이 포함되어 있다.

또, 국어는 사람이 의사소통하며 사용한 방식들을 하나씩 축적해 놓은 것인데 이는 경험의 축적과 같다. 독서나 대화 경험이 부족한 사람들이 의사소통의 장애를 겪기도 한다. 이와 같은 맥락에서 독서나 대화는 국어 성적에 아주 큰 영향을 미치게 된다. 사설 분석은 이러한 경험의 부족을 단시간에 보강할 수 있는 지름길 역할을 한다.

사설은 어떤 사건에 대해 의견과 주장을 써놓은 글인데, 똑같은 사건을 놓고도 저자나 매체의 성향에 따라 글이 완전히 달라진다. 사설에는 주장이 있다. 그리고 그 주장에는 반드시 근거가 있어야 하고, 그 근거는 논리적이어야 한다. 주장하는 것은 독자를 설득하기 위함이기 때문에 문맥도 이해하기 쉽도록 쓰인다. 이러한 이유로 사설은 비교적 우리가 이해하기 쉽다. 난도 낮은 비문학이라고 생각하면 편하다.

우리는 사설을 활용해서 기초적인 국어 분석 능력을 향상시킬 것이다. 최소 1달간, 매일 최소 1개 이상의 지문을 분석해야 한다. 그러면 국어의 기반이 생긴다. 더는 친구와의 말싸움에서 지지 않아도 되고, 글을 읽으면서 넋 놓지 않아도 된다. 다음의 순서대로 이행해보자.

준비

① 네이버에 '네이버 뉴스 오피니언'이라고 검색하면 여러 가지 사설을 볼 수 있다. 앞으로 모든 사설은 여기서 수급하도록 한다.

② '언론사별 사설'에서 글을 하나 선택한다. 딱히 제한은 없지만 되도록 여러 언론사를 접하도록 한다. 언론사별로 성향이 다를 수 있기 때문에 자칫하면 정치적으로 편향될 수 있다.

분석

① 글을 읽고 이 글이 써진 사회적 배경을 써본다(어떤 일이 있어서 이 글이 써졌는지를 쓰자. 이유를 알고 있다면 그대로 쓰고, 모른다면 추정하거나 검색해서 쓰면 된다).

② 글쓴이가 왜 이런 글을 썼는지 의도를 추정해서 써보자. 글을 쓴 이유가 뭘까? 무슨 말을 하고자 이런 글을 쓴 걸까?

③ 내 생각은 어떤가? 이런 사회적 문제에 대한 견해는 어떤가? 글쓴이의 의도에 동의할 수 있는가? 할 수 있다면 또는 할 수 없다면 그 이유는 무엇인가? 논리적으로 설득해야 한다.

④ 글의 제목을 정해보자. 제목을 보면 글이 읽고 싶도록, 제목만 봐도 글의 내용을 추정할 수 있도록 만들어보자.

⑤ 모르는 단어가 있었다면 형광펜으로 표시하고, 이 단어를 모아둘 수 있는 단어노트를 만들어서 적어놓자(당연히 사전에서 이 단어의 뜻을 찾아봐야 한다).

⑥ 글이 잘 써졌는지, 틀린 내용(맞춤법도 포함)은 없는지, 문맥이나 논리적으로 이상한 부분은 없는지, 설득력이 있는지, 고칠 부분이 없는지를 체크하자. 본인 스스로 틀린 게 없다고 판단할 때까지 검토하는 것이 가장 중요하다.

눈치챘을지 모르지만, 취미일기와의 공통점이 있다. 마지막에 스스로 확인하는 작업이 있는 것이다. 이 과정에서 국어 실력이 향상된다. 당연히 글을 쏟아낸 부분에서는 내가 아는 정도밖에 나오지 않는다. 뭔가 잘못된 것이 있는지, 이걸 읽는 사람이 이해할 수 있는지, 다른 사람을 이 글로 설득할 수 있는지를 고민하는 과정에서 국어능력과 사고력이 향상되는 것이다.

자, 이제는 앞서 설명한 취미일기, 체험활동 보고서, 직업조사 보고서, 사설 분석을 통해서 공부에 필요한 기본 요건을 어느 정도 갖추게 되었다. 공부가 아니더라도 원활한 일상생활을 영위하기 위해서 꼭 필요한 것들을 습득했다. 여기까지 마무리하는 것은 빠르면 한 달 만에도 가능하다. 하지만 아직 필요한 공부는 하지 않았다. 공부에 필요한 기본 조건 몇 가지를 갖춘 것뿐이니 김칫국을 마시기에는 이르다.

STEP 03

공부법 습득

이제야 모든 준비가 끝났다. 여기까지 잘 따라온 학생이 공부하면 성적이 오를 것이다. 반대로 말하면 앞의 과정 없이는 성적이 오르지 않는다는 것이다. STEP 03에서는 앞으로 쓰일 공부법에 대해 익혀보자. 단, 방법일 뿐이지 단순히 이걸 익힌다고 해서 성적이 쑥쑥 오르진 않는다는 것을 명심하고 잘 활용하자.

01 시작점을 체크하자

본격적으로 공부를 시작할 텐데, 그 전에 내 현재 수준을 알아야 한다. 이런 말을 하면 반발하는 사람들이 있다. 학생들은 "에이, 그 정도는 다 알아요."라며 '난 고2니까 중학교 공부쯤은 다 알거야.'라는 착각을 하고, 학부모들은 "무슨 기초예요. 내신을 챙겨야 대학을 가죠."라고 이야기한다. 이것은 엄청난 착각이며, 완전히 현실을 잘못 이해하고 있다.

안타깝지만 기초를 하지 않고서는 내신공부고 뭐고 다 필요 없다. 이런 분들께 여쭤 보고 싶다.

90% 이상은 위의 질문에 '아니오.'라고 대답할 것이다. 나이를 먹는다고 자연히 현명한 어른이 되는 것이 아니듯 학년이 올라간다고 공부 레벨이 올라가지는 않는다. 공부하지 않은 시기가 있었다면 그 시기에 배워야 했던 내용은 필연적으로 비어 있을 수밖에 없다. 당연히 실력도 그 수준에서 벗어날 수 없으며, 과목별로도 학업성취도가 다를 수밖에 없다.

이런 상태에서 눈앞의 공부에 매달리는 것은 밑 빠진 독에 물 붓기에 지나지 않으며, 제자리걸음만 계속 하는 것에 불과하다. 이유인즉, 공부를 아무리 해도 좀처럼 이해가 되지 않으니 공부를 해도 기억에 남지 않는다. 당연히 성적도 오르지 않는다. 그래서 의욕이 떨어지면서 공부에 질리게 되고, '나는 바보야.', '나는 해도 안 돼.'라며 자학하게 된다.

이런 이유로 공부를 시작할 때는 '모르는 것'부터 해야 하는데, 내 현재 수준에 맞지 않는

공부 시작점 체크표

20 년 월 일 요일

	중1				중2			
	페이지 전체에 모르는 단어 없음				페이지 전체에 모르는 단어 없음			
	1차	2차	3차	결과	1차	2차	3차	결과
국어								
	페이지 전체에 이해 안 되는 문장 없음				페이지 전체에 이해 안 되는 문장 없음			
	1차	2차	3차	결과	1차	2차	3차	결과

공부를 하게 되면 도움이 되는 것은 고사하고 되레 방해된다. 그래서 시작점을 체크하는 과정이 반드시 선행되어야 한다.

그러면 시작점을 어떻게 체크할 수 있을까? 생각보다 간단하다. 성적을 올리기 위해서는 뭐가 필요한지, 필요한 요소들이 얼마나 부족한지를 체크하면 된다. 일단 앞서 말했던 것처럼 공부에서 가장 기본이 되는 것은 국어능력과 사고력이다. 과목별 학업 수준과 공부습관을 체크해야 한다(공부습관은 [STEP 01]에서 체크했기 때문에 또 하지 않아도 된다).

이를 위해서는 두 가지 방법이 있다. 문제를 푸는 방식으로 테스트를 진행하여 본인이 아는 문제와 모르는 문제를 구분하는 방법과 모든 과목에서 각 단원의 개념을 하나씩 체크하면서 아는 것과 모르는 것을 구분하는 방법이다.

두 방법 모두 장단점을 갖고 있는데, 전자는 단순히 풀기만 하면 돼서 편하지만, 시스템이 제대로 갖춰져 있지 않다면 틀린 결과가 나올 가능성이 높다. 후자는 본인 스스로 엄해야 한다. 모르는 것을 안다고 하는 순간 제대로 된 점검이 진행될 수 없다. 그래서 다음의 공부 시작점 체크표를 활용하여 모르는 것은 모른다고 명확히 표기해줘야 한다.

작성자 :

중3				고1				고2			
페이지 전체에 모르는 단어 없음				페이지 전체에 모르는 단어 없음				페이지 전체에 모르는 단어 없음			
1차	2차	3차	결과	1차	2차	3차	결과	1차	2차	3차	결과
페이지 전체에 이해 안 되는 문장 없음				페이지 전체에 이해 안 되는 문장 없음				페이지 전체에 이해 안 되는 문장 없음			
1차	2차	3차	결과	1차	2차	3차	결과	1차	2차	3차	결과

국어

어법 파트 : 모르는 내용 없음				어법 파트 : 모르는 내용 없음			
1차	2차	3차	결과	1차	2차	3차	결과

문학 파트 : 읽으면 머릿속에 그림이 그려짐				문학 파트 : 읽으면 머릿속에 그림이 그려짐			
1차	2차	3차	결과	1차	2차	3차	결과

비문학 파트 : 글쓴이의 의도를 알 수 있음				비문학 파트 : 글쓴이의 의도를 알 수 있음			
1차	2차	3차	결과	1차	2차	3차	결과

수학

자연수의 성질	통계	수와 식	확률
정수와 유리수	기본도형	방정식	삼각형의 성질
문자와 식	평면도형	부등식	사각형의 성질
함수	입체도형	일차함수	도형의 닮음

영어

중1				중2			
모르는 단어 없음				모르는 단어 없음			
1차	2차	3차	결과	1차	2차	3차	결과
해석 안 되는 문장 없음				해석 안 되는 문장 없음			
1차	2차	3차	결과	1차	2차	3차	결과
모르는 어법 없음				모르는 어법 없음			
1차	2차	3차	결과	1차	2차	3차	결과

어법 파트 : 모르는 내용 없음				어법 파트 : 모르는 내용 없음				어법 파트 : 모르는 내용 없음			
1차	2차	3차	결과	1차	2차	3차	결과	1차	2차	3차	결과

문학 파트 : 읽으면 머릿속에 그림이 그려짐				문학 파트 : 읽으면 머릿속에 그림이 그려짐				문학 파트 : 읽으면 머릿속에 그림이 그려짐			
1차	2차	3차	결과	1차	2차	3차	결과	1차	2차	3차	결과

비문학 파트 : 글쓴이의 의도를 알 수 있음				비문학 파트 : 글쓴이의 의도를 알 수 있음				비문학 파트 : 글쓴이의 의도를 알 수 있음			
1차	2차	3차	결과	1차	2차	3차	결과	1차	2차	3차	결과

제곱근과 실수	통계	다항식	함수	수열의 극한	순열
이차방정식	피타고라스 정리	방정식과 부등식	수열	함수의 극한과 연속	조합
이차함수	삼각비	도형의 방정식	지수와 로그	다항함수의 미분법	확률
	원	집합과 명제	다항함수의 적분법	통계	

중3				고1				고2			
모르는 단어 없음				모르는 단어 없음				모르는 단어 없음			
1차	2차	3차	결과	1차	2차	3차	결과	1차	2차	3차	결과
해석 안 되는 문장 없음				해석 안 되는 문장 없음				해석 안 되는 문장 없음			
1차	2차	3차	결과	1차	2차	3차	결과	1차	2차	3차	결과
모르는 어법 없음				모르는 어법 없음				모르는 어법 없음			
1차	2차	3차	결과	1차	2차	3차	결과	1차	2차	3차	결과

후자의 방법은 주어진 표를 사용하여, 아래 절차를 따라 진행하면 어렵지 않게 할 수 있다. 첫 번째로, 본인 학년 이하의 모든 학년 책을 구한다. 고2라면, 중1부터 고2까지의 책을 구해야 한다. 물론 전 과목이다. 만약 구하기 어렵다면 서점이나 도서관에 간다.

두 번째로, 책을 다 구했다면 과목별로 시작점을 체크한다. 먼저, 국어부터 시작하자. 국어는 딱히 개념이 나뉘어 있는 것이 아니므로 단어, 문맥 이해, 어법을 모르는 부분이 있는지 그리고 이 글이 머릿속에 이미지로 떠오르는지, 글쓴이의 의도를 파악할 수 있는지를 중심으로 체크해야 한다. 지금 학년에 맞는 책을 선택하고, 그 책에서 무작위 한 페이지를 선택한다. 그리고 무작위로 펼쳐진 페이지에서 앞서 말한 내용 다섯 가지에 대해 아는지 모르는지를 체크하자. 그리고 이 작업을 세 번 반복하자. 만약 모른다고 표기한 내용이 있다면? 바로 아래 학년으로 내려가서 다시 시도하자.

영어도 국어와 똑같이 진행할 수 있다. 개념이 나뉘어 있지 않기 때문에 단어나 문장해석, 어법을 기준으로 한다. 마찬가지로 무작위로 펼쳐진 페이지에서 앞서 말한 내용 다섯 가지에 대해 아는지 모르는지를 체크하자. 그리고 이 작업을 세 번 반복하자. 만약 모른다고 표기한 내용이 있다면? 바로 아래 학년으로 내려가서 다시 시도하자.

수학은 명확히 개념이 나뉘어 있기 때문에 국어나 영어와는 조금 다르다. 가장 최근에 배웠던 책을 꺼내서 목차 페이지를 펼쳐, 단원별로 개념을 하나씩 훑어보자. 단 하나라도 모르는 개념이 있다면 모른다고 표기해야 하며, 완전히 이해가 된다고 판단될 때에만 이해가 된다고 표기하도록 한다.

세 번째로, 결과를 분석하자. 시작점을 체크하고 나면 본인이 무엇에 가장 약한지가 드러난다. 국어나 영어를 못하는 이유는 단어를 잘 몰라서(어휘), 문장 해석을 잘 못해서(독해), 어법을 잘 몰라서(어법)로 구분할 수 있다. 어떤 부분이 가장 문제인지 체크해보자. 수학은 특정 개념 부분으로 나타날 수도 있고, 특정 학년이 비어있을 수도 있다. 예를 들면, 많은 학생이 함수 연관 개념에 약한데, 중1 함수, 중3 이차함수, 고1 함수, 고2 함수의 극한과 연속, 미분, 적분으로 연결되는 고리가 생긴다. 혹은 필자처럼 중학생 때의 공부 기억이 전혀 없다면 중1~중3 전체가 X 표시로 도배될 것이다. 이런 식으로 연결고리를 만들어 어떤 개념에 취약한지, 어떤 문제가 있는지를 스스로 체크해보자.

네 번째로, 시작할 지점을 결정하자. 간단히 말해서, 모르는 것이 없는 단계의 바로 다음 단계부터 공부를 시작하면 된다. 예를 들어, 고2 학생의 국어 시작점을 체크한 결과, 중3 내용에는 모르는 것이 있지만, 중2 과정에는 모르는 것이 없다면, 국어는 중3 과정부터 공부를 시작하면 된다. 수학도 특정 파트가 부족하다면 해당 파트가 가장 먼저 시작되는 때부터 공부를 시작하면 된다. 함수는 중1부터 고3까지 나오기 때문에 함수에 문제가 있는 경우 중1 함수부터 공부해야 한다(사실 수학을 못 하는 친구 대부분은 중학교 과정에 대한 지식이 부족하다). 모든 과목이 마찬가지다. 본인이 모르는 것이 없는 바로 다음 학년의 과정부터 공부해야 한다.

반드시 이 과정을 따라 할 필요는 없지만, 효과적인 성과 확보를 위해서는 수준에 맞는 공부부터 시작해야 한다.

※ 시작점 체크표는 http://레벨업코칭.com에서 레벨테스트 시스템으로 제공하고 있고, 무료로 테스트할
　수 있다.

02 공부 잘하는 방법

1. 인생은 선택과 집중

공부법을 다 설명한 후 '에필로그'에서 많은 이야기를 전달해줄 예정이지만, 핵심적으로 '공부를 잘 하는 방법'에 대해 간단히 설명하고자 한다.

보편적으로 '공부를 잘한다'고 하는 것은 '성적이 좋다.' 정도로 치환할 수 있는데, '성적'이라는 것은 실제 지식의 총량이 아니라 시험에 나오는 것을 얼마나 정확히 알고 있느냐를 수치로 표현한 것이다. 물론 이것은 우리나라의 시험 방식인 '모든 문제에 대한 답변은 정답이 아니면 오답'이라는 방식의 교육체계에서만 유효하지만, 안타깝게도 현실이 이러하다. (이러

한 방식이 무작정 옳지는 않다. 더 나은 방향이 있을 것이다) 때문에 우리는 이러한 안타까운 현실을 직시하고 받아들여야 현명하게 더 큰 그림을 그릴 수 있다.

일단은 공부를 잘해야 한다. 못하는 놈이 체계에 대해 백날 떠들어봐야 아무 소용이 없다. 핑계로 보일 뿐이니까. 대단한 내용을 기대한 사람들에게는 미안하지만, 공부 잘하는 방법은 생각보다 아주 단순하다.

모든 공부에서 가장 먼저 해야 하는 것은 '무슨 공부'를 할 것인지 선택하는 것이다. '무슨 공부'라니? 사실 진짜 공부는 우리가 인식하는 공부와는 다르다. 단순히 학교에서 배우는 국어, 영어, 수학 등의 공부만이 공부가 아니다. 앞에서 배웠던 취미일기, 직업 조사, 사설 분석 모두 공부의 목적이자 공부하기 위한 작업의 앞 단계다.

다음으로는, 그 공부에 대한 집중과 나머지에 대한 포기다. 공부내용과 최종 목표는 다를 수 있지만 모든 공부에는 공통점이 있는데, 잘하기 위해서는 반드시 포기해야 하는 것이 있다는 것이다. 인간에게 주어진 시간은 무한정하지 않다. 하루는 24시간으로 한정되어 있으며, 실제로 사용 가능한 시간은 18시간조차 되지 않는다. 그래서 최우선 목표 외의 것들, '차순위 목표'는 포기해야 하는 장애물일 뿐이다. 포기하지 않고 모든 것을 다 챙기고자 한다면 결코 최우선 목표를 달성할 수 없다.

만약 크리스티아누 호날두가 축구에만 매진하지 않고 야구도 병행하면서, 공부도 병행하면서 축구를 했다면 과연 지금의 모습이었을까? 물론 그래도 잘했겠지만, 이 정도의 수준에 올라올 수 있었을까? 항상 선택과 집중이 중요하다. 너무 많은 목표를 잡지 말고 하나의 목표를 위해 달려가라.

마지막으로, 본인을 제어해야 한다. 모든 사람이 놀고 싶어 한다. 심지어 나도 이 글을 쓰면서도 쉬고 싶은 마음이 굴뚝같다. 놀고 싶은 마음을 제어하지 못하고 행동으로 옮기는 사람들은 결코 목표를 달성하지 못한다는 것을 어릴 적에 읽은 '마시멜로 이야기'나 많은 자기계발서에서 봤을 테니 잘 알고 있으리라 생각한다.

2. 귀찮음을 이겨내라

하고 싶은 것은 너무나 많고, 하기 싫지만 해야 하는 것 또한 너무나 많다. 특히, 새롭게 배우고 익혀야 하는 것은 정말 하기 싫다는 것, 아주 잘 알고 있다. 하지만 귀찮은 것뿐이지 어려운 것은 아니라는 것을 명심하라. 귀찮음은 열매를 먹기 위해 껍질을 까는 과정일 뿐인 것을 이제는 알고 있기 때문에 나 또한 나 자신을 제어할 수 있다.

귀찮음을 이겨내면 결코 어렵지 않다.

정말 간절하다면 나에게 부족한 무언가를 채우기 위해 주어진 모든 시간을 투자해야 한다. 지하철이나 버스에서 핸드폰을 보고 있는 나 자신도 제어해야 하며, 졸려서 침대에 쓰러지고 싶은 마음도 제어해야 한다.

귀찮음을 이겨내는 방법은 굉장히 단순하다. 이른바 '청개구리 공부(습관 만드는 법)'인데, 공부에 필요한 습관을 만드는 데에 탁월한 효과가 있다. 해야 하는 것은 하기 싫고, 하지 말아야 하는 것은 하고 싶은 것이 우리의 습관이다. 이 습관을 고치는 것이 목적이다.

청개구리 공부는 사실은 공부가 아니라 공부를 하기 위한 자세를 만드는 것에 가깝다. 단순히 하고 싶은 것을 못하게 하고 하기 싫은 것은 강제로 하도록 마음먹는 방법인데, 본인의 마음 먹기에 따라 결과가 완전히 달라진다. 눕고 싶으면 눕지 말고 놀고 싶으면 놀지 말자. 책을 보기 싫으면 보고, 앉아 있기 싫다면 주야장천 앉아 있어 보자. 그러다 보면 하기 싫은 것을 하는 것에도 무뎌지고, 하고 싶은 것을 하지 않아도 안달이 나지 않는 순간이 오게 된다.

아래의 순서대로 따라 해 보자.

① 하고 싶지만 하면 안 되는 것을 구체적으로 적어본다.

② 하기 싫지만 해야 하는 것을 구체적으로 적어본다.

③ 하고 싶은 것은 하지 말고, 하기 싫은 것은 한다. 이때, 첫 주에는 1시간, 두 번째 주에는 2시간, 세 번째 주에는 3시간으로 점차 시간을 늘려가도록 한다.

가장 중요한 포인트는 구체적으로 적어야 한다는 것, 절대 스스로와 타협해서는 안 된다는 것이다. 구체적이지 않으면 이행하기 힘들고 작은 유혹에도 타협하기 쉽다. 이 과정을 해내면 견뎌내는 습관이 조금씩 생기면서, 공부를 잘하는 데 필요한 요소들을 조금씩 갖출 수 있다.

어떤 공부라도 아주 긴 시간의 투자와 노력 그리고 인내가 필요하며, 그 과정에서 반드시 큰 고통이 따를 수밖에 없다는 것을 명심해야 한다. 아무런 노력과 고통 없이 공부를 잘할 수는 없다. 안타깝게도 이것이 현실이다. 단, 노력했을 때 더 좋은 결과를 받을 수 있도록 하는 것이 바로 이 책의 목적이다.

준비됐다면 이제부터 진짜 공부를 잘하는 방법을 하나씩, 자세히 소개하도록 하겠다.

03 필기 잘하는 방법

1. 수업 중 노트필기

수업을 들으면서 노트 필기를 할 수 있나? 필자도 대학을 졸업했고, 현장강의를 하지만 많은 학생이 강의를 들으면서 필기를 한다. 그리고 강의 내용을 기억하지 못해서 다시 필기 내용을 독학한다.

사실 엄청난 시간 낭비다. 필기의 목적은 수업 중에 배웠던 내용을 효과적으로 기억하도록 하는 것이지, 그 자체에 있는 것이 아니다. 수업을 효율적으로 들을 수 있다면 공부시간은 획기적으로 줄어들 수 있고, 남은 시간에 다른 공부를 하거나 쉴 수 있다.

다음의 양식에 맞춰서 순서대로 쓰면 쉽게 따라할 수 있다. 물론 양식 없이 공책 한 권만 있어도 쉽게 할 수 있다. 방법만 습득한 후 스스로 작성하는 것도 어려운 일이 아니니 직접 해보길 권한다.

수업 중 필기 양식

과목 :

20   년   월   일   요일

핵심 키워드	내용

재해석 해보기

위에서 제시한 사용법대로, 준비한 양식에 맞춰서 사용해보도록 하자. 이대로만 하면 노트 필기를 하느라 수업을 듣지 못하는 소탐대실(小貪大失)을 범하지는 않을 것이다.

2. 개념정리 노트필기

아까, 수업 중에 노트필기를 하며 작성된 내용에서 해소된 의문점과 재해석된 내용은 따로 옮겨 적으라고 했는데, 이를 어디에 적어야 할까? 또 개념정리는 어떻게 해야 할까?

개념정리 노트의 목적을 생각해보면 쉽게 이해된다. 정리노트는 다시 보기 위해 만드는 일종의 책이라고 볼 수 있다. 그래서 보기 편해야 한다. 보기 힘들다면 두 번 다시 꺼내보지 않게 될 것이다. 어떻게 하면 보기 편할까?

공부를 안 하던 학생들이 공부를 시작할 때는 아주 비장한 마음으로 책의 첫 단원부터 공부한다. 내용을 정리해야 한다는 이유로, 책에 나온 중요 내용을 새 노트에 책의 첫 페이지부터 차례로 조목조목 빈 페이지 없이 적는다.

처음에는 괜찮다. 책에 나오는 내용은 노트에 다 적어뒀고, 이 외에 모르는 내용이 없을 것으로 생각하니까. 하지만 시험을 치르거나, 문제를 풀다가 모르는 내용이 나오면 멘탈이 박살난다. 공간 없이 보기 좋게 정리해 둔 노트에 추가로 적을 공간이 없기 때문이다. 새로운 내용을 적기 위해서는 포스트잇을 붙여야 하는데, 계속 반복되면 노트가 지저분해지고 결국엔 보기 싫어진다. 마침내는 정리노트가 아니라 애물단지가 될 테고 두 번 다시 보지 않는 노트가 될 것이 분명하다.

공부란 새로운 내용을 끊임없이 받아들이는 것이기 때문에 모르는 내용이 계속 나올 수밖에 없다. 그래서 정리노트에는 계속해서 추가적인 내용이 들어가게 된다. 여기서 말하고자 하는 포인트는 '추가적인 내용', '공간' 그리고 '순서'다. 노트정리를 할 때는 항상 내용이 추가될 것을 염두에 둬야 하며, 보기 좋게 하려면 순서대로 써야 하고, 또 순서대로 쓰기 위해서는 비어 있는 공간이 있어야 한다. 여기에는 두 가지 방법이 있다. 첫 번째 방법은 노트를 쓸 때 미리 빈 공간을 비워두고 쓰는 방법이다. 개념 정리하는 데 2페이지 정도를 사용했다고 치자. 6페이지 정도를 추가적인 내용을 위해 미리 비워두는 것이다. 언제 어떤 형태의 내용이 있을지 모르기 때문에 넉넉히 비워두는 것이 포인트다.

두 번째 방법은 바인더 형태로 정리하는 방법이다. 바인더는 끼웠다 뺐다를 반복할 수 있기 때문에 추가적인 내용, 순서, 빈 공간에 구애받지 않는다. 공부하는 내용에만 온전히 집중할 수 있다. 그래서 나는 이 방법을 추천한다.

아래는 노트필기 양식이다. 앞서 설명한 수업 중 노트필기 양식과 흡사하지만, 예시문제, 복습 횟수를 체크하는 부분이 있다는 점에서 다르다. A4용지를 준비해서 직접 만들어 사용해도 좋다.

과목 :

20　년　월　일　요일

단원명	내용

예시문제

특이사항, 주의사항, 질문

복습 횟수(체크)									

준비 : 양식 만들기

양식을 참조하여 A4용지에 만든다.
- 왼쪽에서 1/4되는 지점을 세로로 이등분하는 선을 하나 긋는다.
- 예시문제, 특이사항, 복습횟수를 체크할 수 있는 공간을 만든다.

사용법

① 단원을 기준으로 자유롭게 내용을 쓴다. 보기 좋게!
② 작성을 완료하면 순서에 맞도록 정리하여 바인더에 꽂아 둔다.
③ 정리된 내용은 반드시 반복 학습을 통해 익힌다. 최소 10번은 봐야 한다고 생각하자. 정리하는 것은 공부하기 위한 자료를 모으는 것이지 공부가 아님을 명심하자.

3. 색 볼펜 사용 방법

펜 사용법. '에이, 그래도 뭐 이런 것까지 모를까?' 싶겠지만 내 옛날을 돌이켜보면 몰랐었다. 아니, 어떻게 해야 할지를 몰랐다고 해야 맞겠다.

앞서 말했던 '수업 중 노트필기'나 '개념정리 노트필기'처럼, 필기는 그 목적에 따라 일관적인 룰을 가져야 한다. 룰을 가져야 한다는 것의 의미는 어떤 경우에 어떤 방식으로 필기를 할 것인지를 명확히 '규칙화'해야 한다는 것인데, 항상 그 규칙에 따라 필기해야만 공부에 도움이 되는 필기가 되는 것이다.

수업 중 필기방법과 개념정리 노트필기 방법도, 색 볼펜을 사용하는 것도 필기 규칙의 일부다. 펜의 색깔을 다르게 하여 표기하거나 특정한 표시를 하는 것은 명확한 규칙에 의해 사용해야 한다. 단순히 '예쁘게' 보이게 하기 위함이 아니다.

또, 많은 학생들이 착각하는 것처럼 무작정 많은 색을 쓴다고 눈에 잘 띄는 것이 아니며, 눈에 띄게 표시해놓는다고 해서 이해가 잘 되는 것도 아니다. 지나치게 많은 색을 사용해서 필기하는 것은 오히려 집중력을 떨어뜨리며 내용의 이해를 방해하기까지 한다.

본론으로 들어가서, 색 볼펜을 사용하는 목적은 책에 적혀있는 내용을 효과적으로 이해하기 위함이다. 개념서를 공부할 때나 해설지를 볼 때처럼 새로운 내용을 받아들여야 할 때, 그리고 어떤 내용을 정리하여 저장해두고자 할 때 유용하게 사용할 수 있다.

펜은 검은색, 파란색, 빨간색, 형광펜 이렇게 네 자루면 충분하다. 이 네 자루만 있으면 간단하고 효과적으로 필기할 수 있다. 이제부터는 다양한 표기법과 색 볼펜을 활용해서 필기하는 법을 살펴보도록 하자.

새로운 필기를 기록할 때

- 기본적인 내용들은 검은색 볼펜을 사용해서 기록하도록 한다(연필이나 샤프로 기록해두면 번짐으로 인해 오래 보관하기 힘들다).
- 기록된 기본내용 중 가장 핵심 내용은 형광펜으로 덧칠한다.
- 암기해야 하는 내용이지만 이해가 되거나 그다지 어렵지 않은 것은 파란색으로 박스를 쳐 두도록 한다.
- 암기해야 하는 내용인데 이해가 안 되거나 꽤 어려운 것은 빨간색으로 박스를 쳐 두도록 한다.

해설지를 볼 때

- 풀이의 핵심이 되는 내용이나 공식은 형광펜으로 덧칠한다.
- 풀 때는 몰랐던 내용이지만 막상 해설을 보니 이해가 된다면 파란색으로 밑줄을 쳐둔다.
- 풀 때 몰랐던 내용이고 해설을 봐도 이해가 되지 않는다면 빨간색으로 밑줄을 쳐둔다.
- 해설에서 A → B의 이유가 나와 있고 그 논리가 적혀있는 경우에는, 이 논리가 이해된다면 논리의 과정을 파란색 화살표로 표시하고, 적혀있는 논리가 도무지 이해가 되지 않는다면 해당 논리의 전개 과정을 빨간색 화살표로 표시하도록 한다.

눈치챘을 수도 있는데, 펜은 색깔마다 다른 의미를 가진다. 검은색 펜은 '단순한 내용'을, 형광펜은 '핵심내용'을, 파란색은 '지금 당장은 모르지만 본인 스스로 소화 가능한 수준'임을, 그리고 빨간색은 '지금 당장도 모르고 본인 스스로 소화도 불가능한 수준'임을 뜻한다.

가장 중요한 색깔은 빨간색과 파란색인데, 파란색으로 표시된 내용은 비록 몰랐었지만 그다지 어렵지 않거나 이해를 할 수 있는 정도의 내용이라는 것이고, 빨간색으로 표시된 내용은 해설지를 봐도 모를 만큼 아예 이 내용에 대해서는 백지라는 뜻이다.

필기를 처음 설명할 때도 말했었지만, 필기의 목적은 다시보기 위함, 즉 공부를 효율적으로 하기 위함이다. 때문에 필기된 내용은 다양한 방법으로 학습에 활용할 수 있다.

이런 맥락에서, 해설지를 보면서 빨간색 펜, 파란색 펜을 사용하라고 한 것은 단순히 표기를 해두기 위함이 아니라 효과적으로 내용을 습득하기 위함이다. 파란색, 빨간색 펜을 활용하여 해설지를 분석하면 현재 내가 부족한 내용이 무엇인지, 무슨 이유에서 이 문제를 풀수 없었는지, 그리고 왜 틀렸는지를 알 수 있다. 이유를 알고 나면 효과적으로 보강할 수 있음은 물론이다.

이제부터는 '밑줄 친 내용'과 '화살표 표시'에서의 색깔에 따른 의미와 그 보강 방법에 대해 살펴보도록 할 것이다. 밑줄은 내용, 화살표는 논리(과정)라는 걸 염두에 두도록 하자.

파란색 파란색으로 표기된 내용은 그 내용에 대한 학습을 대충해서 기초 부족으로 인해 문제가 되고 있는 것이다. 이 내용들은 '알긴 하지만 대충 아는' 정도의 얕은 지식이고, 제대로 암기되지 않았다고 봐야 한다. 심지어 시험에 나오면 알고 있는 내용조차도 활용하기 힘든 상황이기 때문에 반드시 보강해야 한다.

파란색 밑줄

- 파란색으로 밑줄을 쳐 둔 것은 배웠지만 암기하지 않은 중요 공식이나 내용이다.
- 이 내용 자체를 암기일지나 노트필기로 저장해 두고 자주 보도록 해야 한다.
- 어떤 내용을 몰랐었는지, 어떤 단원을 다시 공부해야 이 내용을 완전히 이해할 수 있는지 체크하고, 해당 단원을 다시 공부하도록 해야 한다.

- 파란색 화살표는 전개 논리가 부족하다는 뜻이다. A → B가 될 수 있는 이유를 명확히 하여 적어두도록 한다. 적을 수 없다면 빨간색 화살표로 고쳐야 한다.
- 논리 구조를 다듬어야 한다. A에서 B가 될 수 있었던 논리를 본인 스스로에게 묻고 답하여 이유를 찾아내고, 그 과정에서 필요한 법칙을 본인 스스로 정립하여 적어두도록 한다.

 빨간색으로 표기된 내용은 그 내용에 대한 학습이 전혀 되어 있지 않은 것들이다. 빨간색 표기가 많다는 것은 본인에게 맞지 않는 수준의 공부를 하고 있거나 공부를 아무 생각 없이 하고 있다는 뜻이므로 시작점을 다시 체크하고 해당 내용은 완전히 새롭게 학습할 필요가 있다.

- 빨간색으로 밑줄을 쳐 둔 것은 아직 배우지 못한 중요 공식이나 내용이다.
- 파란색 밑줄과는 달리 암기보다 학습이 더 중요하다. 이 단원에 대한 학습 자체를 다시 해야 한다. 무슨 내용, 어떤 단원과 연관되어 있는지 알아내서 해당 단원을 다시 공부해야 한다. 이를 무시하고 다른 공부를 하게 되면 여러 부분에서 계속 틀리게 된다.
- 당연히 노트필기를 해두고 자주 봐야 한다.

- 빨간색 화살표는 논리가 아예 잘못 되었거나 자료가 없다는 뜻이다. A → B가 되어야 하는 이유를 찾아보고 내 생각을 적자.
- 논리 구조를 새롭게 만들어야 한다. A에서 B가 될 수 있었던 논리를 본인 스스로에게 묻고 답하여 이유를 찾아내고, 그 과정에서 필요한 법칙을 본인 스스로 정립하여 적어두도록 한다. 그 후에 선생님께 그 내용이 맞는지 여쭤보도록 하자.

이렇듯 필기는 반드시 어떤 룰을 기준으로 이루어져야 한다. 아무렇게나 써진 필기는 낙서일 뿐이다. 하지만 해설을 꼼꼼히 읽지 않는다거나 개념학습을 게을리 하면 이러한 필기 방법들도 무의미하다는 것을 명심하여야 한다. 필기는 학습의 효율을 올려주는 것뿐이고, 학습의 양이 0에 수렴한다면 효율을 아무리 올려도 실효성은 제로일 것이다.

04 암기 잘하는 방법

1. 암기 vs 이해

암기하는 방법을 설명하기 전에 암기에 대한 논쟁거리에 대해 잠깐 짚어보자.

> 공부는 암기가 중요할까? 이해가 중요할까?
> 수학은 암기과목인가? 아니면 이해과목인가?

여러분들은 공부를 무엇이라고 생각하는가? 암기력과 이해력 중 무엇이 더 필요할까? 과목마다 요구하는 바가 다를까?

우선 수학에 대하여 생각해보자. 사실 수학은 현장에서 강의를 하시는 분들 사이에서도 암기과목이냐, 이해과목이냐에 대하여 의견이 분분하다. 공식을 모르면 아예 문제를 풀 수 없다는 것이 암기과목을 주장하는 입장이고, 이해하지 못하면 공식을 알아도 활용할 수가 없다는 것이 이해과목을 주장하는 입장이다. 어느 쪽도 틀렸다고 할 수 없다.

수학만 이럴까? 국어에 대입시켜보더라도 같은 답이 도출된다. 국어에서는 대부분의 단어를 알아도 문장을 이해하지 못해서 풀지 못하는 문제들이 많은가 하면, 단어를 몰라서 이해를 하지 못하는 문제들도 존재한다.

이 말은, 모든 공부에는 이해와 암기가 반드시 공존한다는 뜻이다. 하나라도 부족하면 절대 공부를 '잘' 할 수 없다. 그냥저냥 잘하는 수준 정도는 될 수 있어도 엄청 잘하는 수준이 될 수는 없다는 뜻이다.

사실 공부의 본질은 현상에 대한 이해다. 이는 학문과 문명의 발전 그리고 인간의 수명을 함께 생각하면 바로 이해할 수 있다. 아주 오래전으로 거슬러 올라가서, 언어조차 없었던 선사시대를 떠올려보자. 당연히 수의 개념도 없었을 것이다. 정확히 말하면 체감은 하지만 지각하지는 못했을 것이다. 그러다가 문명의 발전으로 물물교환이 이뤄지며 '가치'라는 것에 대하여 이해하기 시작했을 것이고, 같은 가치를 지닌 것이 두 개면 두 배의 값어치를 가진다는 것 또한 이해하게 됐을 것이다. 이 이야기의 핵심은 어떻게 그 지식이 전달됐나 하는 것이다. 인간은 처음 태어나면 백지 상태다. 고대인이고 현대인이고 할 것 없이 무지의 상태다. 즉, 학습을 하지 않는다면 문명의 누적은 절대 이루어 질 수 없는데, 다양한 경험은 선대에서 후대로 이어지는 '발견의 적립' 형태로 '학문'이라는 이름으로 내려져 온다. 다양한 새로운 경험을 누적시켜 '이건 되더라, 이건 안 되더라'라며 후대에 지식을 전달하는 것이다. 때문에 학문과 문명은 후대로 갈수록 발전할 수밖에 없는 것이다.

어려운 게임을 한다고 가정해보자. 워낙 어렵다보니 첫 번째 판은 얼마 못가 패배할 것이다. 하지만 두 번째 판은 조금 더 버틸 것이고, 세 번째 판은 조금 더 버틸 것이다. 이처럼 매 회 거듭될수록 조금 더 오래 버틸 수 있게 될 것이다. 경험을 통해 버티는 방법을 이해하고 암기한 것인데 학문의 전달 과정과 비슷한 양상을 띤다.

갑자기 복잡하게 공부의 본질, 수명, 문명, 이런 말을 대체 왜 하는 걸까? 공부에 무슨 직접적인 연관이 있을까? 이를 통해 말하고자 하는 것은 간단하다.

 **암기하지 않으면 공부하는 데 너무나 긴 시간이 걸린다.** 

공식이나 정리, 정의, 이론 등으로 정리해놓은 것들은 우리 선조가 엄청난 시간과 노력을 투자하여 발견해놓은 무언가다. 시간이 흐르면서 당연시되고 낮은 수준의 학문으로 취급받고 있는 것들도 있지만, 과거에는 그렇지 않았을 것이다. 그만큼 유용하고 중요한 것이었기 때문에 자주 쓰이면서 필수적인 요소가 되었을 것이고, 조기교육을 통해 점점 더 어린 학생들에게 어려운 내용을 강요하게 됐을 것이다. 이는 어쩔 수 없는 학문의 진화단계다. 그래서 우리는 어쩔 수 없이 암기를 해야 한다.

암기를 하기 싫다면 문제에 봉착했을 때 선조들이 했던 노력을 기울이면 된다. 그 엄청난 노력을 말이다. 즉, 이는 불가능하다. 그래서 교육과정에서는 공식을 암기하도록 하고, 그 후에 유도과정을 설명하고 증명한다.

암기를 안 할 수 있는 과목이 있을까?

답은 '없다'이다. 암기를 하지 않는다면 엄청난 이해를 필요로 하는 물리학 또한 다룰 수 있는 방법 자체가 없다. 암기는 이만큼 중요하다.

그러면 이해는 전혀 필요가 없는 것일까?

앞서 말한 것과는 이율배반적으로 보이겠지만 온전히 암기만 하는 것은 또 무의미하다. 심지어 그건 공부가 아니다. 외우는 게 공부가 아니라니? 이게 무슨 날벼락 같은 소릴까?

이 또한 암기가 필요한 이유를 생각해보면 간단하다. 앞에서 암기는 선대의 경험을 가져오기 위함이라고 말했다. 어떤 문제에 봉착했을 때, 경험이 효과적인 해결수단이 될 수 있기 때문이라고도 했다. 하지만 본질적으로 수단은 수단일 뿐 목적이 되지 못한다. 어린아이에게 망치와 못을 쥐어준다고 해서 못질을 하지 못하는 것과 같은 이치다. 그래서 우리는 암기를 하기 전에 이해를 해야 한다. 암기는 효과적인 이해를 돕기 위한 수단일 뿐이라는 것을 명심해야 한다.

따라서 공부를 잘하기 위해서는 이해와 암기 모두 필요하며, 알아낸 것을 암기해두면 순식간에 우등생이 될 수 있다. 한 발짝 더 나아가면, 공부란 '이해와 암기가 무한히 반복되는 형태'라고까지 정의할 수 있다.

암기를 잘하는 것은 공부를 잘하기 위함이며, 당연히 좋은 성적을 획득하는 것과도 직결되어 있다. '암기'라는 말을 꺼내면 많은 학생들이 이런 고민을 하고 있다고 밝힌다.

나는 암기력이 부족해.

사실 이 글을 쓰고 있는 나조차도 암기력은 가히 돌고래 수준이다. 공부할 때 영어단어를 못 외워서 너무 힘들었고, 강의를 할 때도 대본을 못 외워서 고생했던 적이 많다. 심지어 한

번 풀었던 문제마저도 처음 보는 것처럼 새로웠다. 물론 한 번 볼 때 그랬다는 뜻이다. 열 번 볼 때는 처음 볼 때와는 확연히 달랐다. 워낙 암기력이 부족했었기 때문에 남들보다 더 여러 번 봐야 외울 수 있었다. 여러 번 볼 시간이 넉넉지 않았기 때문에 시간을 쪼개야 했다. 밥 먹을 때도, 씻을 때도, 버스 안에서도 암기할 수밖에 없었다. 그래야만 부족한 암기력을 메울 수 있었으니까. 그때 외웠던 내용들은 아직까지도 잊어버리지 않을 정도로 깊게 박혀버렸다. 돌고래 수준의 암기력을 가진 내가 말이다.

암기를 못하는 원인은 암기력이 아니라는 뜻이다. 사실 여러분이 무언가를 외우지 못하는 이유는 자주보지 않아서 그렇다. 어떤 것이든 자주 보면 굳이 악써서 외우지 않더라도 형태가 머릿속에 그려지고, 마치 흰 종이에 연필로 썼다가 지우는 것을 반복한 것처럼 깊은 흔적이 남게 된다. 이 정도의 시간을 투자하여 외우면 머리가 아닌 몸이 받아들이게 되는데, 이것은 '체화되었다'고 할 수 있다. 악쓰지 않아도 자연스레 떠오르게 되는 단계다.

2. 각인 암기법

지금부터는 내가 사용했었고, 지금도 사용 중인 각인 암기법에 대해 설명하고자 한다. 집중력이 높지 않은 나에게는 집중해서 보는 것보다 자주 보는 것으로 암기를 할 수 있는 이 방법이 훨씬 더 효과적이었고 쉬웠다. 아무 생각 없이 보기만 해도 외워졌으니까.

각인 암기법의 키 포인트는 최대한 여러 번 보면서 형태를 익히는 것이기 때문에, 보는 횟수를 최대한으로 늘려야 한다. 하루에 최소 5번 이상 반복하여야 하며, 바로 다음날이면 까먹게 되니 반드시 매일 해야 한다.

처음에는 '매일' 하는 것, '아무 생각 없이' 반복하는 것이 생각보다 고될 수 있기 때문에, 모든 방법을 동원해서 자주 볼 수 있도록 환경을 조성하는 것이 좋다. 이를테면 '밥 먹을 때 XX 외우기'처럼 룰을 정해놓거나 집안 곳곳 포스트잇에 내용을 적어 붙여 놓는 것이다. 이 방법을 온전히 구사할 수 있다면, 꿈에서도 공부를 하는 말로만 듣던 엄청난 경험을 할 수 있다. 일단은 준비물이 필요한데, 아래는 필요한 준비물에 대한 설명이다.

각인 암기법을 사용하기 위해서는 과목별로 '암기일지'를 만들어야 한다. 암기일지의 용도는 매일 외울 내용을 정해놓고 외우기 위해서이며, 외운 내용을 효율적으로 점검하기 위해서이다. 암기일지는 각 과목별로 필요한 내용만 외우는 것을 목적으로 하기 때문에 특별한 양식을 갖춰 쓸 필요가 없다. 하루 동안 외워야 하는 내용을 리스트 업 해놓고 반복적으로 보기 위한 수단일 뿐이기 때문에 일반적으로 사용하는 스프링노트로 만들 것을 권장한다.

① 국어 : 국어는 어휘와 문장을 위주로 암기하도록 한다.
- 스프링노트를 준비하여 세로로, 왼쪽에서 1/4 되는 지점을 접는다.
- 왼쪽 공간은 외워야 하는 어휘를 적는 공간으로 사용하고, 오른쪽 공간은 그 어휘의 뜻과 그 어휘를 사용한 예문을 만들어서 적는 공간으로 사용한다.

② 영어 : 영어는 두 권의 암기일지가 필요하다.
- 첫 번째는 국어와 똑같은 용도의 어휘, 숙어 암기일지이므로 국어와 똑같이 만들면 된다.
- 두 번째는 문법 암기일지인데, 줄 없는 스프링노트를 사용하도록 한다. 문법의 암기 포인트는 경우에 따라 달라지는 용도를 암기하는 것이므로 어떤 경우에 어떻게 달라지는지를 표기해 놓고 그 내용을 암기하도록 한다. 해당 개념 전체를 한 묶음으로 하여 전체를 그릴 수 있도록 하는 것이 문법 암기의 핵심이다.

③ 수학 : 수학의 암기 포인트는 공식과 그 공식의 사용 시기, 그리고 사용법이다.
- 모든 암기가 공식을 기준으로 이루어지는데, 영어 문법 암기와 비슷하게 공식 자체를 기준으로 시기, 사용법을 함께 암기하도록 해야 한다. 수학은 언어가 아니라서 영어단어처럼 외워서는 활용할 수 없다. 실전에서 활용하기 위해서는 활용 예, 활용법을 함께 외워야 한다.

암기일지가 하루의 암기 내용을 담은 것이었다면, '암기수첩'은 하루 동안 각인 암기를 했음에도 외워지지 않은 것을 모아두는 저장소 역할을 한다. 하루 종일 봤는데도 기억이 나지 않는다면, 그 내용들은 그만큼 어렵고 이해가 되지 않는다는 뜻이니 더 자주 봐야 한다.

암기수첩도 각 과목별로(영어는 두 개) 필요하며, 언제 어디서든 볼 수 있도록 손바닥 정도 크기의 수첩으로 만들도록 하자.

각인 암기법 활용 순서

① 하루의 공부를 시작하기 전에, 오늘 하루 동안 외울 내용을 암기일지에 적는다. 반드시 완전한 내용이어야 한다. (국어는 어휘+예문, 영어 어휘는 어휘+예문, 영어 문법은 핵심 내용, 변화 시기 그리고 예시, 수학은 공식과 공식의 사용 시기, 사용법을 함께 적어야 한다.) 이 내용은 개념정리 노트에서 발췌하는 것이 일반적이며 영어 단어는 단어장을 사용하는 것을 권장한다. 국어 어휘는 많지 않을 것이기 때문에 어려운 것이 생길 때 마다 암기일지에 적어 놓고 리스트 업 하도록 한다.

② 시간이 날 때마다 전 과목을 돌아가며 본다. 화장실 갈 때, 밥 먹을 때, 공부가 안 될 때 등 모든 자투리 시간을 이 암기일지를 보는 데에 투자한다. 매일, 최소한 5번 이상 보는 것을 목표로 한다.

③ 하루의 공부를 마무리하면서, 오늘 하루 동안 익힌 암기일지의 내용을 떠올려 보고 그대로 똑같이 적어본다. 물론 완벽히 백지 상태에서는 적지 못하니 국어와 영어 어휘는 단어를, 영어 문법은 핵심내용을, 수학은 공식을 적어 놓고 나머지를 채우는 식으로 테스트한다. 총 2번을 테스트하는데, 맞게 생각난 것은 외운 것으로 간주하고 삭제해도 되지만 첫 번째 테스트에서 생각나지 않았거나 틀린 것은 다시 테스트해야 하는 것이다. 두 번째 테스트에서도 생각나지 않는 것이나 틀린 것은 외우지 못한 것으로 간주하고 암기수첩에 적어둔다.

④ 자기 직전에는 암기수첩에 적힌 모든 내용을 보도록 한다. 그리고 바로 잠든다.

⑤ 아침에 일어나는 즉시 암기수첩을 다시 본다. 약 10분만 투자하면 된다.

⑥ 1번부터 다시 시작한다.

단순히 개념을 정리해 두는 것과 암기를 하는 것은 명확히 다르다는 것을 명심하고 최대한 자주 보도록 한다. 암기의 포인트는 '얼마나 많이 반복하는가'이며, 앞으로 설명할, 앞으로 만들어야 할 많은 노트들도 마찬가지로 반복학습을 해야 한다.

　전국 꼴찌 구짱구의 꼴찌도 통하는 공부법

05 질문 잘하는 방법

오직 단 하나의 공부 방법을 가르쳐달라고 한다면 '질문을 잘하라'고 말하고 싶을 정도로, 공부의 핵심은 '질문'이라고 할 수 있다.

많은 학생들이 질문을 제대로 하지 못하는데, 이는 공부를 제대로 하지 않고 있기 때문이다. 공부를 하는 과정에서는 반드시 의문점이 생길 수밖에 없고, 그 의문점을 해결하는 과정이 공부라고 할 수 있다. 때문에 질문이 없는 것은 공부를 하지 않거나 잘못하고 있다는 뜻이고, 성적이 오르기 힘들다고 볼 수 있다.

그러면 모든 질문이 좋은가? 그것도 아니다. 잘못된 질문은 잘못된 답변을 부르게 되고 전혀 도움이 되지 않는다. 대부분의 학생들에게 질문하라고 하면 이런 식으로 한다.

 **5번 문제 모르겠어요.** 

그러면 이 질문을 받은 선생님은 그 문제를 풀어주거나, 설명했던 내용을 똑같이 다시 말해주는 방식으로 답변한다. 그러면 이 답변을 받은 학생은 그 답변이 만족스러울까? 절대 그렇지 않다. 문제를 못 푼 학생이라면 그 풀이 과정에 모르는 내용이 있다는 소린데, 이때 문제를 대신 풀어준다고 해서 다음번에 그 문제를 풀 수 있게 되는 것은 아니다. 단순히 모르겠다고 하는 것은 질문이 아니라 선언이라고 봐야 한다. 전혀 도움이 되지 않는 질문이다.

그러면 어떻게 질문해야 할까? 모든 질문은 질문자 본인이 모르는 것을 해소하는 방향으로 이루어져야 한다. 단순히 '모르겠다'는 것에 초점을 두는 것이 아니라, '이 부분을 모르겠다'처럼 모르는 부분에 초점을 둬야 한다. 5번 문제 자체가 이해되지 않는다면 당장 문제를 풀어달라고 주문할 것이 아니라 본인이 왜 이 문제 자체를 이해하지 못하는지를 하나하나 뜯어봐야 한다. 단어 때문일 수도 있고, 본인과 맞지 않는 레벨의 문제를 풀고 있는 것일 수도 있다. 아니면 기본기가 부족해서 풀이의 과정이 이해되지 않을 수도 있다. 그걸 찾아내서 질문해야 한다.

다른 경우로, 문제는 이해되지만 정답이 납득이 가지 않는다면 그 내용 자체를 질문해야 한다. "나는 이 문제의 정답이 4번이라고 생각하는데, ~ 때문이다. 하지만 정답은 3번이다. 3번은 ~라는 이유에서 답이 될 수 없는 것 같은데 왜 답인가? 그리고 왜 4번이 정답이 되지 못하나?" 이런 식으로 말이다. 질문이 길다고 생각하나? 하지만 원래 질문은 길다. 짧은 질문은 그 의도가 답변자에게 명확히 전달되기 힘들기 때문에 잘못된 정보를 가져올 수 있다. 질문은 길고 구체적이어야만 한다.

그렇다면 질문을 효과적으로 잘하는 방법, 질문을 잘 저장해놓고 활용할 수 있는 방법은 없을까? 과목별로 '질문노트'를 만들면 된다. 질문노트는 질문을 효과적으로 할 수 있도록 질문한 내용을 적어두고, 해당 질문에 대한 선생님의 답변을 저장해두어 차후에 똑같은 질문을 하지 않도록 실력을 늘리는 방법을 적어두는 것이다. 그리고 그 내용을 적용해서 문제를 풀어보거나 재해석을 해봐야 한다. 그렇기 때문에, 질문노트에는 구체적인 질문 내용, 선생님의 답변, 내가 이 질문을 했던 이유(몰랐던 이유), 향후에 질문을 하지 않기 위한 방법과 그 내용, 재해석 및 적용 가능 유무가 들어가야 한다. 어떤 양식을 사용해도 상관없지만 앞서 나열한 내용들은 저장해두고, 수시로 볼 수 있어야 한다.

질문노트 : 예시

2016. 7. 5. 교재 : 레벨업코칭 수학 112 page

선생님께 질문할 내용	OP가 3, 7이 되는 점 P는 왜 각각 1개이고, 4, 5, 6이 되는 점 P는 각각 2개인가요? 이유를 모르겠어요.
선생님의 답변	일단 주어진 식은 원의 방정식입니다. 중심이 (4, 3)이고 반지름이 2인 원의 방정식이요. 그러면 OC의 길이는 3:4:5에 의해 자동으로 5가 됩니다. 반지름이 2라고 했으니 OC 그리고 원 위의 점을 잇는 선을 그리면 길이가 7이 되겠지요. 이 길이가 직선이 될 때 OP의 길이가 최대가 될 것입니다. 그러니 그림에서 A점이 길이가 7이 되도록 만드는 덤일 것이고 길이가 4, 5, 6이 되도록 만드는 점 두개(어딘지 정확히 알 수 없어도 2개라는 것은 알 수 있죠.) 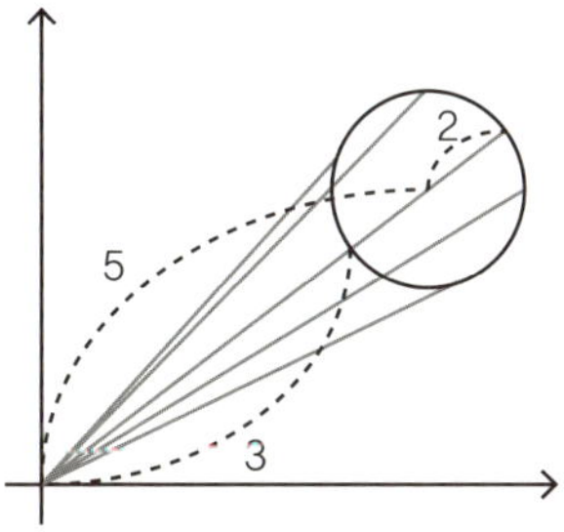 OP의 길이는 최대 7, 최소 3이고 이때는 원 위의 한 점에서 만나야 한다면 4, 5, 6 길이에 해당하는 점들은 OC를 기준으로 대칭하는 양쪽 모두의 점에서 존재할 수 있으니까요.
내 생각이 틀렸던 이유	그림을 안 그리고 생각했다. 그림을 그리고 생각했다면 편했을 텐데….

이 질문을 했던 이유가 뭘까요?	똑같은 질문을 하지 않으려면 무엇을 해야 할까요?
그림을 그리지 않고 생각했다.	앞으로는 좌표 문제가 나오면 그래프를 그리고 나서 생각해야겠다.

선생님의 답변 적용해 보기	○	다시 해보니 이제는 안 틀릴 것 같다.

20 년 월 일 요일   교재   page

선생님께 질문할 내용

선생님의 답변

내 생각이 틀렸던 이유

이 질문을 했던 이유가 뭘까요?	똑같은 질문을 하지 않으려면 무엇을 해야 할까요?

선생님의 답변 적용해 보기

06 공부내용 관리 방법

공부가 하기 싫은 이유는 수없이 많겠지만, 자체 설문조사에 응답한 학생들 중 37.4% 이상이 '노력에 대한 결과가 보이지 않기 때문'이라고 응답했다.

또 다시 공부를 게임에 비유해보자. 우리가 접하는 일반적인 게임은 사냥을 하면 즉시 경험치가 올라가지만, 공부는 난이도가 워낙 높아서 경험치를 쌓기가 어렵다. 심지어 경험치가 쌓이는 것이 그때그때 눈에 보이지도 않으며, 그 때문에 공부시간이 누적되면서 '공부 레벨'이 상승하는지 확인할 수도 없다. 게다가 성적표가 나오기 전까지는 공부의 성과를 눈으로 확인할 수 없고, 자칫 실수라도 하게 되면 기울였던 노력에 미치지 못하는 결과를 받게 된다. 이 때문에 '노력에 대한 정당한 보상이 없다'고 느끼고, 금방 싫증을 내며 포기해버리게 되는 것이다. 난이도가 지나치게 높은 게임들도 마찬가지다. 처음부터 지나치게 어렵게 설정해 놓은 게임들은 이내 게이머들에게 외면 받는다. 때문에 공부는 게임과 매우 비슷하다. 하지만 이렇게 높은 난이도의 게임도 해결할 방법이 있다. 이 방법을 쓰면 공부 경험치 또한 꾸준히 쌓을 수 있다.

공부의 경험치는 아래의 요소들로 시각화할 수 있다.

- 낭비 시간이 얼마나 많은가?
- 오늘의 만족도가 얼마나 되는가?
- 그날 배운 내용을 얼마나 정리할 수 있는가?
- 플래너 달성률이 얼마나 되는가?
- 나와의 약속 달성률이 얼마나 되는가?

즉, 매일의 공부 내용을 정리하고 그 내용을 수치로 변환하여 기록을 해놓는다면, 이 수치들을 그래프로 변환하여 공부습관의 변화 양상을 경험치로 환산할 수 있다는 것이다.

이 데이터를 모으는 데에 탁월한 것이 바로 '공부일기'다. 공부일기는 매일 한 공부의 내용과 데이터를 적어 저장해두는 것인데 [Step 01 워밍업]에서 했던 '취미일기'와 비슷한 방법으로 공부일기를 쓸 수 있다.

공부일기에 필요한 내용은 다음과 같다.

- 하루 동안 공부하며 느낀 점
- 하루 동안 새로 배운 내용
- 중요한 내용
- 암기가 필요한 내용
- 오늘의 반성
- 내일의 다짐
- 기록 가능한 수치
  - 낭비시간 (공부 하지 않았다고 판단되는 모든 시간)
  - 나와의 약속 달성 유무 (O / X)
  - 플래너 달성률 (100%가 최대)
  - 오늘의 만족도 (100점이 최대)

공부일기를 작성하는 첫 번째 목적은 '어떻게 하는 것이 좋은 것 같다', '어떻게 해야겠다고 느꼈다'와 같이 공부를 하면서 느꼈던 점들을 적어두고 잊지 않기 위함이며, 하루 동안 학습한 특정한 내용들을 저장해 놓는 것이 두 번째 목적이다. 오늘 잘못했던 부분, 그리고 내일부터 개선해 나갈 방향에 대해 적어 놓는 것이 세 번째 목적이고, 시각적 경험치로 환산하여 기록해 놓는 것이 네 번째 목적이다.

공부일기를 작성함에 있어 주의할 점은 공부를 하지 않더라도 공부를 포기하지 않는 이상 공부일기는 매일 적어야 한다는 것이다. 설사 쓸 내용이 없더라도 낭비시간, 나와의 약속 달성 유무, 플래너 달성률, 오늘의 만족도는 반드시 매일 적어서 경험치의 변화를 쌓아 두어야 한다. 적지 않으면 평균값을 비교할 수 없고 성장 정도를 비교하기가 어렵다.

공부일기

20   년   월   일   요일   D –

일어난 시간		잠든 시간	
제목			

새로 배운 내용

중요한 내용

**암기가
필요한 내용**

오늘의 반성	내일의 다짐

| 낭비시간 | 나와의
약속 | 플래너
달성률 | 오늘의
만족도 |
| --- | --- | --- | --- |
| | | | |

그러면, 공부일기를 적어서 어떻게 경험치를 확인할 수 있을까? 공부일기의 오른쪽 하단부에 적었던 수치를 통해서 측정할 수 있다. 아래의 과정을 따라해 보자.

① 공부일기를 다 적었다면 수치로 기재된 것들을 데이터화한다. 데이터화한다는 것은 주어진 계산 공식에 대입하여 상대치로 변환하는 것을 의미한다.

a. 낭비시간 점수 : $100 - \dfrac{\text{낭비시간}}{\text{공부할 수 있었던 최대시간}} \times 100$

b. 나와의 약속 달성 유무 : O – 100점 / X – 0점

c. 플래너 달성률 : 0% – 0점 / 100% – 100점

d. 오늘의 만족도 : 0~100점

② 이제 a~d 항목별로 변환된 데이터 값을 합쳐서 평균을 낸다. 이 값은 매일, 공부일기의 하단부에 적어둔다.

$$\text{데이터 평균값} = \dfrac{a + b + c + d}{4}$$

③ 월요일~일요일을 한 주로 상정하고 매일의 값을 평균 내어 주간평균 값을 도출한다.

$$\text{주간평균 값} = \dfrac{\text{월} + \text{화} + \text{수} + \text{목} + \text{금} + \text{토} + \text{일}}{7}$$

④ 각 주간 학습 수치를 그래프화하도록 한다.

공부일기 경험치 체크

작성자 :

20 년 월 일 ~ 20 년 월 일

시작 (월요일)	월일	월일	월일	월일	월일	월일	월일	월일	월일	월일
종료 (일요일)	월일	월일	월일	월일	월일	월일	월일	월일	월일	월일
월										
화										
수										
목										
금										
토										
일										
총 평균값										

시작 (월요일)	월일	월일	일일	월일	월일	월일	월일	월일	월일	월일
종료 (일요일)	월일	월일	월일	월일	월일	월일	월일	월일	월일	월일
월										
화										
수										
목										
금										
토										
일										
총 평균값										

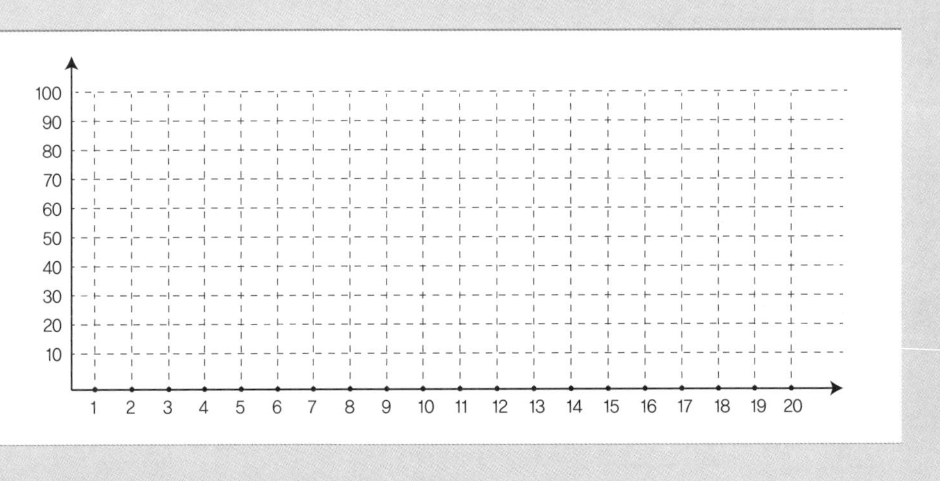

공부 레벨은 낭비시간이 적을수록, 나와의 약속 달성률이 높을수록, 플래너 달성률이 높을수록, 오늘의 만족도가 낮을수록 높아진다. 위 방법대로 적고 그래프를 그려보면 공부 레벨의 업, 다운 상황이 눈에 보일 것이다.

사실 이 그래프는 본인 스스로 기재한 수치인 데다가, 학업 내용에 대한 것이 아니라 습관에 대한 레벨을 그래프로 나타낸 것이기 때문에 다소 부족할 수도 있다. 하지만 공부를 시작한 직후부터 꾸준히 작성한다면 '내가 공부를 잘 하고 있는 건가?'라는 의심은 더 이상 하지 않아도 될 것이며, 현재 본인이 학습을 잘 수행하고 있는지를 정량적으로 판단할 수 있는 훌륭한 기준이 될 것이다. 하루 동안 공부했던 내용을 기록해놓고 반성하는 것이 목적이니 이런 계산이 어려우면 굳이 하지 않아도 된다.

07 시간 관리하는 방법

자투리 시간을 잘 활용해라!
잠을 줄여야 한다!
스터디 플래너를 써라!
18시간 공부를 해라!

시간 관리와 활용법은 아직도 큰 논란거린데, 명확한 솔루션이 없는 것도 사실이다. 그럼에도 시간 관리는 매우 중요하기 때문에 반드시 방법을 찾아서 적용해야 한다.

공부를 잘 하기 위해서 공부 시간을 늘려야 하는 것만큼은 자명하다. 앞서 설명했던 암기 방법처럼, 많이 노출될수록 잘하게 된다. 그래서 많은 학생들이 공부하는 시간을 늘리기 위해서 잠을 줄인다거나 하는 방법에 목을 매고 있다. 안타깝게도 목적은 옳지만 방법이 너무나도 잘못되었다.

시간 관리에 대한 잘못된 통념 중에서도 특히 잘못된 한 가지는 '잠을 줄이면서 공부해라!'라는 것인데, '잠을 줄인다'는 것은 표현만 멋들어지게 바꾼 것이지 사실은 '얇고 길게 잔다'는 뜻과 다를 게 없다. 잠을 줄여서는 절대 잠을 줄일 수 없다. 역설적으로 보이는 이 말은 조금만 생각해 봐도 금방 이해할 수 있다. 잠이 부족하면 집중력이 떨어진다. 집중력이 떨어지면 멍하게 의미 없는 공부를 하거나 낮잠을 잔다. 결국 실제 공부양은 오히려 잠을 더 잔 것보다 적어지는데, 많은 학생들은 이 현상에는 큰 관심이 없다. 단지 본인이 어제 몇 시부터 몇 시까지 잤는지에 집중하고, 총 수면시간이나 집중도의 차이에는 전혀 관심이 없다.

내가 지난 10년 동안 만난 학생들의 대부분은 잠을 줄일 필요가 없는 학생들이 대부분이었다. 공부할 시간이 부족하다고 판단되면 잠을 줄일 것이 아니라 깨어있는 시간동안의 공부양을 늘리는 것에 포인트를 둬야 하는 것이기 때문이다.

깨어있는 긴 시간 동안 무엇을 하는지가 시간 관리의 관건이다. 자투리 시간을 활용하기 위한 전략을 세우고, 생활계획표를 만들거나 스터디 플래너를 쓰는 등의 모든 시간 관리와 관련된 행위들은 깨어있는 시간 동안 하는 공부의 효율을 올려주기 위한 도구다.

그래서 우리는 매일의 공부를 체크하기 위한 스터디 플래너를, 그리고 매일의 일정을 미리 설정하고 자투리시간을 효과적으로 사용할 수 있도록 생활계획(타임블럭)을 작성해야 한다. 먼저 스터디 플래너에 대해 알아보자.

1. 스터디 플래너

스터디 플래너는 말 그대로 플래너일 뿐이다. 공부를 계획하고 그 계획을 지켜낼 수 있도록 도와주는 것, 즉 효율적으로 공부할 수 있도록 도와주는 것일 뿐이다. 특히 모든 계획에서 공통적으로 적용되는 내용이 있는데 '무리한 계획은 계획이 아니다.'라는 것이다. 무리한 계획은 결코 지켜낼 수 없고, 지켜내지 못할 계획은 헛된 망상일 뿐 계획이 아니다.

집중해서 공부하는 것과 계획을 지켜내는 것은 온전히 나의 몫이라는 것을 기억하면서 효과적으로 플래너를 사용하는 방법에 대해 알아보도록 하자.

① 계획은 약속이라는 것을 명심하자.
- 지킬 수 있는 정도로만 세운다.
- 구체적이지 않으면 지킬 수 없다는 것을 명심하자. 분량으로 정해야 한다. 시간, 목표 점수는 좀처럼 지켜내기가 어렵다.

② 계획은 두 번 짜야 구체적으로 만들 수 있다.
- 매주 일요일, 한 주 동안의 일정을 미리 체크하고 무리가 가지 않는 선에서 다음 주 한 주간의 전 과목 공부 계획을 추상적으로 세워보자.
- 매일 자기 전에는, 일요일에 세웠던 추상적인 계획을 참조하여 다음 날의 계획을 구체적으로 세워보자. 1주일간의 목표를 달성하기 위하여 분량을 적절히 배분하도록 한다.

③ 계획을 세울 때는 항목별로 우선순위를 정해야 한다.
- 가장 중요한 순서대로 우선순위를 정해두고 그 순서대로 이행한다. 최악의 상황에는 우선순위가 높은 것부터 수행해야 한다.

④ 가급적이면 전 과목을 매일 볼 수 있도록 계획을 짠다.

- 내용은 하루라도 보지 않으면 까먹게 되니 매일 전 과목을 볼 수 있도록 스케줄을 만들자.

⑤ 계획했던 내용이 완료되는 즉시 체크하도록 한다.

- 미션 클리어를 하는 느낌으로 완료하는 즉시 체크하자.

- 자기 전에 하루 동안의 수행 내역을 체크하자.

⑥ 그 주의 일요일에는 한 수간의 내용을 반성하고 개선한다.

- 처음부터 100% 지킬 수 있는 스케줄을 만들 수는 없다. 지킬 수 없었던 이유를 분석하도록 한다. 과한 스케줄이었는지, 일정을 고려하지 않았던 것인지, 그냥 하지 않았던 것인지를 체크하여 반성하고 개선하도록 한다.

⑦ 개선 방안을 참고하여 1번부터 다시 시작한다.

- 이제 더 나은 스케줄을 만들 수 있게 됐다. 계속 시도하면서 꾸준히 개선하도록 하자.

20 . . . ~ 20 . . . (월 주차)

주간 계획		월요일			화요일			수요일		
	과목	내용	우선순위	완료확인	내용	우선순위	완료확인	내용	우선순위	완료확인
숙제										
이번 주 다짐										
개별공부										

2. 타임블럭

스터디 플래너가 단순히 공부 계획을 목적으로 했다면, 타임블럭의 목적은 그 계획을 지키기 위해 시간을 효율적으로 활용할 수 있도록 해주고, 기존 생활습관을 체크하여 잘못된 것들을 고칠 수 있도록 도와주는 것이다.

초등학생 때 원을 그려서 하루를 24시간으로 나눈 뒤 표시하던 생활계획표가 기억나는지 모르겠지만, 그 생활계획을 각 요일별로 나누어서 만든 내용이라고 보면 이해가 편할 것이다.

생각보다 하루 동안 공부할 수 있는 시간은 많지 않은데, 사용 가능한 자투리시간들이 아

목요일			금요일			토요일			일요일		
내용	우선 순위	완료 확인	내용	우선 순위	완료 확인	내용	우선 순위	완료 확인	내용	우선 순위	완료 확인

무 소득 없이 소모되어 버린다. 시간 관리를 가장 효과적으로 할 수 있는 방법은 매일의 스케줄을 시간단위로 쪼개어 표기하고, 활용할 수 있는 모든 시간을 찾아내는 것이다. 내가 소개할 타임블럭 작성법은 시간 관리에 최적화된 방법임을 확신한다. 타임블럭은 두 가지 목적으로 사용할 수 있다.

① 잘못된 생활 습관을 찾아내서 고칠 수 있다.
② 앞으로의 생활을 계획하여 움직일 수 있다.

과거의 스케줄을 만들어보면 잘못된 습관을 고칠 수 있고, 미래의 스케줄을 만들어보면 효율적으로 공부할 수 있다는 것이다.

① 개략적으로 분배하여 색칠하자.
- 학교, 학원, 교회, 야자, 잠 같이 큰 항목을 채워서 색칠하자. 내용은 연필이나 샤프로 써야 편하게 지울 수 있다.
- 바꿀 수 없는 항목부터 채운다.
- 이동시간, 밥 먹는 시간, 씻는 시간은 지금 적지 않는다.

② 사이시간을 채우자.
- 큰 항목들 사이에 있는 시간을 채운다.
- 등교시간, 세면시간 등을 적는다.
- 이동시간은 수단과 시간을 적어둬야 한다. 이동시간은 아주 중요한 자투리시간이다. 활용할 여지가 많다.

③ 큰 항목을 수정하자.
- 1에서 기입한 내용을 조금 더 자세히 바꾸자. '야자'라고 적어뒀던 시간을 50분 공부, 5분 복습, 5분 휴식이라고 바꿔 쓸 수 있다.

④ 필요한 공부를 추가하자.
- 공부일기와 플래너를 쓰는 시간, 암기 내용을 체크하는 시간은 매일 확보해야 한다.
- 모든 공부 뒤에는 10분간 복습이 필요하니 복습 시간을 추가하자.

⑤ 비어 있는 시간을 채우자.
- 놀아도 된다. 계획대로 하기만 하면 된다.
- 주말에는 부족한 공부를 보강하는 것을 목적으로 공부하도록 한다.

⑥ 유효기간을 적어준다.
- 타임블럭은 항상 적용 가능한 것이 아니다.
- 스케줄이 크게 변경되는 일이 생기면 다시 작성해야 한다.

이 방식으로 예전 생활 습관을 떠올리며 타임블럭을 만들어보자. 계획을 잡고 공부를 한 것이 아니라면 쉽지 않을 것이다. 만약, 지금 당장 어떤 문제가 있더라도 하나씩 개선해 나가면 더 나은 타임블럭을 만들 수 있게 될 것이고, 효율적으로 공부할 수 있게 될 것이다.

타임블럭을 만들 때 중요한 것은 한번에 같은 과목을 너무 오래보면 안 된다는 것과 '50+10' 전략을 구사하라는 것이다. 같은 과목을 너무 오래 보면 창의적 사고가 어려워지며, 50분 동안 공부하고 나면 누구라도 조금은 지친다. 때문에 50분 공부 후에는 10분간 복습과 잠깐의 휴식을 취해 주자는 것이다.

타임블럭과 플래너는 이렇게 만들고 활용할 수 있다. 만약 실천이 잘 되지 않는다면 '당근과 채찍' 전략을 쓰도록 하자. 정해진 스케줄을 잘 지켰다면 자기 스스로에게 상을 주고, 지키지 못했다면 상을 받지 못하도록 자신을 구속하는 방식으로, 이를테면 한 시간 동안 집중을 잘 했으니 초콜릿을 하나 먹게 해 준다거나, 주말에 영화 한편 보는 것을 허락한다거나 하는 방법이 있다.

유효 기간   년   월   일   요일 ~   년   월   일   요일

작성자 :

고칠 점	
01 자투리시간 활용	
02 복습	
03 생활패턴	
04 수면시간	
05 자습내용	

	월	화	수	목	금	토	일
새벽 5시							
새벽 6시							
아침 7시							
아침 8시							
아침 9시							
오전 10시							
오전 11시							
낮 12시							
낮 1시							
낮 2시							
낮 3시							
저녁 4시							
저녁 5시							
저녁 6시							
저녁 7시							
밤 8시							
밤 9시							
밤 10시							
밤 11시							
밤 12시							
새벽 1시							
새벽 2시							
새벽 3시							
새벽 4시							
새벽 5시							

08 나를 제어하는 방법

공부하기 싫은가? 공부하기는 싫으면서도 성적은 올리고 싶다면 도둑놈 심보지만, 방법이 없는 것은 아니다. 공부를 하는 습관을 만들면 공부 효율이 극대화되므로 시간을 줄여도 성적이 오를 것이다. 그러면 어떻게 습관을 만들까? 반드시 나를 제어해야 한다. 성적이 오르지 않아서 문제라면 명심해라.

내 몸이 시키는 대로 하면 망한다.

지금까지 성적이 오르지 않았던 이유는 몸이 편하고자 요구하는 것을 다 들어줬기 때문이다.

'관성'이라는 것을 들어본 적이 있나? 버스가 급정거할 때 몸이 튀어나가려고 하는 그 현상이 관성에 의한 것이다. 관성의 사전적 정의는 '어떤 운동 상태를 유지하려고 하는 성질'인데, 유지되고 있는 상태를 벗어나기 위해서는 엄청난 에너지를 가해야 한다.

정말 신기한 게, 공부도 이 법칙이 적용되는데, 공부에서 적용되는 관성의 법칙을 우리는 '습관'이라고 이름을 달리하여 부른다.

공부하지 않는 관성 = 잘못된 습관

만약, 이 잘못된 습관의 관성이 이미 형성된 상태라면 '노력'이라고 불리는 '에너지'를 지속적으로 강하게 가해야만 현재의 상태를 벗어나 새로운 상태에 도달할 수 있다.

그래서 우리는 기존의 관성을 깰 수 있도록 내 몸이 하고 싶어 하는 것들을 하지 못하도록 제어하는 방법을 익힐 필요가 있다. 힘들더라도 묵묵히 해내야만 새로운 습관을 형성시키고 이 잘못된 습관의 늪으로부터 탈출할 수 있다.

어떻게 하면 나를 제어할 수 있을까? '모든 방법을 다 시도해봤는데 안됐다'고 한다면, 아주 솔직히 말해 의지부족이다. 심지어 의지박약은 그 누구에게도 도움을 받을 수 없는 난제이기까지 하다. 하지만 지금부터 제시하는 방법들은 지금껏 세웠던 계획들보다 더 간단하고 구체적이므로 지킬 수 있을 것이다. 이제 그 방법을 소개하겠다.

1. 나와의 약속

나와의 약속은 '매일 지키고자 하는 최소분량'을 뜻한다. 나와의 약속에는 그 어떤 핑계도 통하지 않고, 최악의 상황이 닥치더라도 이것만큼은 해내야하는 마지노선이며 양보할 수 없는 한계치인 것이다. 이렇게, 스스로와 약속을 정해놓고 매일 지키는 습관을 들이는 것을 목적으로 한다.

1) 매일 지킬 '구체적인' 나와의 약속을 만들어라.

아주 재미있는 사실인데, 사람은 구체적인 것을 좋아한다. 단적인 예로, 수치가 없는 것보다는 있는 것을 좋아하고, 이름을 모르는 것은 기억을 못해도 아는 것은 명확히 기억한다. 또, 구체적이지 못한 계획은 지키지 못해도 구체적인 계획은 지킬 가능성이 높아진다.

이러한 맥락에서, 스스로 매일 지켜나갈 약속을 구체적으로 만들면 그 약속을 지킬 확률이 올라가게 되는 것이다. 단순한 미션을 제시하고 그 미션을 매일 수행하는 것을 목표로 한다면, '약속한 것은 지키는' 새로운 습관이 형성되어 꾸준히 공부할 토대를 마련할 수 있다.

구체적인 미션이 되려면 수치와 분량이 제시되어야 한다. 시간 약속은 지키지 못할 가능성이 높기 때문에, 페이지 수나 문제 수처럼 셀 수 있는 분량으로 정하자.

2) 전 과목을 매일!

공부에 대한 지식은 모래시계와 같다. 하지 않는 순간에는 끊임없이 새어나가고 있다는 것이다. 많은 학생들이 특정 과목만 잘 나오거나 안 나오는 '성적 시소' 타기를 반복하고 있음을 호소하는데, 이는 공부 과목의 밸런스를 맞추지 못해서다. 특정 과목을 공부하고 있는 순간에 다른 과목은 떨어진다는 사실을 간과하여 한 과목만 공부하면, 하나가 올라갈 때 하나는 내려가는 시소 현상이 끊임없이 반복되는 것이다.

어떻게 보면 나와의 약속이라는 것은 매일 조금씩 빠져나가는 분량을 채워 넣는 것이라고 볼 수도 있다. 이런 이유에서, 공부해야 하는 모든 과목을 매일 봐야 한다. 많은 분량이 아니라도 좋다. 반드시 전 과목을 매일 봐야한다는 것을 명심하고 약속을 만들어야 한다.

3) 가급적 최소분량을!

나와의 약속은 최악의 상황을 가정하고 만든 마지노선이므로 최악의 상황에서도 충분히 해낼 수 있는 정도의 분량으로만 정해야 한다.

최소 분량은 개개인마다 다르지만 국어는 한 지문만 공부해도 충분하고, 수학 문제는 세 문제만 풀어도 된다. 영어 단어는 10개만 외워도 된다. 본인의 능력에 맞게 자유롭게 설정하는 것이다. 단, 어떤 일이 있어도 매일 지킬 수 있을 정도의 최소 분량이어야 한다는 사실을 절대 잊지 말자.

4) 페널티를 정하자.

약속을 어기는 것은 매우 나쁜 행위인데, 이는 나와의 약속이라 하더라도 예외가 아니다. 매일 지키고자 했던 약속이니 단 하루라도 어기면 안 된다. 만약 어긴다면 스스로에게 가할 벌을 정하자. 구체적으로 정해야 한다. '이 정도면 페널티 받은 거야'라며 합리화할 수 없도록 1주일, 2주일, 1달처럼 기간을 정해놓자.

본인이 좋아하는 무언가를 못하게 하는 것이 가장 효과적이다. 게임을 좋아하는 친구라면 게임을 못하게 한다거나, 간식을 좋아하는 친구라면 간식을 못 먹게 한다거나 말이다. 아주 간단한 약속 하루 안 지켰다고 1주일 동안 간식을 못 먹는다면 반드시 지키도록 노력하겠지?

5) 그 약속을 지킬 수 있도록 도와주는 환경을 만들어라.

인간의 자제력에는 한계가 있고, 환경이 도와주지 않으면 이뤄내기 힘들다. 나와의 약속을 정말 구체적으로 만들고 그에 대한 페널티를 정해 놓더라도, 관성의 위력은 너무도 대단해서 여러분은 빠른 시일 내에 포기할지도 모른다. 그래서 '나를 도와줄 수 있는' 주변 환경을 구성하는 작업이 꼭 필요하다.

일단 첫 번째로, 나를 자극할 수 있는 환경을 만들자. 필자는 잠이 많아서 약속을 지키지 않고 침대에 누웠던 적이 많았다. 이를 제어하기 위해 침대 천장에 '지금 자면 끝이다.'라는 문구를 적어 놓았었고, 화장실 거울에는 포스트잇을 붙여 뒀었다. 식탁에도 나를 제어하기 위한 문구들을 써 붙여 뒀고, 심지어 핸드폰 메인 화면에도 약속을 적어놓고 끊임없이 상기하도록 만들었다. 이처럼 내 움직임이 닿는 모든 공간에 나를 도와줄 수 있는 장치들을 마련했었다.

두 번째로, 지원군을 만들자. 지원군이라고 해서 대단한 것이 아니다. 단지 내 약속과 페널티를 공유하는 것이다.

 **나 오늘부터 이걸 할 건데, 어기면 이런 벌을 받을 거야.** 

지원군들에게 직접 도움이 되는 페널티면 더 좋다. 내가 약속을 잘 지키는지 더 잘 감시해 줄 테니까. 지원군은 어떤 사람이어도 좋다. 부모님도, 친구도, 동생도, 선생님도 다 가능하다. 내가 약속을 지키는지 어기는지 체크하고 도와줄 수 있는 사람이면 모두 오케이다. 이제부터 이들은 여러분의 든든한 지원군이 될 것이다.

마지막으로, 나를 격리시켜라. 게임을 너무 많이 해서 공부에 방해가 되는 친구라면 컴퓨터와 스마트폰으로부터 격리를 시켜야 한다. 인간이란 간사해서 배수진을 쳐놓지 않으면 자꾸만 도망치려 하고 차선책을 찾으려 한다. 이건 필자도 마찬가지인데, 게임을 워낙 좋아해서 컴퓨터와 SNS를 못 하도록 전자기기를 아예 싹 다 치워버렸다. 요새는 그때보다 유혹의 요소가 더 많으니 구속의 필요성이 더욱 더 강해졌다. 그러니 가급적이면 매체와 나를 차단시켜 나와의 약속을 깰 여지를 없애도록 하자.

6) 어겼다면? 다시 만들어야 한다.

인간은 누구나 실수를 하며, 유혹을 견디기 힘들다. 당연히 이 모든 작업을 거쳤음에도 관성을 버티지 못하는 경우가 있다. 그렇다면 안타깝지만 패배를 인정하고 다음 판을 준비해야 한다. 단 한 번이라도 어기게 되면 그 다음부터는 아주 쉽게 어길 수 있다. 즉, 한 번이라도 놓아버리면 무의미한 약속이 되는 것이다.

때문에, 어기는 즉시 페널티를 받고 그 다음 약속을 만들어야 한다. 대체 무슨 이유에서 실패했는지 면밀히 분석하고, 그 다음 약속은 어기지 않도록 하는 것을 목표로 해야 한다. 나와의 약속은 아래처럼 만들 수 있다.

국어 : 문학, 비문학 한 지문씩 풀고 오답 사유 찾기

수학 : 세 문제씩 풀고 해설지 체크, 오답 정리 및 분석

영어 : 단어 10개 암기, 세 지문 풀고 오답 사유 찾기

어길 경우 1주일 간 게임 금지, 1주일간 간식 쏘기

이 사실은 내 친구 XXX에게 알린다.

나와의 약속

졸려도, 아파도, 무슨 일이 있어도 지키는 약속이랍니다!
'아무리 힘들어도 이것만은 지키자'하는 최소한의 마지노선을
만드는 거예요.
공부가 정말 하기 싫다면? 이거라도 지키세요!

주의!
1. 시간으로 잡지 마세요!(분량으로 잡으세요.)
2. 추상적으로 잡지마세요(정확하게 잡으세요.)
3. 너무 빡빡하게 잡지마세요.
4. 과목별로 최소 분량은 잡아주세요.
5. 어길 시 벌은 엄하게 하세요!

나 ___________은(는) ___________라는 꿈을 이룰 것이다.
그 꿈을 이루기 위해서 _______________________까지
어떤 일이 있더라도 이것만은 매일 해낼 것을 약속한다.

만약 하루라도 하지 않을 시 _______________________하는 벌을 받을 것을 나 스스로에게 약속하며
이 내용은 ___________와 공유한다.

20 . . . ___________(본인서명)

2. 하지만 나와의 약속은 공부가 아니다.

'나와의 약속은 꼭 지켜야 한다!'고 강조했지만, 엄밀히 말하면 이는 최소 분량으로, 공부가 아니라 후퇴하는 것을 막아주는 지지대 역할을 할 뿐이다. 나와의 약속은 지금 알고 있는 수준의 지식을 유지하면서, 새로운 습관을 만드는 것을 목표로 한다.

만약 이를 간과하고 나와의 약속만 지키면서 그것이 공부라고 여긴다면, 아무리 공부해도 성적이 오르지 않는 진귀한 경험을 하게 될 것이다. 약속은 최소한의 마지노선일 뿐이라는 것을 명심하고 공부 계획을 짜도록 하자.

여기까지가 공부법의 기본이다. 여기까지 문제없이 따라올 수 있었다면 비로소 여러분은 공부할 준비가 다 되었다. 어떤 공부를 하더라도 이 방법대로 하면 어렵지 않게 적용할 수 있다. 이제부터 과목별로 어떻게 공부해야 하는지 차근차근 알아보도록 하자.

STEP 04

국영수 기본기

공부를 하고 싶어도 기본기가 없어서 시작하는 것도 힘들어 하는 학생들이 많다. 아주 극단적으로 말하자면 더하기 빼기도 잘 모르는 학생들이 상당수고, 중학교 수학을 제대로 모르는 고등학생들이 대부분이다. 이런 상황에서 어설픈 지식으로 공부를 하는 학생들이 많은데, 기본을 모르고는 아무리 열심히 해도 3등급 이상이 될 수 없다.

지금부터는 아무 것도 모르는 친구들도 처음부터 시작할 수 있도록 국영수의 걸음마를 가르쳐 줄 것이다. 아는 학생들이라도 한 번 정도는 훑어보고 넘어가도록 하자.

01 수학 기초

1. 수학은 약속이다.

수학은 기본적으로 약속의 덩어리인데, 엄청나게 많은 약속들이 모여 있다고 보면 된다. 간단하게 생각하면 수학은 게임과 아주 비슷하다. 게임은 재밌고 수학은 어렵다는 생각이 들 수도 있지만, 이는 여러분들이 수학에서의 약속들을 몰라서 하는 말이다. 수학과 게임을 한 번 비교해보자.

게임을 잘 하려면 어떻게 해야 할까? 일단 가장 먼저 조작법을 익혀야 한다. 튜토리얼을 통해 조작법을 배우고 인터페이스에 대하여 이해해야 한다. 당연히 기본적인 조작법들은 외워야 한다. 어설프게 외우거나 외우지 않으면 제대로 게임을 즐길 수 없고, 실력 향상에도 명확한 한계가 있다. 이 과정이 '약속을 습득하는 과정'이다.

두 번째로, 효과적으로 하는 방법을 알아야 한다. 효율을 올려야 레벨을 더 쉽게 올리고 남들보다 더 잘 할 수 있다. 이것은 공부법을 배우는 과정에 비교할 수 있다.

세 번째로, 이제는 상대를 이기는 방법을 알아야 한다. 혼자서 잘 이해하는 정도가 아니라, 상대를 이길 수 있는 기술이 필요하다. 이는 문제를 어떻게 풀지 찾아내는 등 문제에 접근하는 방법이다.

네 번째로, 나보다 잘하는 사람에게 졌다면, 또 다시 지지 않기 위한 방안을 마련해야 한다. 이게 어려운 문제나 틀린 문제를 오답으로 정리하고 분석하는 이유다.

이쯤 되면 수학과 게임이 왜 비슷한지 이해하리라 본다. 그러면 한 번에 수학을 잘 할 수 없는 이유는 뭘까? 처음 게임을 배울 때부터 프로게이머처럼 할 수는 없다. 심지어는 흉내도 낼 수 없고, 게임 상황이 어떤지조차 이해를 못한다. 당연하다. 공부를 조금 한다고 어려운 문제를 바로 풀 수 없는 것과 같은 이치다. 게임이나 공부나 사용법을 익히고, 암기하고, 반복해서 연습해야만 고수가 될 수 있다.

이후부터는 반드시 외워야 하는 수학의 기본기를 알려줄 테니 혹시나 모르는 게 있다면 반드시 이해하고 외우도록 한다.

2. 숫자, 문자, 수

여러분이 만나게 될 모든 수학 문제는 식(수식, 함수식), 언어(문맥이해, 용어), 기하(도형, 그래프) 이 세 가지를 조합하여 포함하고 있다. 세 가지 모두 포함하는 경우도 있고 선택적으로 포

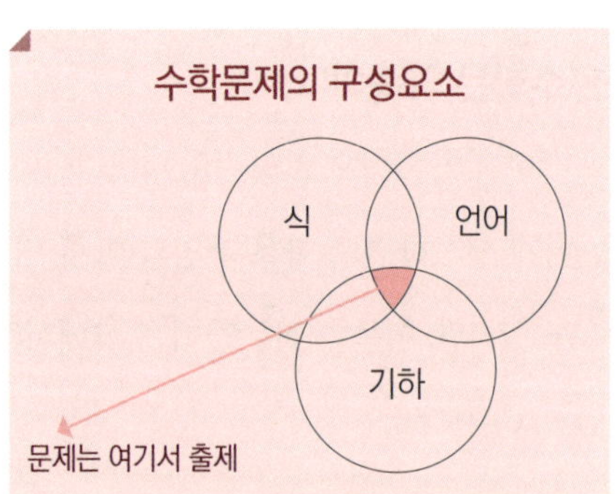

함하고 있는 경우도 있는데, 대부분의 고난도 문제는 식, 언어, 기하 모두를 포함하여 출제된다. 이런 구성요소들에 대한 이해가 없이는 문제를 풀 수 없기 때문에 반드시 이해해둬야 한다. 지금부터 설명할 내용은 고교 과정을 공부하는 학생에게 최적화된 내용이다.

1) 식

식은 여러분들이 수학을 하면서 가장 많이 접해봤지만 제대로 이해하지 못하는 것들이다.

$$f(x) = ax^2 + bx + c,\ 1 + 2 = 3,\ 3x < 7$$

식을 이루는 구성 요소는 숫자, 문자, 수와 기호가 있는데, 숫자는 여러분이 잘 알고 있는 0~9이며, '수를 표현하는 글자'라는 뜻을 갖고 있다. 문자는 a, b, c 외에도 α, β, γ, Σ, θ, ω 등의 알파벳을 비롯한 다른 모든 문자를 일컫는 말이며, 이 외의 <, >, =, ∫와 같은 표시들은 기호로 분류할 수 있다.

식은 수와 기호를 조합한 것이고, 수는 숫자, 문자, 기호를 조합한 것인데, 이 구성 요소들이 갖는 뜻을 정확히 모르면 '문제가 무슨 뜻인지' 모르는 경우가 생기기 때문에 식의 구성요소에 대한 이해는 필수적이다.

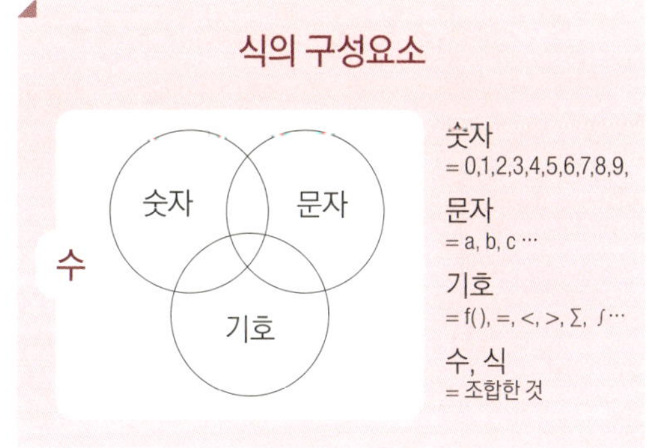

우스갯소리를 하나 하자면, 수학자들은 아주 귀차니즘이 강했던 것이 분명하다. 수학을 구성하는 모든 것들은 '편리하게' 표현하기 위해서 탄생했으며, 우리가 보고 있는 수많은 기호와 문자, 수들도 이러한 논리에 의해 생겨났다. 때문에 수학의 기본 원리는 '긴 것은 귀찮으니 최대한 줄이자.'라는 것을 기억하자. 수학에서는, 원래의 뜻을 갖고 있는 것들을 줄여서 표현하는 것을 최고로 생각한다.

2) 숫자

먼저 우리에게 친숙한 수부터 살펴보자. 우리가 흔히 알고 있는 일반적인 수는 '숫자'만을 사용하여 조합한 후 표현한 '2, 245, 503' 같은 자연수와, '숫자'와 '기호'를 합쳐서 나타낸 '−12(음수), 0.28(소수), $\frac{3}{5}$(분수)' 같은 것들이 있다. 혹시나 여러분이 이런 수들과도 친하지 않을 수 있으니 이것들이 갖고 있는 본래의 의미를 해석하여 풀어서 써보겠다. (여기서는 실수 범위 내에 있는 수만 언급한다. 허수라는 게 있는데, 나중에 기본기가 다 끝나고 배워도 괜찮다)

자연수 : 온전히 숫자만을 사용해서 나타낸 수

소수 : 0.31처럼 소수점 기호를 사용한 수. 0~1 사이의 수를 소수라 한다.
※ 동음이의어인 소수도 있는데, 그것과는 전혀 관계가 없다.

정수 : 소수점 기호를 사용하지 않은 수. 양의 정수, 음의 정수, 0이 있다.

분수 : 전체를 a개로 나눠서(분모) 그 중 b개를 선택(분자)하여 나타낸 수
※ 분모가 8인 분수는 8조각인 피자를 통해 떠올릴 수 있다.

양수 : 수 앞에 +가 붙어 있는 수

음수 : 수 앞에 −가 붙어 있는 수

유리수 : "위에 있는 것들을 싹 다 통틀어서 유리수라고 하자!"

이 친근한 수의 특징을 몇 가지 말하자면 다음과 같다.

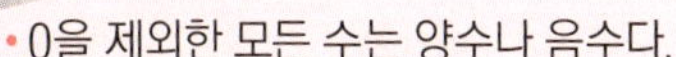

- 0을 제외한 모든 수는 양수나 음수다.

  모든 수는 앞에 +나 −를 갖고 있는데, +를 갖는 수는 +를 생략하고 표현하기에 헷갈릴 수 있다. 과거에는 −를 기호로만 판단했었기 때문에 음수는 수로 취급되지 않았다. 그 때문에 헷갈릴 소재가 있는데, 이에 대해서는 다음 단원에서 자세히 언급하기로 한다.

- 앞에 0이 오면 안 된다.

  소수는 0.으로 시작해서 그 어떤 수도 올 수 있지만 소수가 아닌 이상 가장 앞에 0이 올 수 없다. 이는 약속이다. 맨 앞에 0이 오면 안 된다.

- 모든 수는 분수로 표현 가능하다.

  자연수, 소수, 정수 모두 분수로 바꿀 수 있다. 0.12는 $\dfrac{12}{100}$ 로, 2는 $\dfrac{2}{1}$, $\dfrac{4}{2}$, $\dfrac{6}{3}$, … 등으로,

  −5는 $-\dfrac{5}{1}$, $-\dfrac{10}{2}$, $-\dfrac{15}{3}$, … 등으로 표현할 수 있다. 물론, 표현할 수 있는 방법은 무한히 많다. 분모와 분자의 비율만 맞춰주면 되니까. 분수로 표현이 가능한 수를 유리수라고 하는데, 무리수를 제외하면 유리수라고 쉽게 생각하자.

그럼 무리수는 뭘까? 이건 여러분이 조금 덜 친한 수에서 나온다. $\sqrt{12}$, 3^4, 1.5×10^{15} 같은 것들인데, 하나씩 살펴보자.

$$\sqrt{12}$$

'두 번 곱해서 12가 나오는 수'를 이렇게 표현하고 '루트 12'라고 읽는다. 실제로 따져보면 3.46410 정도가 될 것이다. $\sqrt{9}$ 는 두 번 곱해서 9인 수이니, 3또는 –3 이다. 일일이 이렇게 쓰기는 너무 귀찮으니까 간편하게 표현하기 위해 $\sqrt{12}$ 라고 쓴다. 루트를 뒤집어 쓴 대부분의 수 중에서 유리수로 표현이 안 되는 수를 무리수라고 하는데, '루트를 없앨 수 없는, 루트가 사라지지 않는 수'라고 생각하면 편하다. 서로 다른 무리수는 더할 수 없다. $\sqrt{12} + \sqrt{5} = \sqrt{17}$ 이라고 하면 큰일 난다.

$$3^4$$

'3을 4번 곱하라'라는 뜻을 이렇게 표현하고, '3의 4제곱' 또는 '3의 4승'이라고 읽는다.
즉, 3×3×3×3과 같다.

$$1.5 \times 10^{15}$$

그대로 계산을 해 보면 1,500,000,000,000,000이라는 값이 나오는데, 굳이 이렇게 표현한 것은 알아보기 편하게 하기 위함이다. 0이 몇 개인지 바로 알 수 있나? 어렵다. 그래서 바로 알아보기 편하도록 이렇게 쓴다.

지금까지는 여러분들이 그래도 몇 번 봤던 수였겠지만 아예 생소한 수들도 있다. 혹은 여러 번 봤음에도 '저게 수였어?'라는 생각이 들 만한 수도 있는데, 한번 알아보자.

$$\alpha, \, \beta, \, \gamma, \, \theta, \, \pi, \, x, \, y, \, x^2, \, \text{a}, \, 3\text{b}, \, \text{b+c}, \, \text{i}$$

알파벳과 그리스 문자로 보이는가? 사실 이 문자들 모두 수의 일종이다. 수학에서 나오는 이렇게 표현된 대부분의 '문자'는 수를 뜻하는데, 앞에서 봤던 것들과는 표현 방법이 조금 다를 뿐이다.

3) 문자

문자로 표현된 수들은 고유표현, 미지수, 변수 셋 중 하나에 포함되는데 문자의 의미는 반드시 알아둬야 한다. 하나씩 알아보도록 하자.

고유표현

π는 여러분이 잘 아는 원주율인데 3.14159…으로 규칙 없이 무한히 펼쳐지는 수이고, i는 '허수'라는 아직 몰라도 되는 수이다. imaginary(가상의)의 첫 글자인 i를 따서 사용한다. 이렇게 온전히 고유표현으로 사용되는 알파벳과 문자는 외워줘야 하는데 i와 π를 제외하면 딱히 외워야 할 건 없다.

미지수

'어떤 수'로 표현할 수 있는 '모르는 수'를 우리는 미지수라고 하는데, 특정한 값이 정해져 있긴 하지만 단지 내가 모르고 있는 것일 뿐인 수를 미지수라고 한다. 대부분의 문자가 미지수에 해당되며, 방정식에서 구하는 '근', '해', 그리고 소금물의 농도 문제, 거리 & 속력 & 시간처럼 글로 길게 표현된 문제들에서 구하라고 하는 모든 값들이 미지수다. x, x^2, a, 3b, b+c 같은 것들이 단적인 예다. 이는 정확하게 정해진 수치는 있지만 우리가 모르는 수이고, 우리는 이것들을 구하기 위해 방정식을 세운다.

변수

변수는 고정된 값이 아니라 언제라도 변할 수 있는 값이기 때문에 정확히 '몇'이라고 할 수 없는 수이다. 수가 변한다니 무슨 말인가 싶겠지만 함수에서 사용되는 개념이라고 보면 된다. 뒤에서 다시 설명하도록 하겠다.

문자는 이렇게 세 가지 의미로 사용되니 숙지해둬야 한다. 하지만 이런 문자들도 아무렇게나 사용되지는 않는다. 명확한 사용기준과 사용법이 있는데 그 중에서도 특히 중요한 세 가지를 준비했다.

① 문자의 뜻

문자를 사용하여 표현하는 기준은 딱 두 가지라고 보면 된다. 알파벳의 첫 글자를 따오거나 막 갖다 붙이거나. 이러한 기준이 있기 때문에 상황별로 사용하는 문자가 정해져있고 $\alpha, \beta, \gamma, \theta, \pi, x, y, x^2$, a, 3b, b+c, i 같은 것들을 써놓으면 '아, 저건 어떤 뜻이구나!'라고 바로 알아챌 수 있다.

단어의 앞 글자를 따서 쓰는 경우는 이렇다.

속도	=	velocity	=	v
길이	=	length	=	l
높이	=	height	=	h
거리	=	distance	=	d

아무 뜻 없이 막 갖다 붙인 것들은 이렇다.

x, y, z	α, β, γ	θ	ω	l, m, n	a, b, c	A, B, C
함수의 변수	방정식의 근	각도	허근	서로 다른 직선	그냥	이름 붙일 때

문자로 자주 쓰는 형태는 정해져 있다는 것을 명심해두고 외워두자. 사람들이 이렇게 쓰고, 문제가 이렇게 출제되므로, 이를 외워두면 문제를 접할 때 무리 없이 받아들일 수 있다.

② 위치의 의미

수는 그 위치에 따라 뜻이 달라진다.

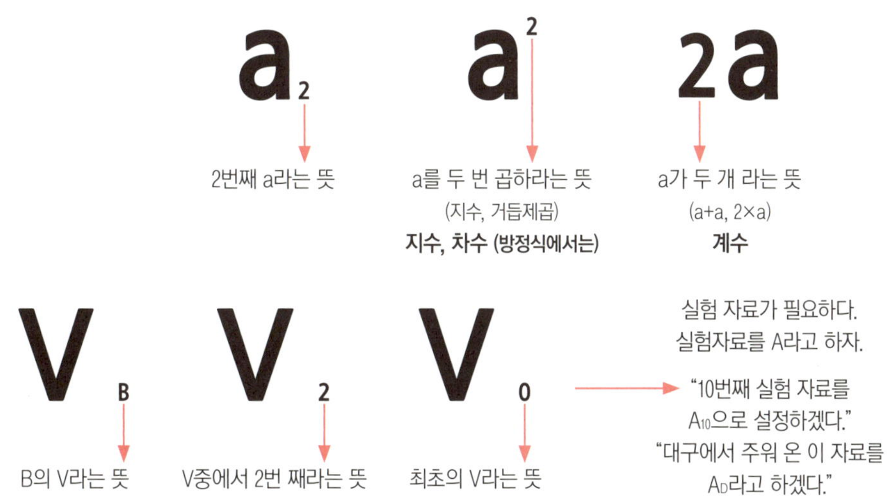

V_B의 경우처럼 숫자가 아닌 문자인데, 만약 B가 숫자가 아닌 어떤 사물이나 사람을 가리키는 것이라면 'B라는 녀석의 V'이라는 뜻이 된다. 가령 V가 속력이고 B가 사람이라면 V_B는 'B라는 사람의 속력'이라는 것이다. 이처럼, 비슷해 보이더라도 위치에 따라 완전히 뜻이 달라지므로 반드시 암기를 해둬야 한다.

③ 미지수, 변수, 상수의 의미

미지수 : 값이 정해져 있는데 내가 모르는 수 → "이 피자의 칼로리는 미지수다"

변수 : 값이 정해져 있지 않은 수 → "오늘은 뭘 먹지? 변수가 많네"
"변수가 너무 많아서 예측하기 어렵다."
인수 $f(x)$에서는 x가 변수

상수 : 알든 모르든 고정된 수 → 1,2, … 8, 9, 0 뿐만 아니라 미지수도 상수
변수는 상수가 아님(고정 ×)
2, a, 3a, 5b 모두 상수(변수가 아니라면)

변수는 '정해져있지 않다'는 특징 때문에 함수식에서 정의역으로 사용된다. 또, 변수는 성질이 아주 강해서 변수와 곱해지거나 합성되는 수는 변수에게 흡수되어, 미지수나 상수더라도 합쳐진 수는 변수가 된다.

상수에 대한 설명을 덧붙이자면, 상수란 변수가 아닌 수를 뜻하는데, 변수가 아니면 다 상수라는 뜻이다. 즉, 변수와 곱해지거나 합성되지 않은 미지수나 수는 모두 다 상수라고 칭할 수 있다.

3. 기호의 의미

여러분이 공부를 계속 해나갈수록 수학은 귀차니즘의 절정에 달한 학문이라는 것을 알 수 있다. 기호 또한 일일이 말하기 귀찮아서 알아보기 쉽게 줄여둔 것인데, 그 때문에 모든 기호는 정확한 뜻을 갖고 있으며 말로 풀어서 설명할 수 있다. 혹시 대충 혹은 애매하게 알고 있었던 것이 있다면 이 기회에 정확히 습득해 놓자.

1) 사칙연산자

기호	뜻	예
+	계산일 때 : 앞의 것과 뒤의 것을 더하라! 수가 혼자 있을 때 : "이 수는 양수다"	$1 + 2 = 3$ $+5 , 5$
−	계산일 때 : 앞의 것에서 뒤의 것을 빼라! 수가 혼자 있을 때 : "이 수는 음수다"	$1 - 2 = -1$ -5
×	앞의 것과 뒤의 것을 곱하라 = 앞의 숫자를 뒤의 숫자만큼 더하라! = 뒤의 숫자를 앞의 숫자만큼 더하라!	$2 \times 3 = 6$ $2 + 2 + 2 = 6$ $3 + 3 = 6$
÷	앞의 것에서 뒤의 것을 나누어라! 앞의 것을 분자로, 뒤의 것을 분모로 만들어라!	$2 \div 3 = \dfrac{2}{3}$
±	계산일 때 : +, − 두 과정 다 가능하다! 수가 혼자 있을 때 : "이 수는 양수, 음수 다 된다" ※ 순서가 아주 중요! 반대 순서는 ∓로 쓴다.	$2 \pm 3 = 5, -1$ $\pm 5 = +5, -5$ $\mp 5 = -5, +5$

2) 등호, 부등호

기호	뜻	예
=	왼쪽 것과 오른쪽 것이 똑같다.	$b = 2$ b는 항상 2다.
≠	왼쪽 것과 오른쪽 것은 절대 같을 수 없다.	$b \neq 2$ b는 절대 2가 아니다.
〉	왼쪽 것이 오른쪽 것보다 항상 크다.	$b \gt 2$ b는 항상 2보다 크다.
〈	왼쪽 것이 오른쪽 것보다 항상 작다.	$b \lt 2$ b는 항상 2보다 작다.
≥	왼쪽 것이 오른쪽 것보다 항상 크거나 같다. ※ 〉와 =를 합친 것	$b \geq 2$ b는 항상 2보다 크거나 같다.
≤	왼쪽 것이 오른쪽 것보다 항상 작거나 같다. ※ 〈와 =를 합친 것	$b \leq 2$ b는 항상 2보다 작거나 같다.

이처럼 등호와 부등호는 왼쪽과 오른쪽을 비교하는 성질을 갖는다. 크기를 비교하거나 정확한 값이나 범위를 표시한다. 부등호와 등호는 아주 중요한데, 없다면 방정식, 부등식, 함수식 등의 '식'이 성립할 수 없다. 자세한 내용은 [6. 식의 형태]에서 언급하도록 하겠다.

3) 괄호형태

기호		뜻	예
( )	소괄호	이 안에 있는 것은 하나라고 생각하라!	$(a + b)^2$
{ }	중괄호 집합괄호	소괄호를 썼다면 헷갈리지 않게 이걸 쓰자! 이 안에 있는 것은 집합의 원소다!	$\{b + (c + d)\} \ \{1, 2, 3\}$
[ ]	대괄호 가우스	중괄호도 썼다면 헷갈리지 않게 이걸 쓰자! 소수점 아래로 내려서 정수로 만들라!	$[a + \{b + (c + d)\}]$ $[2.21] = 2, \ [-2.21] = -3$
| |	절댓값	이 안의 것은 무조건 양수로 만들어라! 음수라면 −1을 곱해서 양수로 만들어라!	$\|-2\| = 2, \ \|-a\| = a \ or \ -a$
$\sqrt{\ }$	루트	안에 있는 수를 만들려면 이걸 두 번 곱해라!	$\sqrt{2} \times \sqrt{2} = 2$

위에 있는 가우스, 절댓값, 루트는 모두 $\sqrt{a+b} = \sqrt{(a+b)}$ 처럼, 안에 괄호를 포함하고 있다고 생각하면 편한데, 하나로 묶여 있다. 이렇게 괄호로 묶여있는 것들은 특별한 작업을 하지 않으면 따로 떨어뜨릴 수 없기 때문에 특별한 방법을 취해야 한다. 우리가 암기하는 곱셈 공식의 목적에는 괄호를 없애기 위함도 있다.

절댓값에서 주의할 점은 그 안의 수가 양수라는 뜻이지 −기호를 없애라는 뜻이 아니다. $|-a|$는 a의 값에 따라 a가 양수라면 −a이고, 음수라면 −1을 곱해서 a가 되어야 한다는 뜻이다. 절대 −만 없애면 안 된다.

4) 특수기호

기호		뜻	예
$\therefore$	–	따라서!	$\therefore x = 2$
∞	무한대	셀 수 없을 만큼 크다!	$\lim\limits_{n \to 0} \dfrac{1}{n} = \infty$
!	팩토리얼	앞에 있는 수부터 1까지 차례대로 곱하라!	$3! = 3 \times 2 \times 1$
$\propto$	–	앞에 있는 것은 뒤에 있는 것에 비례한다.	$a \propto b$ 성적$\propto$노력
Δ	델타	Δ 뒤에 있는 것의 차를 뜻한다. Δx는 '두 개의 x의 차'	$\Delta a = a_2 - a_1$
$\perp$	직교	앞의 것과 뒤의 것은 수직한다. ※ 평면, 직선에서 사용 가능하다.	$l \perp m$

특수기호야말로 귀차니즘의 절정이다. 글을 축약해 놓은 것인데, 당연히 외워두지 않으면 뜻조차 이해할 수 없다.

무한대는 상대적인 개념인데, 무한대보다 더 큰 무한대가 있다면 상대적으로 작은 무한대는 0이 되고, 아주 작은 것이 있다면 상대적으로 큰 것은 무한대가 된다. 이 개념은 수학 2 극한 파트에서 배울 수 있다.

5) 나중에 배울 기호(지금 몰라도 된다)

기호		뜻	예
$f(\ )$	에프( )	( )에 대한 함수로, ( )의 값에 따라 값이 바뀌는 수 ※ 함수와 그래프에서 자세히 설명	$f(x)$ $f(a)$
$\int$	인테그랄	오른쪽에 있는 함수를 적분해라.	$\int_1^5 f(x)\mathrm{d}x$
Σ	시그마	오른쪽에 있는 함수(수열)를 자연수 순서대로 하나씩 넣어서 더해라	$\sum_{k=1}^{n} 5k$
$\lim$	"리미트" 극한	어떤 수를 어딘가로 보냈을 때	$\lim_{n \to \infty} f(n)$
$\log$	로그	자리수를 쉽게 표현하는 방법	$\log_2 4x$
$\sin$	삼각함수 삼각비	삼각형 변의 길이의 비를 사용하여 값을 만든 것 cos, tan, cot, sec, cosec 모두 한 세트다.	$f(x) = 5\sin 3x$ $\sin 60°$ $\sin \dfrac{1}{3}\pi$

lim, log, sin 이렇게 영어로 표현된 것들은 영어가 아니라 기호다. 영어처럼 보이지만 기호이고, 함수라고도 볼 수 있다.

하지만 자세히 설명하기에는 무리가 있는데, 지금 설명해도 이 책을 온전히 마스터하기 전에는 이 내용을 이해할 수 없을 것이기 때문이다. [나중에 배울 기호]에 적혀 있는 내용은 어차피 나중에 다시 봐야 할 내용이니 '어려워 보이는 기호도 어렵지 않다'는 정도로만 이해하고 넘어가도록 하자.

지금까지 총 다섯 개의 분류로 기호의 쓰임새를 살펴봤는데, 이처럼 기호는 '일일이 말하기 귀찮아서 짧게 줄여둔 것'이며 수학은 귀차니즘의 산물이라는 것을 이해할 수 있을 것이다.

미처 적지 못한 기호가 있을 수도 있다. 어려워 보이는 기호라도 단지 말을 줄여놓은 것일 뿐 어렵지 않다는 것을 명심하자. 만약 처음 보는 기호가 나오면 선생님께 여쭤 봐서라도 정확한 뜻을 이해하고 암기해놓아야 한다. 아니면 나중에 귀찮아진다.

4. 수학 용어

암기의 필요성에 대해서는 앞에서 설명했다. 같은 이유에서 용어도 필수적으로 암기해야 한다. '영어 단어를 암기하는 것은 당연하고, 국어 단어도 어느 정도 필요할 것 같긴 한데, 수학 용어는 굳이 외워야 할까?'라고 생각한다면 오산이다. 기호와 마찬가지로 용어도 그 용도를 이해하지 못하면 단지 용어 때문에 풀지 못하는 문제가 있을 수 있다. 용어도 기호와 마찬가지로 하나의 약속이다. 어쩔 수 없이 암기해야 한다. 다음의 표를 완벽하게 외울 필요는 없지만 아예 처음 듣는 내용은 없어야 한다. 익혀두자.

수학용어정리

가감법	연립방정식의 해법으로서 두 방정식의 양변에 적당한 수를 곱해서 두 식의 양변을 더하거나 빼어 한 개의 미지수를 소거한 다음 방정식을 푸는 방법이다.
가정	어떤 명제에서 조건을 의미한다. 명제 'P이면 Q이다'에서 P
각	한 점에서 연결되는 두 선에 의해 만들어진 도형. 직각, 예각, 둔각, 동위각, 맞꼭지각, 엇각, 내각, 외각, 대각, 중심각, 원주각 등이 있다.
각뿔	뿔체 중에서 밑면이 다각형인 것
각의 꼭짓점	각의 두 변의 교점('각' 참고)
각의 변	각을 만드는 두 개의 선('각' 참고)
각의 이등분선	각을 2등분하여 반으로 나누도록 하는 선
거듭제곱	어떤 수나 문자를 거듭하여(여러 번) 곱한 것
결론	명제 'P이면 Q이다'에서 Q를 의미하며, 종결부분을 말한다.

결합법칙	결합률이라고도 하며 덧셈, 곱셈에 대하여 X + (Y + Z) = (X + Y) + Z , X(YZ) = (XY)Z가 성립하는 것을 말한다.
계급	도수분포표에서 자료의 측정 내용을 구간별로 나눈 것
계급값	도수분포표에서 각 계급의 자료값
계급의 크기	도수분포표에서 계급의 구간 폭을 의미함
계수	변수 앞에 곱해진 상수
공간좌표	공간의 직교좌표계 $0-xyz$에 대하여 x축과 y축을 포함하는 평면을 xy평면, y축과 z축을 포함하는 평면을 yz평면, z축과 x축을 포함하는 평면을 zx평면이라고 하고 이들을 총칭하여 공간좌표라고 한다.
공배수	두 개 이상의 수에 공통된 배수를 말하고 이들 중 최소인 수를 최소공배수라 한다.
공약수	두 개 이상의 수에 공통된 약수를 말하고 이들 중 최대인 수를 최대공약수라 한다. 공인수라고도 한다.
공역	x에서 y로의 함수에서 y값이 취할 수 있는 값의 전체 영역
공집합	원소가 하나도 없는 집합. 기호로는 { }, Ø를 사용한다.
공동내접선	두 개이 원에 공통인 접선 중에서 그들의 두 개의 원이 이 접선의 양쪽에 있는 것을 말한다.
공통외접선	두 개의 원에 공통인 접선 중에서 그들의 두 개의 원이 이 접선의 같은 쪽에 있는 것을 말한다.
공통인수	공통인자라고도 하며 다항식에 있어서 두 개 이상의 항에 공통인 인수를 그들 항의 공통인수라 한다.
공통접선	두 개의 원에 공통인 접선을 말한다.('공통내접선', '공통외접선' 참고)
공통접선의 길이	두 개의 원의 공통접선에서 두 접점 간의 거리를 말한다.
공통현	두 개의 원에 공통인 현을 말한다.

교각	두 직선 또는 두 곡선이 만나는 각
교선	두 평면이 오직 한 직선을 공유할 때에 '만난다'라고 하며, 그 직선을 두 평면의 교선이라고 한다.
교점	두 직선이 만나는 한 점
교집합	집합 A와 집합 B의 어느 쪽에도 포함되는 원소 전체의 공통부분의 집합
교환법칙	두 수 A, B에 대하여 A + B = B + A가 성립하는 것을 말한다.
구	한 점으로부터 일정한 거리에 있는 공간의 점의 자취(공)이다.
근	1. 방정식을 함수화한 그래프에서 $y = f(x)$와 x축이 만나는 점의 x좌표를 말한다. 2. k가 근이면 $f(k) = 0$을 만족하며, k의 값을 근이라고 한다. 3. x에 집어넣어 $f(x)$가 0이 되게 하는 상수를 근이라고 한다. 4. 주어진 식을 만족하는 x의 값을 근이라 한다.
근삿값	참값을 반올림, 버림을 하여 얻거나, 어떤 측정에 의하여 얻은 측정값과 같이 참값대신 사용하는 참값에 가까운 값을 말한다.
근의 공식	방정식이 주어질 때 방정식의 계수를 사용하여 근을 구해내기 위한 공식. 우리가 자주 접하는 예로 이차방정식의 근의 공식이 있다. (3차 이상의 방정식에서도 근의 공식이 존재하지만 복잡하다)
근호	근의 기호, 루트라고도 하며 수의 거듭제곱근을 표시하는 데 사용한다. $\sqrt{}$
기댓값	불확실한 현상에 대한 기대되는 값으로, 어떤 변량에 그 변량의 확률을 곱하여 더한 값을 말한다.
기울기	경사라고도 하며 어떤 직선에서 두 점을 잡아 그 두 점에서의 x의 증가량(Δx)에 대한 y의 증가량(Δy) 비율을 말한다. 기울기 $= \dfrac{\Delta y}{\Delta x}$ 이다. $y = ax + b$ 에서 기울기는 a이며 $\tan\theta = a$로 나타낼 수 있다.
꼬인 위치	공간에서 두 직선이 만나지도 평행하지도 않은 위치

꼭짓점	두 선분의 교점이나 3개 이상의 모서리의 공통된 끝점을 말함
내각	다각형의 꼭짓점에서 두 변이 만드는 각 중 도형의 내부에 있는 각
내심	삼각형의 내접원의 중심을 말한다.
내접	원이 삼각형의 내부에서 삼각형의 모든 변에 접할 때, 원이 삼각형에 내접한다고 한다.
내접다각형	모든 꼭짓점이 원주 위에 있는 다각형을 말한다.
내접원	어떤 도형에 내접하는 원을 말한다. ('내심' 참고)
누적도수	도수분포표에서 각 계급의 도수를 더하여 누적해 가는 도수
다각형	한 평면 위에서 3개 이상의 선분으로 닫힌 도형
다면체	몇 개의 평면으로 둘러싸인 입체 ('긱뿔' 참고)
다항식	두 개 이상의 단항식들이 대수적으로 합해져 있는 식
단항식	숫자와 몇 개의 문자의 곱만으로 구성되어 있는 식
닮음	두 도형을 이동하거나 확대 축소하여 서로 겹치게 할 수 있을 때 닮았다고 한다.
닮음의 위치	두 개의 도형 위의 점들이 1:1 대응이 만들어지고 그 대응하는 점을 잇는 직선이 모두 한 점 O에서 만나 그것이 O에 의하여 모두 같은 비로 내분되거나 외분되어 있을 때, 이를 '닮음의 위치에 있다'고 한다.
닮음의 중심	두 도형이 닮음의 위치에 있을 때 이 중심 O를 말한다.
대각선	다각형에서 이웃하지 않는 꼭짓점을 잇는 선분
대변	삼각형의 한 꼭짓점에서 이웃하지 않는 변 혹은 사각형의 한 변에서 이웃하지 않는 변을 의미한다.
대응	한 집합의 임의의 원소에 대하여 다른 집합의 임의의 원소를 생각하는 하나의 규칙을 의미한다.

대입	식 또는 함수에 있어서 그 안에 포함되는 문자나 변수를 그것과 같은 다른 것으로 바꾸어 놓는 것
대입법	연립방정식을 풀 경우, 한 식에서 한 미지수를 다른 미지수로 정돈 표현하여 그것을 다른 식에 대입하여 하나의 미지수를 소거하는 방법을 말한다.
대푯값	자료의 특징이나 경향을 가리키는 하나의 수의 값을 말하며, 종류로는 평균, 중위수, 최빈값 등이 있다.
도수	도수분포표에서 각 계급에 나타나는 자료의 개수
도수분포 다각형	도수분포표를 히스토그램으로 옮겼을 경우 이 기둥의 각 정점을 이은 도수꺾은선을 말한다.
도수분포표	각 계급에 각각의 도수를 기록한 표
동류항	변수의 성질을 기준으로 같은 항. $ax^2 + bx^2 + c + d + e$에서 ax^2, bx^2 그리고 c, d, e가 서로 동류항이다.
동심원	같은 중심을 가지고 반지름의 크기가 다른 원을 말한다.
동위각	두 직선에 다른 한 직선이 만나서 이루는 같은 위치의 각을 말함 (↔엇각)
둔각	직각보다 크고 180°보다 작은 각을 말한다.
등식	양변에 각 항들을 등호로 연결한 식
맞꼭지각	두 직선이 한 점에서 만날 때 서로 이웃하지 않는 각을 말한다. ('동위각' 참고)
명제	거짓과 참을 구분할 수 있는 문장이나 식을 말한다.
무게중심	삼각형에서 세 중선의 교점을 말한다.
무리수	실수 중에서 유리수가 아닌 수를 무리수라고 하며, 이는 순환하지 않는 무한소수이다.

무한소수	소수점 아래 한없이 유효숫자가 계속되는 소수를 말한다.
무한집합	한 집합에 속한 원소의 개수가 무한개인 집합
미지수	아직 결정되지 않은 수 혹은 아직 구체적인 값이 안 알려진 수. 상수 중에서 모르는 수
밑	거듭제곱수에서 지수 밑에 쓰인 수 에서 **예** a^x 에서 a가 '밑'이다.
반직선	한 직선을 한 점에 의해 두 개로 나눌 때 그 점을 포함하지 않는 양쪽 부분을 각각 반직선이라고 한다.
방정식	등식에서 한 문자에 어떤 특정한 값을 대입할 때에 한하여 등식이 성립하는 식
법선	어떤 평면에서 수직으로 튀어나오는 선
변수	값이 특정지어지지 않아 임의의 값을 가질 수 있는 문자를 뜻한다. 미지수와는 다르게 지정된 값이 아닌 값이다. 함수에서만 변수를 가질 수 있고, 함수의 값을 결정하는 문자를 변수라 한다. $f(x)$에서는 x가 변수다.
배수	어떤 수의 정수배를 배수라 한다.
부등식	수학의 식이 등호가 아닌 부등호로 연결되어 있는 식
분모유리화	분모에 근호를 포함하고 있는 식이나 수를 분모에 근호가 없는 식으로 변환하는 것
분산	각 변량이 평균으로부터 떨어져있는 거리의 제곱의 합을 총 도수로 나눈 값
사건	확률실험에서 한 시행의 결과에 의해 발생하는 일
사인(sin)	삼각함수와 삼각비의 하나로 직각삼각형에서의 높이/빗변을 의미한다.
산포도	자료가 흩어져 있는 정도를 말한다.
삼각비	직각삼각형에서 두 변의 비를 각각 말하는 것으로 사인(sin)은 높이/빗변, 코사인(cos)은 밑변/빗변, 탄젠트(tan)는 높이/밑변을 말한다.
상관관계	두 변수 사이의 관계를 말하는 것으로 한 쪽이 증가할 때 다른 쪽도 증가하면 양의 상관관계, 한 쪽이 증가할 때 다른 쪽이 감소하면 음의 상관관계가 있다고 한다.
상관도	두 변수 사이의 관계를 그림으로 나타낸 것
상관표	두 변수를 수평축과 수직축을 기준으로 구분하여 각 개체를 나타낸 표를 말한다.
상대도수	각 계급의 도수를 전체도수로 나눈 비율을 말한다.
상수	변하지 않고 고정된 수로 미지수나 밝혀진 수. 변수와 곱해지지 않아야 상수다.

상수항	미지수를 포함하고 있지 않는 항
서로소	두 정수 사이에 1이외의 공약수가 없을 때를 서로소라 한다.
선분	직선 위에서 그 위의 두 점 사이에 한정된 직선의 한 부분
소거	연립방정식에서 어떤 문자를 다른 미지수로 표현하여 그 문자를 없애는 방법
소수	1이 아닌 자연수 중에서 1과 그 수 자신만을 약수로 갖는 자연수
소인수	어떤 자연수의 약수를 인수라 하며 이 인수 중에서 소수인 수
소인수분해	합성수를 그의 소수들의 곱으로 나타내는 것
수선	어떤 일정한 직선 또는 평면에 수직인 직선
수선의 발	직선 또는 평면에 수직인 직선이 직선 또는 평면과 만나는 점('수선' 참고)
수직	두 도형의 위치관계를 나타내는 용어로서 두 도형이 서로 직교하는 경우를 말하며, 여기에는 직선과 직선, 직선과 평면, 평면과 평면의 직교함을 말한다. ('수선' 참고)
수직 이등분선	주어진 선분의 중점에서 그 선분에 수직인 선
순서쌍	순서가 정해진 두 원소의 쌍(a,b)을 말함
순환마디	순환소수에서 반복되는 숫자의 열을 순환마디라 한다.
순환소수	무한소수로서 소수점이하의 일정한 숫자열이 계속 반복되는 소수를 말한다.
식의 값	일정한 식의 문자에 수치를 대입하여 얻은 값
실수	유리수와 무리수를 합하여 실수라 부른다.
십진법	10개씩을 모아 한 자리씩을 윗자리로 올라가게 하는 수의 표기법
쌍곡선	두 정점으로부터의 거리의 차가 일정한 점의 자취
약수	어떤 수를 나누었을 때 나누어 떨어지게 하는 수
양변	등식 또는 부등식에 있어서 왼쪽 변과 오른쪽 변을 모두 일컫는 말
양수	0보다 큰 수를 의미한다.
양의 상관관계	두 변수 사이의 관계에서 한 쪽이 증가할 때 다른 쪽도 증가하는 경우를 말함

양의 유리수	유리수 중에서 양수인 집합
양의 정수	정수 중에서 양수인 집합
엇각	어떤 두 직선에 한 직선이 만날 때 두 직선에 의한 내부각 중에 서로 엇갈려 있는 두 각을 엇각이라 한다. ('동위각' 참고)
여집합	전체집합과 그 부분집합이 있을 때 이 부분집합에 속하지 않는 원소들로 구성된 집합
역	조건분 'p이면 q이다'에서 가정과 결론을 바꾸어 'q이면 p이다'라고 할 때 이를 억이라 한다.
역수	1을 어떤 수 a로 나누어 얻은 수, 즉 $1/a$(분모와 분자를 뒤집은 수)
연립방정식	몇 개의 등식을 짝으로 한 방정식
연립부등식	몇 개의 부등식으로 짝을 이룬 부등식
연립일차방정식	연립방정식에서 그 속의 방정식의 차수가 가장 높은 것이 1차인 것을 말한다.
예각	0°와 90° 사이의 각의 크기를 말한다.
오진법	수 0, 1, 2, 3, 4를 사용하여 5씩을 정리하여 한 자리씩 뒷자리로 올리는 표시 방법
오차의 한계	오차의 범위를 말하는 것으로 참값으로부터의 측정값이 얻어지는 범위를 정한 것
오차	측정값과 참값의 차이를 말한다.
완전제곱식	어떤 식이 다른 식의 제곱꼴로 완전히 표시될 때 이를 완전제곱식이라 한다.
외각	다각형에서 하나의 변과 그것에 이웃하는 변의 연장과 이루는 다각형의 외부의 각
외심	삼각형의 외접원의 중심을 말한다.
외접	다각형의 모든 꼭짓점이 하나의 원 주위에 있을 때 이를 원이 다각형에 외접한다고 하며, 이 원을 외접원이라고 한다.
외접다각형	각 변이 한 원에 접하고 있는 다각형
외접원	다각형의 모든 꼭짓점이 한 원 주위에 있을 때 이 원을 외접원이라고 한다. ('외심' 참고)

우변	등식 또는 부등식에서 등호나 부등호의 오른쪽에 있는 변(↔좌변)
원	평면 위에서 한 점으로부터 일정한 거리에 있는 점들의 모임
원뿔	평면 위의 한 곡선 a를 택하여 평면 위에 없는 한 점 b와 곡선 a 위의 모든 점을 이은 직선에 의해 만들어지는 곡면을 뿔면이라고 하고, 특히 평면 위의 곡선이 원이면 원뿔이라고 한다.
원뿔대	원뿔을 밑면에 평행인 평면으로 자르고 꼭짓점을 포함하는 부분을 없앤 공간도형을 말한다.
원소	요소라고도 하며, 집합을 구성하고 있는 각각의 사물들을 원소라고 한다.
원소나열법	집합을 표시하는 데 원소를 일일이 나열하여 표시하는 방법
원점	직선상에서 좌표를 정하는 기준이 되는 점으로 통상적으로 (0,0) 좌표를 일컫는다.
원주	원의 둘레를 의미한다.
원주각	원주상의 한 점을 꼭짓점이라고 하고 그 원의 두 개의 현을 변으로 하는 각을 말한다.
원주율	원주의 길이와 그 지름의 비 π(파이), 3.14159265358979…
유리수	두 개의 정수 a, 0이 아닌 b를 취하여 분수 a/b의 꼴로 나타내어지는 수
유한소수	무한소수에 대해 소수점 이하에 유한개의 수가 있는 소수
유한집합	원소의 수가 유한개로 이루어지는 집합
유효숫자	근삿값이나 측정값의 윗자리에서 의미가 있는 숫자를 말한다.
음수	0보다 작은 수
음의 상관관계	두 변수 사이의 관계에서 한 쪽이 증가할 때 다른 쪽은 감소하는 경우를 말함
음의 유리수	유리수 중에서 음수인 수
음의 정수	음의 정수 –1, –2, –3 등 정수 중에 음수를 말함
이진법	숫자 0, 1 딱 2개 숫자만을 사용하여 2개씩을 묶어서 윗자리로 올리는 표기법
이차방정식	방정식에서 차수가 2차인 식을 말한다.

이차함수	2차식으로 표현되는 함수를 말한다. $y = ax^2 + bx + c$ a ≠ 0이며 인수분해, 완전제곱식의 형태로 변환될 수 있다.
이항	등식이나 부등식에서 항의 부호를 바꾸면서 좌변에서 우변으로, 우변에서 좌변으로 이동시키는 것. 해당 항을 양변에서 빼주거나 더해주는 것이 기본원리이다.
인수분해	어떤 수를 소수의 곱으로 표시하면 이는 단 하나의 형태로만 표기되며 이를 소인수분해라고 한다. 이와 비슷하게, 수가 아니라 식에서 하나의 식을 더 이상 나눠질 수 없는 식들의 곱으로 나타낼 경우를 인수분해라고 하며 나눠질 수 없는 최소단위의 식을 인수라고 한다. 인수분해는 하나의 식을 더 이상 인수로 분해할 수 없을 때까지 나눈 식들의 곱의 형태를 가진다. a*b = 0 형태로 만드는 것이 인수분해의 목적이며 이 경우 a = 0 이나 b = 0이 인수분해의 근이다.
인수	더 이상 쪼개지지 않는 식이나 수를 인수라 한다. $(x - 1)(x - 3)$에서 인수는 $(x - 1)$, $(x - 3)$이다.
일차방정식	최고차수의 항이 1차인 식만을 포함하는 방정식을 말한다.
일차부등식	최고차수의 항이 1차인 부등식을 말한다.
일차식	차수가 1차인 항을 말한다.
일차함수	차수가 1차인 함수를 말하며, $y = ax + b$형태를 취한다.
전개	다항식과 단항식들의 곱의 형태로 되어있는 식을 모두 곱하여 단항식의 대수적 합의 형태를 취하도록 하는 행동
전개식	다항식과 단항식들의 곱의 형태로 되어 있는 식을 모두 곱하여 단항식의 대수적 합의 형태로 만든 식
전체집합	하나의 집합을 정하고 이 집합의 부분집합을 고찰하는 대상으로 할 경우 이 원래의 집합을 전체집합이라고 한다.
절댓값	어떤 수, 문자를 양수로 만든 수 **예** |3| = 3, |-3| = 3, |a| = a (a>0), -a (a<0) 어떤 수의 절댓값은 항상 양수이므로 절댓값 내부에 있는 문자가 양수면 그대로 절대값 기호가 사라지는 것으로 끝이지만 절댓값 내부에 있는 문자가 음수면 (-1)을 곱하여 양수로 바꿔줘야 한다.
절편	식의 그래프와 x축이 만나는 점을 x절편, y축과 만나는 점을 y절편이라 한다.

접선	어떤 그래프와 직선이 한 점에서 만나면(스치고 지나가면) 이 직선을 접선이라 한다. 빨간색 선이 그래프를 관통하거나 두 점 이상에서 만나면 접선이 아니다.
접선의 길이	원 밖의 한 점에서 접선을 그은 경우 한 점에서 접점까지의 길이를 말한다.
접점	곡선 또는 곡면의 접선 또는 접평면이 그 곡선 또는 곡면과 접하는 점을 말한다. ('수선' 참고)
정다각형	변의 길이가 모두 같고 각의 크기도 모두 같은 다각형을 말한다.
정다면체	다면체 중에서 면이 모두 합동인 정다각형으로 되어 있고 어느 꼭짓점에서도 모이는 면의 수가 같고 입체각도 같은 것을 말한다.
정리	수학적 논증의 결과 옳다는 것이 증명된 사항 중 중요한 것을 말한다.
정수	자연수, 0, 음의 정수를 합쳐서 정수라 한다.
정의	수학에서 사용하는 용어의 뜻을 정확히 일의적으로 규정한 문장이나 식
정의역	함수가 x에서 y로의 함수일 때 x가 존재하는 모든 영역을 말한다. (정의되는 영역)
제곱근	제곱하여 a가 되는 수를 a의 제곱근이라 한다.
조건제시법	집합을 표시할 때 원소의 조건을 제시하는 방법
좌변	등식 또는 부등식에서 등호나 부등호의 왼쪽에 있는 변(↔우변)
좌표	수직선상의 원 점을 기준으로 단위길이를 정한다음 임의의 점 p에 대하여 매겨진 수를 점 p의 좌표라 한다. x좌표를 앞에, y좌표를 뒤에 쓰며 (a, b)로 표현한다.
좌표축	직교좌표계 또는 사교좌표계 0-xy에서 수직선 0x, 0y를 각각 x축, y축이라고 하고 이 둘을 합쳐 좌표축이라고 한다. ('좌표' 참고)
중근	2차 방정식에서 판별식 D=0일 때 갖게 되는 두 근이 중복된 경우의 근을 중근이라 한다.
중선	삼각형의 꼭짓점과 그 대변의 중점을 연결하는 선분을 그 삼각형의 중선이라 한다. ('무게중심' 참조)
중심각	중심이 O인 원의 호 AB에 대하여 각 AOB를 호 AB에 대한 중심각이라고 한다. 중심각은 같은 호에 대한 원주각의 두 배이다.
중심거리	두 원의 중심사이의 거리를 말한다.

중심선	두 원의 중심을 연결한 직선을 말한다.
중점	2등분점이라고도 하며, 선분 위의 양 끝점에서 같은 거리에 있는 점을 말한다.
중점연결의 정리	삼각형의 두 변의 중점을 잇는 선분은 제3의 변에 평행이고 길이는 그 절반과 같다.
증명	논증이라고도 하며 참이라고 인정되는 몇 개의 명제로부터 유효나 추론에 의해 다른 명제가 참임을 보이는 것을 말한다.
지수	거듭제곱에서 거듭제곱하는 항을 의미한다. 차수와는 비슷하게 사용되지만 용도가 다르다. 에서의 x가 지수이다.
직각	각의 크기가 90°인 각 직각기호 (ㄱ)를 사용해서 표현한다.
직교	두 직선이나 평면이 교차하는 경우 그 교각이 90°인 경우 직교한다고 한다.
직선의 방정식	평면 위에서 직선의 모양을 식으로 표현한 것으로 꼴로 나타난다.
집합	집합은 식별이 분명한 원소들로 구성된 모임을 말하고, 집합론에서 무정의용어로 취급된다.
차수	다항함수에서 변수항의 변수 거듭제곱항에 있는 수 ax^3은 3차, bx^7은 7차다.
차집합	집합 A에는 속하고 집합 B에는 속하지 않는 원소로 구성된 집합을 말하며 A–B로 표기한다.
참값	일정한 측정에 의하여 알려고 하는 양의 정확한 값을 말한다.
최대값	실수 값을 취하는 함수가 그 정의역 안에서 취하는 값 중 가장 큰 y값을 말한다.
최대공약수	두 개 이상의 공약수 중에서 최대인 것
최소값	실수 값을 취하는 함수가 그 정의역 안에서 취하는 값 중 가장 작은 y값을 말한다.
최소공배수	두 개 이상의 공배수 중에서 최소인 것
축	좌표평면에서 기준이 되는 선을 말하며 평면에서는 x축, y축이 있다. ('좌표' 참고)
측정값	어떤 계측기를 사용하여 관측을 한 값으로, 이는 항상 오차를 포함하고 있다.
치역	x에서 y로의 함수에서 x에 해당되는 y값의 범위. x값에 선택받은 y만 제한하며, 함수의 결과값이라고도 표현할 수 있다. $y = f(x)$에서 $f(x)$를 치역이라 한다.
코사인(cos)	직각삼각형에서 삼각비를 나타내는데 밑변/빗변의 비의 값이다.
탄젠트(tan)	직각삼각형에서 삼각비를 나타내는데 높이/밑변의 비의 값이다.
편차	어떤 변량이 평균으로부터 떨어져 있는 차이를 말한다.

평각	각의 두 변이 꼭짓점의 양쪽에 있고 한 직선을 이룰 때, 이 각을 평각이라고 하고 180°를 의미한다.
평균	변량들의 값을 총 도수로 나눈 값
평행	두 도형의 위치관계를 말하는 것으로 동일한 평면 위에서 서로 다른 직선이 만나지 않는 경우 이를 두 직선이 평행한다고 한다.
평행사변형	두 쌍의 대변이 각각 평행인 4변형을 말한다.
평행선	평면 위의 하나의 곡선을 따라서 그 곡선과 공통의 법선을 갖는 곡선을 원래의 곡선과 평행이라고 한다.
평행이동	평면 위에서 점이나 도형을 x축이나 y축을 따라 일정한 방향, 일정한 거리만큼 이동시킨 것을 말한다. 수식으로 나타낼 때는, x축으로 a만큼 이동하면 x대신 x–a를 넣을 수 있고, y축으로 b만큼 이동하면 y대신 y–b를 넣을 수 있다. 점으로 나타낼 때는 p(x, y)→p'(x+a, y+b)로 표현한다.
포물선	정해진 한 점과 한 직선으로부터 같은 거리에 있는 점들의 자취를 말한다.
표준편차	편차의 제곱 합을 총 도수로 나눈 다음 제곱근을 취한 것으로 자료의 흩어짐 정도를 재는 척도이다.
피타고라스의 정리	직각삼각형에서 빗변의 제곱은 다른 두 변 각각의 제곱의 합과 같다. $a^2 + b^2 = c^2$
할선	원 밖의 한 점으로부터 그은 직선이 원 위의 두 점을 지나 원을 자르는 경우, 이때의 선을 할선이라 한다.

함수	두 개의 변수 사이에 어떤 대응관계가 있어 x값이 정해지면 y값이 오직 한 개가 대응하는 관계를 함수라 한다.
함수값	어떤 함수에서 정의역 x의 값을 대입하면 치역 y값이 결정되는데, 이 값을 함수값이라 한다.
함수의 그래프	x에서 y로의 함수를 좌표평면 위의 (x, y)좌표로서 그래프로 표현한 것
합동	두 개의 도형이 운동에 의해 완전히 포개질 경우 이를 합동이라 한다.
합성수	1과 자신의 수 이외의 약수를 갖는 수를 말한다. 즉, 소수기 이닌 1보다 큰 수를 일컫는다.
합집합	두 개의 집합 A, B에 대하여 A에 속하거나 B에 속하거나, 혹은 두 집합 모두에 속한 모든 원소의 집합을 말한다.
항	수나 문자들의 곱(상)이나 합(차)으로 이루어진 식을 항이라 부른다.
항등식	등식에서 그 속의 문자에 어떤 값을 대입하여도 언제나 성립하는 식
해	근이라고도 하며, 어떤 방정식을 만족하는 미지수의 값을 의미한다.
현	원주 위의 두 점을 맺는 선분을 말한다.
호	원의 일부. 원을 잘라 부채꼴을 만들 때, 원주가 남아있는 부분
확률	하나의 사건이 일어날 수 있는 가능성을 수로 나타낸 것으로 수학적 확률과 경험적 확률이 있다.
활꼴	원의 호와 그 양끝을 잇는 현에 의해서 형성되는 도형
회전체	평면도형을 그 평면 위에서 한 직선을 축으로 하여 1회전 시켰을 때 생기는 입체를 회전체라 한다.
히스토그램	도수분포표를 나타내는 일종의 그래프이다. 수평축에 계급구간을, 수직축에 도수나 도수밀도(상대도수밀도)를 표시한 그래프다.

5. 계산과 생략

이 단원에서는 수를 계산하는 방법과 생략하는 기준에 대해 알아보도록 하자. 수학의 가장 기초적인 산수에 해당하는 만큼 확실히 해놓자.

1) 계산 Tip

① 음수는 $-1 \times$ 어떤 수로 표현할 수 있다.

　예 $-5 = -1 \times 5$

② $-1 \times -1 = +1$이다(음수를 두 번 곱하면 양수가 된다).

　예 $-5 \times -5 = +25$

③ 계산 기호를 두 번 연속 쓸 수 없다(두 번 써야 할 때는 괄호를 쓴다).

　예 $-5 \times (-5) = +25$

④ 음수가 있을 때는 헷갈리지 않도록 괄호로 묶어둔다.

　예 $-3^2 = -9$, $(-3)^2 = 9$

⑤ 양수$-$양수는 양수+음수로도 표현이 가능하다.

　예 $5 - 3 = 5 + (-3)$

　※ 이 원리에 의해 모든 뺄셈은 음수의 덧셈이라고 생각할 수 있다.

⑥ 미지수 $\times$ 상수인 경우 곱하기를 생략할 수 있다.

　예 $5 \times A = 5A$

⑦ 모든 나눗셈은 뒤에 있는 수의 역수와의 곱셈으로 바꿀 수 있다.

　예 $5 \div 2 = 5 \times \dfrac{1}{2}$

　※ 역수란 분자와 분모를 바꾼 수인데, 분모가 없다면 분모를 1로 생각할 수 있다.

2) 분수 계산

분수는 분모와 분자로 이루어져있는 수인데, 의외로 계산실수가 많다.

필자도 $\dfrac{1}{2} + \dfrac{1}{2} = \dfrac{2}{4}$ 라고 생각했었으니까.

분수의 덧셈 뺄셈에서는 분모가 직접적으로 개입할 수 없다. 조금 극단적으로 표현하면, 분수계산은 엄마들끼리 판을 짜놓고 자녀들끼리 싸운다고도 표현할 수 있다. 그러기 위해서는 아래의 조건이 만족되어야 한다.

실제	계산 원리	계산
같은 조건에서 싸워야 한다. * 같은 동네에 살아야 한다.	분모를 똑같이 맞춰준다. * 분모를 두 수의 최소공배수로 만든다.	$\dfrac{7}{4} - \dfrac{3}{2} = \dfrac{7}{4} - \dfrac{6}{4}$
엄마는 가만히 있고 자녀들끼리 싸운다.	분모는 놔두고 분자끼리 계산한다.	$\dfrac{7}{4} - \dfrac{6}{4} = \dfrac{7-6}{4}$

곱셈, 나눗셈은 덧셈, 뺄셈과는 상황이 다르다. 싸움이 커졌다. 이제는 분모도 합세해서 싸운다.

실제	계산 원리	계산
애들 싸움에 엄마들도 가담한다.	분자끼리 곱하고, 분모끼리도 곱한다.	$\dfrac{7}{4} \times \dfrac{3}{2} = \dfrac{21}{8}$
애들과 엄마가 엮여서 싸운다.	분모, 분자에서 약분 가능한 것은 모두 약분한다.	$\dfrac{7}{4} \times \dfrac{8}{21} = \dfrac{2}{3}$

번분수는 이제 싸움을 마치고 화해를 하는 형태다. 윗집과 아랫집의 엄마들이 다른 집에 있는 자녀들에게 가서 사과를 한다.

실제	계산 원리	계산
윗집과 아랫집의 엄마들이 다른 집 자녀에게 사과하러 간다.	① 위에 있는 분자, 아래에 있는 분모를 곱하여 위로 ② 위에 있는 분모, 아래에 있는 분자를 곱하여 아래로 ③ 분모, 분자를 따로 곱한 다음 분자가 있는 곳으로 보낸다.	$$\dfrac{\dfrac{d}{c}}{\dfrac{b}{a}} = \dfrac{ad}{bc}$$

다소 과격한 표현을 하긴 했다만 여러분의 암기를 돕기 위함이니 너그러이 용서해주길 바란다.

3) 괄호 전개

[3. 기호의 의미]에서 괄호로 묶여있는 것들은 특수한 작업을 거치지 않으면 함부로 풀 수 없다고 했다. 괄호를 풀 수 있는 방법을 알아보자.

① $-(a + b) = -a - b$ (곱해져 있지 않으면 $-$가 a, b 모두에 영향을 미친다)

② $-(ab) = -ab$ (곱해져 있으면 한 번만 곱한다. 이미 하나니까)

③ $(a + b)^2$, $(a + b)^3$ 이런 건 공식을 암기하지 않으면 전개할 수 없다.

   예 $(a + b)^2 = a^2 + 2ab + b^2$, $(a + b)^3 = a3 + b3 + 3ab(a + b)$

④ $(ab)^2$ 처럼 되어 있으면 지수를 따로 계산해준다. (이것도 이미 하나다)

   예 $(ab)^2 = a^2b^2 \rightarrow$ 하나일 경우 공식이 적용되지 않는다.

⑤ $\left(-\dfrac{3}{5}\right)^2$ 처럼 되어 있으면 분해해서 따로 제곱해준다.

   예 $\left(-\dfrac{3}{5}\right)^2 = \left(-1 \times \dfrac{3}{5}\right)^2 = \dfrac{3^2}{5^2} = \dfrac{9}{25}$

괄호가 있다면 무작정 분해하려 하지 말고 방법을 찾자. 괄호를 잘못 없애면 식이 달라진다.

4) 계산 순서

$8 - 2 \times \left[3 - \left\{ \left(-\dfrac{3}{2} \right)^3 - \left(\dfrac{7}{4} - \dfrac{3}{2} \right) \right\} \right]$ 같은 혼합 계산을 하기 위해서는 앞에서 배운 내용

외에도 계산 순서를 정확히 알아야 한다. 혼합 계산은 아래의 순서대로 하나씩 하도록 한다.

① 괄호 안부터

② 곱셈, 나눗셈

③ 덧셈, 뺄셈

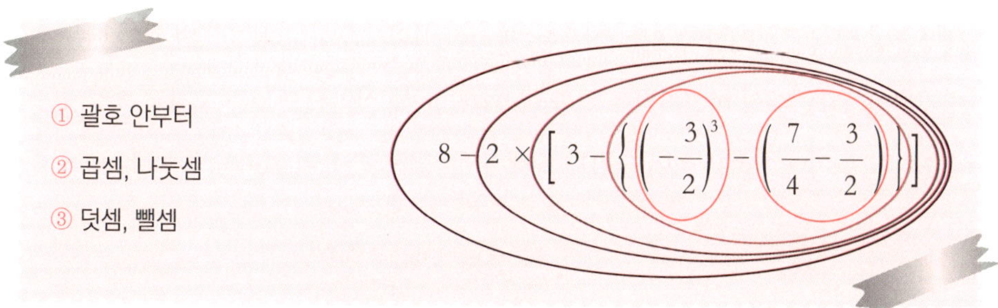

이 순서대로 계산을 하게 되면 아래의 계산 과정이 도출된다.

좀 복잡해 보여도 원리는 간단하다. 미숙하다면 실수할 가능성이 매우 높으니 꼭 익혀두자.

$$8 - 2 \times \left[3 - \left\{ \left(-\dfrac{3}{2} \right)^3 - \left(\dfrac{7}{4} - \dfrac{3}{2} \right) \right\} \right]$$

$$= 8 - 2 \times \left[3 - \left\{ -\dfrac{27}{8} - \dfrac{1}{4} \right\} \right]$$

$$= 8 - 2 \times \left[3 - \left\{ -\dfrac{29}{8} \right\} \right]$$

$$= 8 - 2 \times \dfrac{53}{8}$$

$$= 8 - \dfrac{53}{4}$$

$$= -\dfrac{21}{4}$$

6. 식의 형태

식은 수, 문자, 기호를 조합한 것이라고 볼 수 있다. 우리가 접하는 대부분의 식은 함수식, 방정식, 부등식이다. 식은 '수를 이렇게 계산하면 이런 값이 나와!'라는 걸 일일이 표현하기가 너무 길어서, 기호와 수를 사용하여 줄여 놓은 것이라고도 볼 수 있다.

식의 뜻을 한번에 이해할 수 있는 이유는 그 식이 쉬워서가 아니라 여러 번 봤기 때문에 익숙한 것뿐이다. 즉, '수'와 마찬가지로 친한 식, 덜 친한 식, 식인지 아닌지 조차도 헷갈리는 것들이 있다는 뜻이니 어려운 식이 나왔다고 해서 두려워할 필요가 없다는 뜻이다.

친한 식	$f(x) = 3x^2 + 6x + 1$ (함수식) $3x^2 + 6x + 1 = 0$ (방정식) $3x^2 + 6x + 1 > 0$ (부등식)
덜 친한 식	D (판별식), ~~ 식 (특수식) $f'(x) = 3x^2 + 6x + 1$ (도함수) $f''(x) = 3x^2 + 6x + 1$ (이계도함수)
식?	$\int f(x)\,dx = ,\ \sum_{k=1}^{n} 2k^2 + 3 = ,\ \sin^2\theta + \cos 2\theta =$

표의 마지막 줄에 있는 식은 처음 보는 식이라 어렵다는 생각이 드는가? 기호는 긴 뜻을 생략한 것이고, 어려운 식은 기호를 사용한 것일 뿐 등호가 있기 때문에 방정식이다. 부등호가 있으면 부등식이겠지. 즉, 기호의 뜻만 알면 식은 아무것도 아니다. 아주 어려워 보이는 식도 알고 보면 어렵지 않다. 모든 식이나 기호는 명확한 의미를 이해하고 나면 쉬워진다. 식도 수와 마찬가지로 뜻이 생략되어 있는, 귀차니즘이 만들어낸 산물일 뿐이라는 것이다.

지금부터 식의 형태에 대해 알아보자. 함수식은 [7. 함수와 그래프]에서 알아보도록 하고, 함수식을 제외한 방정식과 부등식의 형태를 파헤쳐 보자.

1) 기본적인 식의 형태

① 값을 구하라는 식은 등호나 부등호를 포함한다(없으면 값을 구할 수 없다).

② 좌변과 우변이 나뉘어 있다(왼쪽을 좌변, 오른쪽을 우변이라 한다).

③ 변수, 미지수가 많다. 문제에서 묻는 것을 잘 파악해야 한다.

$$f(x) = ax + b, x^2 + 2x \mid 1 = b, x^2 + 2x < 0$$

④ 함수식, 방정식, 부등식 셋 중 하나다.

2) 방정식이란?

방정식은 미지수의 정확한 값을 구하기 위해 만들어진 식이다. 어떤 것을 미지수로 만들어야 할지, 어떤 미지수를 구해야 하는지는 문제에서 제시한다.

Q1 5%의 소금물 200g을 가열하면 10분에 30g의 물이 증발한다. 가열한 지 몇 분 후에 20%의 소금물이 되는가?

→ '몇 분 후'라고 말했으니 '분'을 뜻하는 '시간'이 우리가 구해야 하는 미지수가 되겠다.

Q2 집에서 학교까지 가는데 자전거로 30m/분으로 달리면 12m/분으로 걸어서 가는 것보다 30분 빨리 도착한다고 한다. 집에서 학교까지의 거리는 몇 m인가?

→ '거리는 몇 m인가'라고 물었으니 '거리'가 우리가 구해야 하는 미지수가 되겠다.

Q3 두 자리의 정수가 있다. 이 정수는 일의 자리수의 수가 6이고, 각 자리의 수를 합한 것의 4배와 같다고 한다. 이 정수를 구하면?

→ '이 정수'를 구하라고 했으니 그 '정수'를 미지수로 놓을 수 있다.

이처럼 방정식은 구해야 하는 것을 명확히 제시하니 그것을 미지수로 두고 식을 만들어서 계산하면 된다. 그러면 식은 어떻게 만들 수 있으며, 어떤 형태를 띠는지 살펴보자.

① 방정식의 형태

① $f(x) = 0$ 형태가 되어야 한다.

'= 0'이 없으면 방정식이 아니기 때문에 값을 구할 수 없다.

예 $x^2 + 2x + 1 = 0$

② $f(x) = k$ 형태도 괜찮다.

'= k' 형태는 이항하면 '= 0' 형태로 바꿀 수 있다.

예 $x^2 + 2x + 1 = b$

③ $f(x) = y$ 형태는 안 된다.

y는 일반적으로 변수로 쓰이는데, x에 따라 변하는 값이다. 식에 x 외의 다른 변수가 있으면 더 이상 방정식이 아니라 함수가 된다.

예 $f(x) = x^2 + 2x + 1$

목적과 형태만을 고려한다면 방정식은 이렇게 줄일 수 있다.

등호를 포함하는 식
미지수로 만들고 그 값을 구하는 것을 목적으로 하는 식

간단한 일차방정식, 이차방정식뿐만 아니라 어려워 보이는 미분방정식, 삼각방정식 등도 '미지수를 구하는' 단 하나의 목적이 있다. 이러한 방정식은 어떻게 풀어내야 할까?

② 방정식 푸는 법

① 구하고자 하는 미지수에만 집중을 한다.

구해야 하는 것은 문제에서 제시하는데, 어떤 것을 어떤 미지수로 놓고 풀어야 할지 잘 선택해야 한다. 그 미지수를 기준으로 식을 정리하여 값을 구하는 것을 목적으로 해야 한다.

② 인수분해 풀이

인수분해를 배우는 과정이 거의 모든 방정식의 풀이법에 가깝다.

> ※ 인수분해는 미지수를 최소단위로 묶는 작업인데 $a \times b = 1$을 만족하는 a, b는 무수히 많지만, $a \times b = 0$을 만족하는 a, b는 $a = 0$이거나 $b = 0$일 때뿐이므로 $a \times b$ 형태로 식을 변환시키면 a, b값을 찾기가 쉬워진다. 인수분해는 이 원리를 기본으로 한다.
>
> ③ $f(x) = 0$은 $f(x) = g(x)$로 바꿀 수 있다.
>
> ※ $f(x) = g(x)$는 $y = f(x)$, $y = g(x)$로 바꿀 수 있다.
>
> ※ $y = f(x)$, $y = g(x)$는 하나의 방정식을 두 개의 함수로 바꿔 풀 수 있게 된다.
>
> 예 $x^2 + 2x + 1 = 0 \rightarrow x^2 + 1 = -2x$ 로 바꾸고 나면 $y = x^2 + 1$와 $y = -2x$ 라는 두 개의 식의 교점을 구하는 '함수의 풀이법' 형태로 바꿀 수 있다.
>
> ※ 많은 방정식은 함수로 바꿔 풀 수 있는데, 방정식을 함수로 바꿔 풀게 되면 인수분해 외의 다양한 방법을 적용할 수 있다.

이 외에도 방정식의 풀이법은 몇 개 정도 더 있지만, 구구절절 설명하지 않는 이유는 이 방법들은 단지 본질에 다가가는 '기술'일 뿐이고 방정식의 본질적 목적은 '미지수를 구하는 것'이기 때문이다. 그러니 방정식에서의 모든 풀이법은 '미지수를 구하기 위해' 존재한다는 것을 기억해두자.

3) 부등식이란?

① 부등식의 형태

'A>B'는 'A가 B보다 크다'라는 뜻으로 부등호를 사용하여 표현한 식이며, 이를 '부등식'이라고 한다.

우리가 문제를 풀며 마주하게 될 대부분의 부등식은 방정식과 매우 흡사하다. 미지수로 이루어진 식이라는 것은 동일하며, 겉으로 보이는 식의 형태도 매우 흡사하다.

방정식	부등식
$x^2 + 2x + 1 = 0$	$x^2 + 2x + 1 < 0$ $x^2 + 2x + 1 > 0$ $x^2 + 2x + 1 \leq 0$ $x^2 + 2x + 1 \geq 0$

식의 형태를 보면 방정식에서는 등호(=)를 사용하지만, 부등식에서는 부등호($>$, $<$, $\geq$, $\leq$)를 사용해서 식을 표현한다는 것이 다를 뿐이다.

방정식과 부등식에서 가장 중요한 차이점이 있다. 부등식의 핵심은 '크기를 비교하는 것'인데, 미지수를 기준으로 크기를 비교하게 되면 부등식은 그 미지수가 존재할 수 있는 범위를 나타내게 된다. 그에 따라 부등식의 목적은 미지수가 될 수 있는 모든 값을 구하는 것, 즉 미지수의 '범위'를 구하는 것이 된다. 방정식의 목적이 미지수의 '정확한 값'을 구하는 것인 것과 비교하면 비슷하면서도 약간 다르다. 지금부터는 부등식의 풀이법을 알아보자.

② 부등식 푸는 법

① 방향 전환 : 부등호에 음수를 곱하면 방향이 바뀐다.

$-5x < 15$	$\rightarrow$	$x > -3$

이때 주의할 점은 미지수를 곱할 경우, 그 미지수가 음수인지 양수인지를 정확히 알지 못하면 부등호의 방향을 두 경우로 나눠서 생각해줘야 한다는 것이다. 그렇지 않으면 오류의 위험성이 있다.

$ax < 5$	$\rightarrow$	$x < \dfrac{5}{a}\ (a > 0)$ or $x > \dfrac{5}{a}\ (a < 0)$

이렇게 될 경우 둘 중 하나만 옳고 하나는 틀린 것이 된다. a는 양수가 되거나 음수가 되어야 하므로 절대 둘 다 맞을 수는 없다.

② 닫힘, 열림

> • 닫혀 있다 = 포함된다.
> • 열려 있다 = 포함되지 않는다.

이렇게 생각하면 편하다. $x>5$ 라는 식에서 x는 5보다 커야 하므로 5를 포함하지 않는다. 그에 따라 '$x=5$에서 열려 있다.'라고 표현할 수 있고 수직선에서는 $x=5$인 부분에 구멍을 뚫어서 표시한다. '열려 있는 건 포함되지 않으니까 구멍이 열려있다'고 생각하자.

③ 수직선에서 생각하라!

방정식도 마찬가지지만 부등식은 수직선에서 생각할 경우 문제가 더 쉬워진다. 수직선은 왼쪽, 오른쪽으로 무한히 늘어날 수 있는 선인데 미지수의 모든 값이 이 직선 위에 있다고 생각하자는 뜻이다.

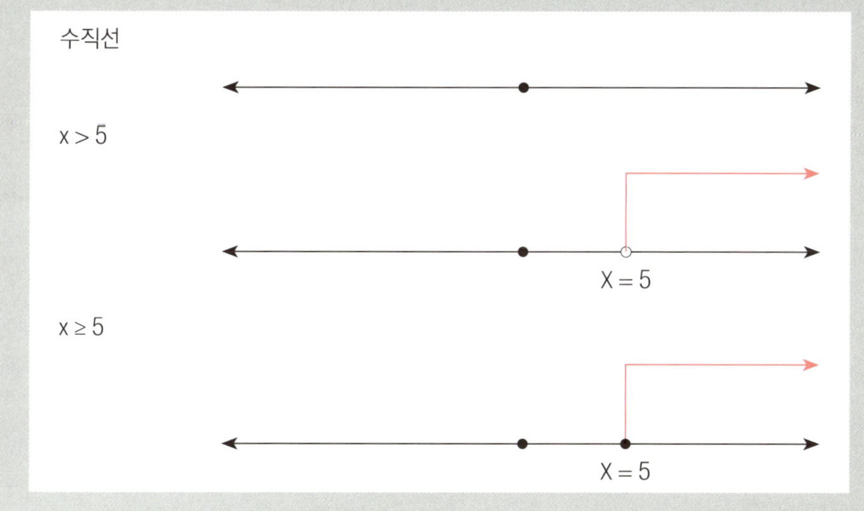

방정식과 부등식은 풀이법도 유사한 점이 많다. 기본적으로 문제를 푸는 법은 앞서 언급한 방정식에서의 풀이법을 그대로 적용시킬 수 있기에 따로 언급하지 않고, 방정식과 다른 내용 몇 가지만 언급하고자 한다.

부등식의 개략적인 풀이 방법은 이러하다. 이 외의 이차부등식, 절대부등식 등의 실질적 방법은 다소 분량이 많고 어려우므로 따로 익혀야 한다.

부등식의 핵심은 '미지수의 범위를 구하는 것'이라는 것을 잊지 말자. 우리는 방정식과 똑같이, 미지수를 찾고 그 미지수를 기준으로 식을 만들어 값을 구하기만 하면 된다.

4) 어려운 식의 이해

고등학교에 들어가면 어려운 식들을 많이 접할 수 있다. 하지만 언어로 풀어서 생각하면 결코 어렵지 않다는 것을 알 수 있다.

$$\int f(x)\,dx = \text{'}f(x)\text{를 } x\text{에 대해 적분하라.'}$$

물론 여러분이 적분에 대해서 모른다면 이 말 뜻은 전혀 이해할 수 없을 것이다. 하지만 내용을 몰라서 어려운 것이지, 식 자체가 어려운 것은 아니다.

$$\sum_{k=1}^{n} 2k^2 + 3 = \text{'}2k^2 + 3 \text{ 이라는 식에 } k = 1\text{부터 } n\text{까지 차례대로 대입해서 더하라.'}$$

이 또한 시그마, 수열의 합에 대해 모른다면 전혀 이해할 수 없겠지만 개념을 알고 나면 어려운 식이 아니다.

이처럼 방정식이나 부등식 그리고 어려워 보이는 식들도 그 자체는 어렵지 않다. 식을 이해하기 전에 개념을 이해해야 하는데, 이 과정에서 공부가 되어 있지 않으면 식이 어렵게 느껴지는 것뿐이다. 앞으로는 식을 만나면 그 식이 갖고 있는 의미부터 파악하자.

7. 함수와 그래프

함수는 가히 수학의 꽃이라고 부를 수 있을 만큼 중요하다. 그 이유는 일차함수, 이차함수 등의 간단한 함수부터 도함수, 원시함수, 삼각함수, 지수로그함수, 수열의 합 등 우리가 고교 과정까지 알고 있어야 하는 많은 개념들이 함수와 직·간접적으로 연관되어 있기 때문이다.

필자는 이 함수를 이해하지 못한 채 적분공부를 했던 경험이 있는데, 단순히 암기만 했을 뿐 적분의 개념조차 이해를 하지 못했다. 당연히 아무리 공부를 해도 문제를 풀 수 없었고, 뒤늦게 알고 보니 원인은 함수의 개념을 모르는 데에 있었다. 함수를 공부하고 나니 거짓말처럼 이해가 됐을 정도로 함수는 중요하다.

우선, 함수가 무엇이기에 그리 중요한지 함수의 개념부터 차근차근 살펴보도록 하자.

1) 함수의 개념

함수는 주로 수학에서 접하지만 사실 수학에서만 쓰이는 것이 아니다. 일상생활에서도 얼마든지 사용이 가능한 일종의 '인과관계'를 뜻하는 단어인데, '~했으니까 ~한다.', '~이니까 ~이다.'라는 문장을 함수의 정의라고 생각할 수도 있다.

수학에서의 함수는 두 개 이상의 변수 사이에 특수한 대응 관계로 인해 x값이 정해지면 y값도 따라서 정해지는 경우를 뜻하는데, 위의 문장에 대입하면 이렇게 쓸 수 있다.

$$x\text{가 ~일 때, } y\text{는 ~이다.}$$

즉, 함수식이란 단순히 '인과관계를 수와 식을 사용하여 표현한 것'이다. 때문에 원인이 무엇인지 그 원인으로 인한 결과가 무엇인지만 생각하면 모든 함수는 손쉽게 해결할 수 있다.

이러한 이유에서 함수에서는 변수가 매우 중요하다. 앞에서 언급했지만 다시 언급하자면 변수는 고정된 값이 아니라 변할 수 있는 모든 값을 포함하는 수이기 때문에 함수에서 '원인'에 해당한다. 우리는 이 '원인'들을 '정의역'이라고 부르고 주로 x로 표기한다.

원인이 있으면 항상 결과가 있듯, 변수가 있다면 그 변수에 특정 값이 대입되었을 때 도출되는 값도 있다. 우리는 원인에 의해 발생한 '결과'를 '함수값'이라고 부르며, 변수에 다른 값이 들어갈 때 도출될 수 있는 모든 범위를 '치역'이라고 부른다. 함수값은 주로 f(x)로 표기한다.

원인	결과
변수	함수값
x(이 외의 어떤 것도 괜찮음)	$f(x)$(변수에 따라 x가 아니라 다른 것으로 바뀔 수 있음)
정의역	치역

함수에서 가장 중요한 것은 변수인데 변수가 무엇이냐에 따라 함수의 뜻이 바뀌고 변수와 미지수가 뒤바뀔 수 있다.

> $f(x) = x^2 + 2ax + 1$: 변수가 x인 이차함수(a는 미지수)
>
> $f(a) = x^2 + 2ax + 1$: 변수가 a인 일차함수(x는 미지수)

우변에 놓인 함수식은 똑같이 생겼지만 $f(\ )$ 괄호 안에 들어있는 변수가 무엇인가에 따라 수식의 뜻이 바뀐다.

이렇듯 함수에서는 변수가 가장 중요하다. 앞으로 이렇게 외우도록 하자.

> $f(x)$: x에 대한 함수(변수가 x / x외의 것은 다 미지수)
>
> $f(a)$: a에 대한 함수(변수가 a / a외의 것은 다 미지수)

함수는 일종의 자판기라고도 생각할 수 있는데, 함수와 변수에 대하여 이해가 되지 않는다면 자판기를 떠올려보자.

① 변수, 정의역

사람들이 무슨 버튼을 누를지 모르기 때문에 자판기에는 많은 버튼들이 있다. 이 버튼들이 바로 '변수'이고 모든 변수를 싸잡아 '정의역'이라고 부른다.

② 함수식

어떤 버튼을 누르면 그 버튼에 해당하는 음료수가 나와야 한다. 선택한 음료수 외의 음료수가 나오면 잘못된 자판기다. 정상적으로 고객이 선택한 음료를 제공하도록 만들어 놓은 자판기 시스템이 '함수식'이다.

> **③ 함수값, 치역**
>
> 특정 버튼을 누르면 특정 음료수가 나온다. 고객에게 선택받은 음료수는 밖으로 나올 수 있는데, 이 음료수가 '함수값'이다. 이 함수값들을 모두 싸잡아서 '치역'이라고 부른다.
>
> **④ 공역**
>
> 자판기 안에는 음료수가 많이 들어있다. 선택할 수 있는 음료수 외에도 비상용으로 비축해놓은 음료수가 있을 수 있다. 선택가능 유무와 관계없이 자판기가 갖고 있는 모든 음료수를 통틀어 '공역'이라고 한다.

이런 식으로 함수는 자판기를 떠올려서 쉽게 생각할 수 있다. 이렇게 보면 정말 간단한데 여러분은 함수를 굉장히 어렵게 생각한다. 그 이유는 함수의 정확한 뜻, 함수의 종류, 표현 방법을 몰라서다. 이에 대해 차근차근 살펴보도록 하자.

2) 그래프의 이해

모든 함수는 그래프로 나타낼 수 있다. 앞에서 배운 함수의 개념이 'x가 어떤 값이 되면 $f(x)$는 어떤 값이 된다.'라는 것이었으므로, 이를 서로 대응관계에 놓을 수 있다. 조금 더 보기 편하게 만들기 위해 그래프(직교좌표계)를 사용한다. 가로 방향으로 x, 세로 방향으로 $f(x)$값을 무한대까지 늘어놓고, x의 값에 대한 $f(x)$의 값을 표기하고자 하는 것이다.

함수의 정의에 의해 $x = a$면 $f(x) = f(a)$가 된다. 우리는 이를 $(a, f(a))$라고 표기하고 그래프로는 아래와 같이 표기하기 때문에 변수 x에 대한 함수값 $f(x)$를 하나의 점으로 표기할 수 있게 된다.

변수와 그에 대한 함수값은 하나의 점으로 나타나고, 함수의 변수는 아주 촘촘하게 존재하므로 매우 많은 점으로 표현할 수 있다. 그에 따라 하나의 함수에는 수없이 많은 점들이 있

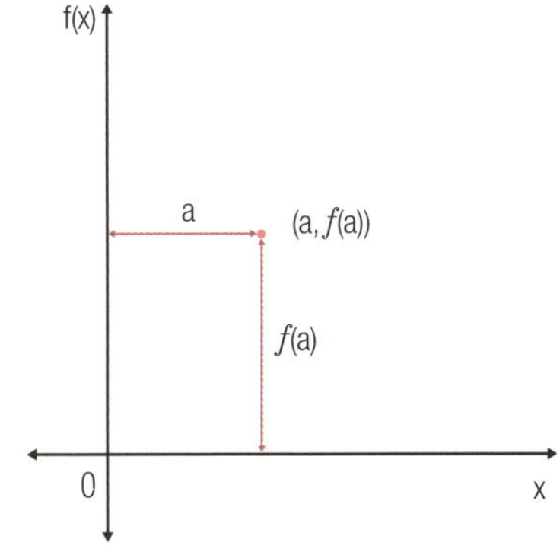

고, 그 점들이 모여서 선이 된다. 이것이 모든 함
수를 그래프로 나타낼 수 있는 이유다.

수학은 귀차니즘의 학문이라고 했다. 쓰기가
번거로운 $f(x)$를 대신해 y로 바꿔 쓰는 경우가 많
다는 것을 알아 두자.

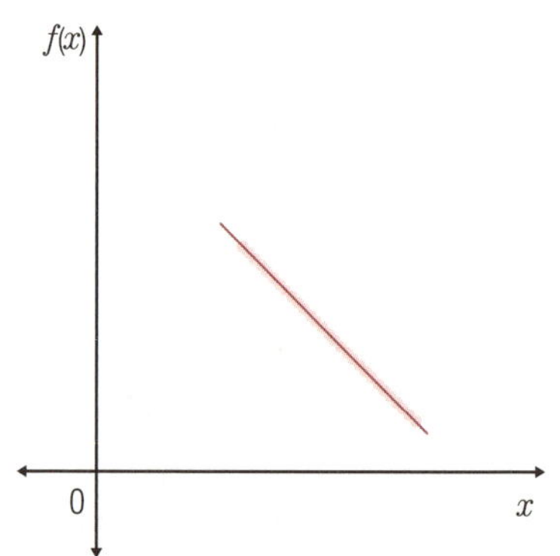

3) 다양한 함수들

함수의 종류는 굉장히 많지만 수능에서 다루는 함수는 그리 많지 않으며, 대부분의 함
수들은 특정한 기준에 의해 만들어지고 심지어 그래프의 생김새 또한 명확한 기준이 있다.
지금부터는 함수에는 어떤 것이 있는지, 그 함수의 생김새가 어떠한지를 살펴보도록 하자.

① 다항함수 : 변수의 거듭제곱으로 이루어진 함수. 가장 큰 거듭제곱의 지수를 기준으로 n차 함
수라고 이름을 붙인다. 각 차수마다 그래프의 생김새가 달라지지만 같은 차수라면 몇 가지로
정해져있다.

예 $f(x) = ax^2 + bx + c$ (이차함수) , $f(x) = ax^n + bx + c$ (n차함수)

② 분수함수 : 분모에 x가 있는 함수. 분모에 있는 x의 차수가 홀수라면 원점 대칭, 짝수라면 y축
대칭하는 형태가 된다.

예 $f(x) = \dfrac{1}{x}$

③ 무리함수 : 루트 안에 x가 있는 함수. 루트 안의 수는 음수가 될 수 없으므로 그래프도 음수가
되는 부분에서는 존재하지 않는다.

예 $f(x) = \sqrt{2x + 8}$

④ 상수함수 : $f(x) = k$로 되어 있는 함수. 변수인 x에 어떤 값이 오더라도 함수값이 변하지 않는
다. 그래프는 가로로 무한히 펼쳐진 직선이다.

예 $f(x) = 5, f(x) = 100$

⑤ 지수함수 : 상수의 지수부분에 변수가 포함되어 있는 함수. 다항함수와는 다르게 변수가 지수에 위치해있다.

예 $f(x) = 2^x + 8,\ f(x) = a^x - 10$

⑥ 삼각함수 : sin, cos, tan 등의 삼각비로 나타낸 함수. 삼각비란 직각삼각형의 각 변의 비율로 표현한 것인데 자세한 내용은 학습이 필요하다.

예 $f(x) = 5\sin 3x$

⑦ 로그함수 : 로그에 변수가 포함되어 있는 함수. 로그란 지수를 상수화하여 표현한 것인데 마찬가지로 자세한 내용은 학습이 필요하다.

예 $f(x) = \log_4 x$

4) 한 눈에 보는 함수들

	수식 예	그래프 특징	그래프
다항함수 (일차함수)	$f(x) = ax + b$	직선	
다항함수 (이차함수)	$f(x) = ax^2 + bx + c$	포물선 가운데서 대칭	
다항함수 (삼차함수)	$f(x) = ax^3 + bx^2 + cx + d$	삼차곡선 가운데서 대칭	
분수함수	$f(x) = \dfrac{1}{x}$	원점에서 대칭	

무리함수	$f(x) = \sqrt{ax + b}$	루트 안이 0이 되는 점에서 그래프가 없어짐	
상수함수	$f(x) = k$	x가 변해도 값이 변하지 않음	
지수함수	$f(x) = a^x$	무한히 커짐	
삼각함수	$f(x) = \sin x$	반복되는 형태	
로그함수	$f(x) = \log_4 x$	무리함수와 비슷하지만 약간 다름	

그래프 형태는 개략적으로 나타낸 것인데 같은 종류의 함수에서는 형태가 크게 바뀌는 일은 없다. 단지 평행·대칭이동만 되는 형태이므로 이 그래프의 개형을 외워둔다면 함수만 보고도 그래프의 개형을 그릴 수 있게 될 것이다. 하지만 이 표는 참조할 수 있는 개략적인 내용일 뿐 정확한 내용은 교과과정 학습이 필요하다. 함수의 그래프에 대한 몇 가지 팁이 있다.

① 최고차항의 계수에 따라 오른쪽 끝의 위치가 달라진다.

가장 큰 영향력을 가지고 있는 항을 최고차항이라고 하는데 다항함수에서는 차수가 가장 높은 항을, 지수함수에서는 밑이 가장 큰 항을 의미한다. 최고차항의 계수가 양수라면 오른쪽 끝은 위로 향하지만, 음수라면 아래로 향한다. 극한의 개념을 배우고 나면 이해할 수 있는 개념이지만 지금은 암기해 놓도록 하자.

② 1, 2, 3차 다항함수 그래프는 대칭한다.

일차함수는 직선이므로 직선위의 모든 점에서 대칭하고, 이차함수는 포물선이므로 꼭짓점에서 정확히 대칭한다. 가운데를 기준으로 반으로 접을 수 있다. 그리고 삼차함수는 가운데에 있는 점에서 점 대칭하는데 이 점을 '변곡점'이라고 부른다. 이 내용은 차후에 배울 수 있지만 지금은 '대칭하는구나'라고만 익혀 놓도록 하자.

여러분이 수능에서 다룰 함수는 여기서 벗어나지 않는다. 여기 있는 내용만 잘 숙지하면 함수 때문에 문제가 생기는 일은 없을 것이다.

5) 함수의 변형

앞에서는 함수의 원리와 종류에 대해 다뤘을 뿐이지, 그 함수가 복잡하게 변형되는 형태에 대해서는 다루지 않았다. 함수의 변형에 대해 아주 간단히 알아보자.

① 합성함수 : 2개 이상의 함수를 하나로 합친 것. 두 개의 함수가 있다면, 하나의 함수를 다른 함수의 변수 부분에 대입하는 형태이다.

예
$$\begin{cases} f(x) = ax^2 + b \\ g(x) = 4x + 5 \end{cases}$$
$$f(g(x)) = a(4x+5)^2 + b$$

② 역함수 : 기존 함수에서 x, y를 바꾼 후 정리한 것. 정의역과 치역이 뒤바뀐다. $f(x)$의 역함수를 $f^{-1}(x)$라고 한다. 기하학적 의미는 그래프가 $y = x$에 대칭하는 형태다.

예 $f(x) = ax + b \rightarrow f^{-1}(x) = ay + b$

$$y = ax + b \qquad x = ay + b$$
$$y = \frac{1}{a}x - \frac{b}{a}$$
$$f^{-1}(x) = \frac{1}{a}x - \frac{b}{a}$$

③ 도함수 : 어떤 함수를 미분한 함수를 '어떤 함수의 도함수'라고 표현한다. 즉, 미분한 함수이다. $f(x)$의 도함수를 $f'(x)$라 표현한다.

④ 원시함수 : 어떤 함수를 적분한 함수를 '어떤 함수의 원시함수'라고 표현한다. 즉, 적분한 함수이다. $f(x)$의 원시함수를 $\int f(x)\,dx$ 라 표현하며 $f'(x)$를 적분하면 $f(x)$가 된다.

혹시나 하는 노파심 때문에 어렵사리 설명하긴 했지만, 이 내용들은 굳이 지금 알 필요 없다. 기초 개념이 다 끝난 후 교과 학습을 하면서 자연히 알게 될 내용들이다.

6) 많이 묻는 것들

Q1 왜 하필 $f(x)$인가요?

→ 'function of x'라는 뜻의 줄임말이다.

Q2 그럼 $g(x)$는 뭔가요?

→ f 다음의 알파벳이 g라서 f와 헷갈리지 않도록 g를 사용한 것뿐이다. 똑같은 이유에서 h를 사용하기도 한다.

Q3 함수와 방정식은 무슨 관련이 있나요?

→ 방정식의 근은 함수를 그래프로 그린 것의 x절편이다. 함수에서는 변수와 그 변수에 따라 변하는 함수값이 있지만, 방정식에서는 원래 함수의 변수만 존재하고 함수값은 없다. 따라서 방정식은 함수값만 삭제한 함수식이 되고, 함수의 그래프에서 y축을 삭제시키면 방정식의 수직선과 동일하게 바뀐다. 그에 따라 방정식과 함수는 혼합하여 풀 수 있다.

Q4 최대값, 최소값 이런 건 어떻게 구하나요?

함수의 특징에 따라 다르지만, 대부분 그래프를 그려보면 간단하게 구할 수 있다. 그래프를 그리는 법은 개략적인 그래프를 이해하고 교과 내용을 공부하면 쉽게 습득할 수 있다. 이 외의 방법은 정의역을 고려하여 대입하는 방법과 대칭성을 이용하는 방법인데, 추후에 다시 설명하도록 하겠다.

Q5 함수는 왜 이리 할 게 많나요?

다소 많은 편이긴 하다. 하지만 그도 그럴 것이 함수 파트만 제대로 해 놓으면 수학 자체가 쉬워지기 때문에 당연히 많을 수밖에 없다.

이 내용은 함수의 아주 기초적인 내용이다. 이 내용조차 모른다면 심각한 수준일 뿐이고, 이를 안다고 해서 자만할 수준의 내용은 못된다.

지금까지 배운 내용이 수학의 기본이다. 이 내용을 모르면 수학을 이해할 수 없을 만큼 중요하면서도 그리 어렵지는 않다. 반드시 완벽히 습득해 놓고 다음 스텝으로 넘어갈 수 있도록 하자.

8. 문제를 풀면서 공부하는 법

앞에서 문제를 푸는 것은 공부가 아니라고 했고, 단순히 문제를 푸는 그 행위만으로 공부를 할 수는 없다. 하지만 문제를 통해 공부를 하는 방법이 아주 없는 것은 아니다. 그 과정은 다음과 같다.

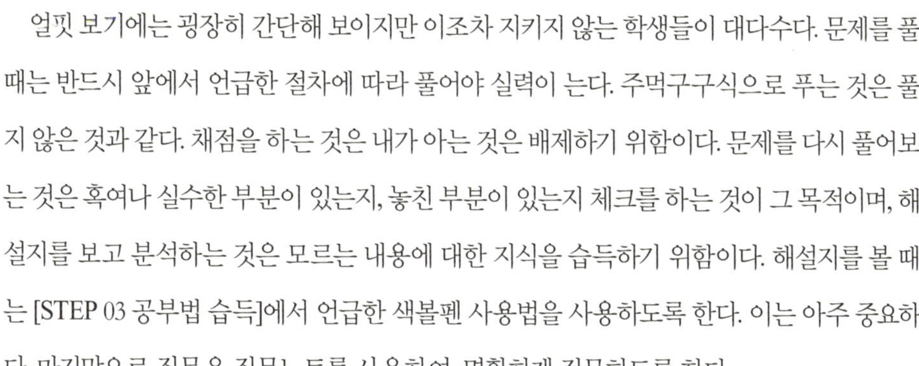

얼핏 보기에는 굉장히 간단해 보이지만 이조차 지키지 않는 학생들이 대다수다. 문제를 풀 때는 반드시 앞에서 언급한 절차에 따라 풀어야 실력이 는다. 주먹구구식으로 푸는 것은 풀지 않은 것과 같다. 채점을 하는 것은 내가 아는 것은 배제하기 위함이다. 문제를 다시 풀어보는 것은 혹여나 실수한 부분이 있는지, 놓친 부분이 있는지 체크를 하는 것이 그 목적이며, 해설지를 보고 분석하는 것은 모르는 내용에 대한 지식을 습득하기 위함이다. 해설지를 볼 때는 [STEP 03 공부법 습득]에서 언급한 색볼펜 사용법을 사용하도록 한다. 이는 아주 중요하다. 마지막으로 질문은 질문노트를 사용하여, 명확하게 질문하도록 한다.

물론 오답정리도 해야 하지만 오답정리는 80점 이상인 학생들만 하도록 한다. 오답이 전체의 20% 이상이라면, 아직 오답정리를 할 필요가 없다. 아직은 약점 보완보다는 지식의 확보에 초점을 맞춰야 하는 시기이고, 오답정리를 하면서 오히려 시간을 낭비하는 경우가 많다. 때문에 오답을 정리하고 분석하는 방법은 다음 STEP에서 가르쳐주도록 하겠다.

이런 과정에 의해서만 실력이 향상될 수 있다. 지금까지 아무 생각 없이 문제를 풀어왔던 습관은 버려야 한다. 문제를 아무리 풀어도 성적이 오르지 않았던 이유는 잘못된 공부법에 있다.

이런 이유에서 단순히 문제만 푸는 것은 공부가 아니며, 문제를 아무리 풀어도 성적이 오르지 않는 아이러니한 상황이 계속해서 펼쳐지게 되어있다. 잘 활용하도록 하자.

02 국어 기초

1. 출제자의 의도

수능에 출제되는 국어, 영어, 수학, 탐구 중에서 여러분이 그나마 가장 기초를 갖고 있는 과목이 바로 국어다.

10년이 넘도록 국어를 써왔고, 말하고, 듣고, 쓸 줄 아는데 대체 왜 국어를 못할까? 그 이유는 언어로서의 국어와 학문으로서의 국어, 그리고 시험에서의 국어는 서로 다르다는 것을 인지하지 못해서다.

국어 시험은 내용을 몰라서 틀린다기보다는 사고방식을 이해하지 못해서 틀리는 경우가 많다. 그렇기 때문에 국어 시험에서 가장 중요한 것은 출제자의 의도를 파악하는 것이다. 모든 시험에는 출제자가 있고, 문제에는 출제자가 중요하게 생각하는 부분이 명확히 포함되어 있기 마련이다. 때문에 시험은 출제자가 '내 생각에는 이게 가장 중요한데 너 이거 알아?'라고 질문하는 것에 대답하는 것이라고 보면 된다. 기본적인 원리와 출제자의 의도를 알면 지문이 조금 까다로울 수는 있어도 문제의 난이도가 높다고 해서 풀지 못하는 경우는 없다.

2017년도 수능 국어 21번을 예시로 살펴보자.

21. (가)의 '전쟁의 허구화'를 바탕으로 (나), (다)를 설명한 것으로 적절하지 않은 것은?

① (나)는 실재했던 전쟁을 다루면서도 이를 있는 그대로 받아들이지 않으려는 욕망에 따라 허구화가 이루어졌다.

② (나)는 박씨 등의 여성 인물과 용골대 등의 가해 세력 간의 대립 구도를 통해 전쟁을 조명하고 있다.

③ (다)는 실재했던 전쟁을 다루면서도 그 상흔을 직시하려는 의지에 따라 허구화가 이루어졌다.

④ (다)는 윤씨와 지영의 관계에서 나타나는 피해자와 가해자의 대립 구도를 통해 전쟁을 조명하고 있다.

⑤ (나)와 (다)는 '용골대'나 '중공군'과 같은 단어를 통해 실재했던 전쟁이 환기되도록 했다.

일단 문제를 잘 읽어야 한다. 많은 학생들이 문제를 제대로 읽지 않고 보기만 보고 답을 고르는데, 문제를 읽지 않았기 때문에 당연히 출제자의 의도 파악에 실패하고 결국 틀린다.

문제에서 강조하는 것은 '전쟁의 허구화'이다. 즉, 출제자는 (가)에 포함된 '전쟁의 허구화'를 이해할 수 있는지를 묻고 있는 것이다. (나), (다)도 전쟁에 관련된 이야기일 텐데, 이를 '전쟁의 허구화'와 연관 지어 생각하라는 것이다. 그래서 이 문제를 풀 때는 모든 선지와 '전쟁의 허구화'를 연관 지어 생각하고 풀어야 한다. 이처럼 출제자의 의도는 문제에 직접적으로 나타나 있다. 지문을 읽는 것은 문제를 제대로 읽고 이해했다는 전제하에 유효한 내용일 뿐이라는 것을 명심하자.

2. 핵심 파악

문제에서 출제자의 의도를 파악하는 것이 핵심이라면, 글에는 핵심주장 파악이 있다. 주장하는 글에는 반드시 글쓴이가 말하고자 하는 바가 들어가 있어야 하는데, 그 주장의 핵심 내용이 가장 중요하다. 핵심을 다른 것으로 착각하면 완전 다른 성향의 글이 될 수도 있으므로 아주 중요하다.

예를 들어, 바나나 장수가 있다고 생각해보자. "맛 좋고 몸에 좋은 1송이 5천 원짜리 바나나를 3천 원에 드리고 있습니다! 오늘 아니면 기회는 없습니다!" 잘 포장했지만 바나나 장수의 발화 의도는 '바나나 사세요.'다. 이런 핵심 내용만 파악한다면 다른 것은 전혀 볼 필요 없이 '지금 당장 바나나가 필요한지'만 생각하면 된다.

만약 핵심 파악에 실패하여 '오늘 아니면 기회가 없다.'에 초점을 두면 '아, 오늘 아니면 안 되니까 당장 사야겠다!'고 생각하게 되며, 필요가 없어도 구매하게 된다. 이것이 문제를 틀리는 이유다.

또 다른 사례를 들면, 친구들과 대화가 잘 안 되는 친구들이 종종 있다. 이런 친구들은 동문서답을 하는 경우가 많다. 동문서답을 하는 이유는 상대방의 발화 의도를 생각하지 않고 말해서, 또 본인의 발화 의도를 드러내지 않기 때문이다. 이러한 경우 타인과의 대화가 좀처럼 잘 이루어지지 않는다. 이런 학생의 대부분은 국어를 잘하지 못한다.

A와 B의 대화 방식에 주목하면서 아래의 대화를 보자.

A : 책 많이 읽으면 좋아?

B : 응? 좋겠지?

A : 일기 쓰는 건 좋아?

B : 일기도... 쓰면 좋긴 할 거야. 근데, 그건 왜?

A : 음.. 사설하는 것도 좋다던데?

B : 사설? 무슨 말을 하는 거야?

A : 국어도 단어를 외워야 해?

B : 야, 너! 무슨 말하는 거야? 장난하냐?

이 대화에서 A의 핵심 발화 의도는 '국어 공부를 잘하는 방법을 알려줘.'인데 말을 하지 않아서 문제가 생겼다. 차라리 처음에 '나 요새 국어 공부하고 있는데, 몇 가지만 물어볼게.'라며 명확히 의도를 밝히면서 대화를 시작했다면 B도 화내지 않았을 텐데, 이 의도를 밝히지 않았기 때문에 대화가 제대로 되지 않았다. 하지만 A와 B가 매우 친한 사이라거나 A의 상황과 의도를 추측할 수 있는 근거가 있었더라면, B 또한 A의 의도를 유추하여 대답했을 것이다.

국어 시험은 이와 매우 비슷하다. 잘 쓴 글이나 발화문에는 글쓴이나 발화자의 의도가 명확히 내재되어 있다. 당연히 국어 시험에는 모든 사람들이 이해할 수 있을만한 주장이 포함되어 있을 것이고, 그 의도는 매우 논리정연하게 제시되어 있다.

이런 이유에서 국어 시험은 핵심내용과 논리를 활용하여 문제를 만들고, 수험생이 그 주장과 논리에 대해 이해할 수 있는지를 묻는 형태를 띠게 된다. 때문에 핵심 내용만 파악하더라도 전체 글의 이해와 문제 풀이가 아주 수월해 진다.

3. 보편적인 생각

앞에서 언급한 '모든 사람들이 이해할 수 있을만하다.'의 기준을 어떻게 잡아야 할지 어려울 수도 있다. 문제를 푸는 사람이 누구냐에 따라 생각이 다를 수 있지만 '보편적인 생각'이라는 것은 '많은 사람들이 줄곧 써왔던' 정도로 치환이 가능하다. 즉, 가장 대중적이며 이해하기 쉬운, 하나의 약속과 같은 것으로 생각할 수 있다. 출제자가 문제를 낼 때는 오해의 여지가 없도록 보편적 생각과 논리를 토대로 문제를 출제한다.

사실 문학은 읽기 나름이다. 똑같은 사람이 읽어도 읽는 시기에 따라 느끼는 바가 다르다. 심지어는 본인이 쓴 시를 토대로 출제한 문제를 풀었을 때 틀리는 경우도 있다. 이는 출제자가 그 시를 몰라서가 아니라, 그 시를 쓴 시인이 보편적인 생각을 가지고 있지 않았기 때문이다.

글에서 가장 중요한 것은 핵심 주장, 논리이며 글을 활용한 국어 시험에서 가장 중요한 것은 출제자의 의도다. 그리고 이 출제자의 의도는 '보편적인 생각'을 기반으로 한다. 때문에 여러분이 문제를 '오해해서' 틀리는 것은 보편적인 생각을 이해하지 못해서이며, 수능 국어를 풀기에 적합하지 않은 논리를 갖고 있다는 뜻이므로 논리를 수정해야 한다. 이 논리가 제대로 정립되면 처음 보는 문제를 만나도 문제를 쉽게 풀 수 있다.

그러면 실제 문제에서는 어떻게 적용될까?

2017년도 수능 국어 28번 문제를 보자.

28. <보기>를 고려하여 (가)를 감상한 내용으로 적절하지 않은 것은?

| 보기 |

「구름의 파수병」에는 시와 생활 사이에서 갈등하는 화자의 진솔한 자기 성찰이 드러난다. 화자는 ㉠ 생활에 몰두하려는 자아와 이러한 자아를 극복하고자 하면서 ㉡ 시를 새롭게 지향하려는 자아를 등장시킨다. ㉠은 시선을 고정하려는 태도나 움츠러들어 있는 이미지로 나타나는데, ㉠에서 벗어나 ㉡으로 변모하고자 하는 화자는 '날아간 제비'를 떠올리다가 '반역의 정신'을 추구하는 데 이른다.

① '내가 시와는 반역된 생활을 하고 있다'에서는 화자의 진솔한 성찰의 어조가 느껴지는군.

② '나는 이미 정해진 ~ 결심하고'는 ㉠과 ㉡의 갈등을 해소한 화자의 심정을 드러낸 것이겠군.

③ 화자가 자신을 '어디로이든 가야 할' 존재로 여기는 것은 ㉠에서 ㉡으로 나아가려는 의지에서 비롯한 것이겠군.

④ 화자가 '메마른 산정'에서 지향하는 '반역의 정신'은 ㉡이 추구하는 것이겠군.

⑤ '구름의 파수병'은 두 자아의 갈등 속에서 시를 새롭게 지향하려는 화자의 의식이 반영된 이미지이겠군.

시는 매우 함축적이라 읽는 사람마다 해석을 다르게 할 수 있고, 오해할 여지가 있기 때문에 <보기>를 통해 친절하게 보편적인 생각을 제시했다.

여기서 제시된 '보편적인 생각'은 다음과 같다.

a. '구름의 파수병'이라는 시는 시를 쓰는 것과 먹고사는 생활 사이에서 갈등하는 내용의 시이다.

b. '날아간 제비'는 a와 연결하여 생각하면 생활에 얽매이지 않는 시를 쓰고자 하는 마음가짐을 대변하는 매개체이다.

이 생각들을 토대로 제시된 선지를 해석하면서 문제를 풀라는 뜻이기 때문에 이를 배제하거나 오해하면 당연히 틀린다.

문제를 잘 풀기 위해, 보편적인 생각을 하기 위해서는 나만의 생각과 배경지식은 완전히 배제하고, 오직 문제에서 제공한 내용으로만 생각해야 한다. 만약 '제비는 농작물에 피해를 입히는 새'라는 개인적인 배경지식을 활용하였다면, b의 보편적 생각을 오해하여 문제를 잘못 풀고 결국 틀리게 되었을 것이다.

4. 독해력이란?

이 글을 읽고 있는 대부분의 학생은 독해력이 없거나 매우 약할 것이라고 확신한다. 독해력이 좋은 학생들은 대부분 어릴 때부터 책을 많이 읽었다. 그래서 글과 친하다. 글과 친하기 때문에, 글에 익숙해서 어떤 글이라도 남들보다 더 잘 읽고 이해한다. 통상적으로는 이것을 독해력이라고 칭한다.

이러한 독해력을 기르는 것은 쉽지 않다. 물론 지금이라도 책을 많이 읽으면 독해력이 아주 미세하고 점진적으로 늘 수는 있겠지만 매우 비효율적이다.

우리가 집중해야 하는 것은 '수능에 필요한' 독해력인데 통상적으로 사용하는 독해력, 즉 책을 읽을 때 필요한 독해력과 수능에서 필요한 독해력은 다르다. 수능에서의 독해는 글에 있는 내용을 지식으로 받아들이는 것이 아니라 단지 '읽고 푸는' 행위에 지나지 않기 때문이다. 물론 읽고 푸는 행위조차도 쉽사리 되지 않기 때문에 이에 익숙해지기 위해서는 당연히 연습을 해야 한다.

2017년 수능 국어 16~20번 문제 지문을 통해 살펴보자.

ⓐ 논리실증주의자 포퍼는 지식을 수학적 지식이나 논리학 지식처럼 경험과 무관한 것과 과학적 지식처럼 경험에 의존하는 것으로 구분한다. 그중 과학적 지식은 과학적 방법에 의해 누적된다고 주장한다. 가설은 과학적 지식의 후보가 되는 것인데, 그들은 가설로부터 논리적으로 도출된 예측을 관찰이나 실험 등의 경험을 통해 맞는지 틀리는지 판단함으로써 그 가설을 시험하는 과학적 방법을 제시한다. 논리실증주의자는 그 예측을 도출한 가설이 하나씩 새로운 지식으로 추가된다고 주장한다.

하지만 ⓑ 콰인은 가설만 가지고서 예측을 논리적으로 도출할 수 없다고 본다. 예를 들어 ⓐ 새로 발견된 금속 M은 열을 받으면 팽창한다는 가설만 가지고는 ⓑ 열을 받은 M이 팽창할 것이라는 예측을 이끌어 낼 수 없다. 먼저 지금까지 관찰한 모든 금속은 열을 받으면 팽창한다는 기존의 지식과 M에 열을 가했다는 조건 등이 필요하다. 이렇게 예측은 가설, 기존의 지식들, 여러 조건 등을 모두 합쳐야만 논리적으로 도출된다는 것이다. 그러므로 예측이 거짓으로 밝혀지면 정확히 무엇 때문에 예측에 실패한 것인지 알 수 없다는 것이다. 이로부터 콰인은 개별적인 가설뿐만 아니라 ⓒ 기존의 지식들과 여러 조건 등을 모두 포함하는 전체 지식이 경험을 통한 시험의 대상이 된다는 총체주의를 제안한다.

딱 봐도 아주 어려워 보이는 지문이지만 편하게 읽고 풀면 된다. 이 글을 읽으면서 아주 간단한 독해를 하면 다음과 같은 정보를 얻을 수 있다.

- 이 글은 지식에 대해서 이야기 한다.
- 포퍼와 콰인의 입장, 두 개의 입장이 있다.
- 포퍼 = 논리실증주의자 : 가설만으로도 충분
- 콰인의 입장 = 총체주의 : 가설 + 기존의 지식도 필요

이 정보는 제시된 지문의 핵심만을 축약한 것이다. 이 내용만 있다면 전체적인 내용의 흐름을 이해할 수 있다.

또, 이 정보는 단지 문제를 풀 때 필요한 것일 뿐, 외우거나 완전히 이해할 필요가 없다. '이게 대체 무슨 말이야?'라며 당황할 필요도 없다. 지문에서 등장하는 수학적 지식, 논리학적 지식, 과학적 지식 등은 전혀 이해할 필요가 없다는 뜻이다. 앞에서 설명했듯 오직 핵심만이 중요하다. 이것이 수능에서 요하는 독해력이다.

5. 문제를 풀면서 공부하는 법

단순히 문제를 풀고, 정답을 맞춰보고, 해설을 확인하는 작업은 공부가 아니다. 특히 국어에서는 더더욱 무의미하며 오히려 실력이 낮아질 수도 있다. 국어 성적을 올리기가 어렵다고 말하는 대부분의 학생들이 이러한 방식으로 공부한다.

문제를 풀면서 공부하는 방법도 논리적으로, 체계적으로 이루어져야 한다. 국어 문제는 오직 지문을 통해 답을 찾아내야 하며, 내 논리를 최대한 '보편적인 생각'과 비슷하도록 바꾸어야 한다.

그리고 어떤 문제를 제대로 풀고 선지를 선택했다면, 그 선지를 선택한 이유를 논리적으로 설명할 수 있어야 한다. 만약 설명할 수 없다면 감으로 찍은 것이며 잘못 푼 문제이다.

문제를 풀면서 공부를 하는 방법은 생각보다 간단하다.

- 내가 오답 선지를 선택한 이유를 논리적으로 설명하기
- 내가 선택한 선지가 틀린 이유 찾기
- 정답 선지가 정답인 이유를 설명하기

오답 선지를 선택한 이유를 설명하는 것은 잘못된 논리를 찾아내고 수정하기 위해 자신의 논리를 꺼내는 작업을 하는 것이며, 내가 선택한 선지가 틀린 이유를 찾는 것은 오해했던 이유가 무엇인지를 스스로 인지하도록 하기 위함이다. 또, 정답 선지가 정답인 이유를 설명하는 것은 보편적 논리가 어떤 것인지를 마주하기 위함이다. 이 질문들에 대한 해답은 반드시

지문에 포함되어 있다. 지문에서 찾아야 한다. 결국 국어 공부란 내 논리를 보편적 논리화하는 것을 목표로 해야 한다.

문제를 풀고 난 후, 모든 문제에 대하여 이 세 가지 질문에 대해 답변을 적어보자. 어렵겠지만 이 작업을 하지 않으면 실력이 늘지 않는다.

03 영어 기초

1. 영어, 두려워할 필요 없다

모든 공부가 그렇듯 영어도 기본에서 출발한다. 모든 언어의 중심은 그 언어를 표현하는 방법인 '단어'이듯, 영어의 중심, 영어 실력의 90%, 영어 점수를 빨리 올리는 핵심도 '단어'다. 당연히 영어 공부는 단어암기로부터 시작되며, 단어를 모르면 지문을 읽을 수도 없기 때문에 단어 암기에 목숨을 걸어야 한다.

단어 암기 공부를 여러 권의 책으로 하면 너무 방대하여 기억하기 힘들기 때문에, 단 한권의 책으로 최소 10회는 반복하여 공부하여야 한다. 이마저도 하지 않는다면 영어는 영원히 어려울 수밖에 없다.

단어들을 어느 정도 안다는 전제하에, 영어와 국어는 비슷하다. 물론 다르지만 여러 방면에서 공통점이 많다. 영어와 국어의 핵심적인 차이점은 '순서'이다.

> 슬기는 짱구를 사랑한다. = 슬기 loves 짱구.

이처럼 말의 어순이 바뀐다. 만약 이 순서가 어렵다면 화살표를 기억하자. 화살표를 쏘는 것은 슬기고 화살표를 맞는 것은 짱구다. 그리고 슬기와 짱구의 가운데에는 화살표가 있다. 이 뜻은 '화살표의 시작점이 화살표의 도착점을 화살표 한다.'고 해석하고 외울 수 있다. 기호로 표현하면 이렇다.

'□ → △'라는 문장은

'□는 △를 → 한다.'라고 외울 수 있다.

영어는 어렵지 않다. 철저한 단어 암기와 더불어 화살표의 원리만 잘 외워 둔다면 영어를 쉽게 공부할 수 있는 토대가 될 것이다.

2. 품사 : 단어는 변하지 않는다

단어는 그 단어만의 특징을 갖고 있고, 이는 변하지 않는다. 이 말을 하면 많은 학생들이 '시제도 변하고 형태도 변하는데요?'라고 대답하는데, 시제와 형태가 변해도 사실 모두 같은 단어이기 때문에 변하지 않는다는 것이다. make, making, made라는 단어들은 생긴 것은 모두 다 다르지만 make에서 파생되며, 단어가 가진 기본적인 의미는 절대 변하지 않는다.

make : 원래 형태(가지다)

making : make + -ing(가지는)

made : make의 과거형(가졌던)

이 바뀌지 않는 '단어'가 여러분이 싫어하는 '품사'이고 make는 '동사'라는 품사에 포함된다. '품사'라는 단어를 보는 순간 책을 덮는 학생이 대부분일 텐데, 어려워하지 말자. 품사도 잘 이해하면 크게 어렵지 않다. 품사에 대해 알아보자.

① 명사 : 사람이나 사물의 이름

    예 Jane / Jenny / Sun / Table / chair 등

② 대명사 : 중복되거나 긴 것은 싫어서 명사 대신 간단히 써준 것

    예 he / she / it / they / his / her / me 등

③ 동사 : 동작 아니면 상태

    예 play / enjoy / help / make / hear / know 등

    ※ 특히 동사는 많이 변형되기 때문에 헷갈리기 쉽고, 영어에서 가장 중요하다.

④ 형용사 : 명사를 꾸며주는 것(다른 것은 안 됨)

    예 pretty (pretty girl) / good (good boy) / brown 등

    ※ 색깔을 나타내는 것도 형용사가 될 수 있다. (brown hair)

⑤ 부사 : 명사 말고 다른 것들을 꾸며주는 것(명사는 안 됨)

    예 happily (sing happily) / very (very pretty) / always 등

    ※ 부사는 형용사도 꾸며줄 수 있으며 ?ly로 끝나는 경우가 많다.

⑥ 감탄사 : 말 그대로 감탄하는 표현

    예 wow! / lol! / yeah 등

⑦ 접속사 : 연결되지 않은 것들을 서로 붙여 주는 것

    예 and / but / or / when / although / that 등

⑧ 전치사 : 명사와 항상 붙어 다니는 것

    예 in (in a bag) / with (with 슬기) / at / on 등

    ※ 형용사는 명사를 좋아하지만 정작 명사는 전치사와 커플이다. 전치사가 있으면 항상 명사가
    있다.

각 품사는 저마다 들어가야 할 공간이 정해져 있다. 이는 우리말도 마찬가진데 '나는 절대
달린다.'와 같은 문장이 어색하다는 것은 바로 알 수 있다. 영어도 마찬가지다. 영어 문장의 기
본 형식에는 각 품사들이 들어가야 할 공간이 정해져 있다. 이를 '5형식'이라고 한다.

'8품사 5형식'이라는 말을 귀가 닳도록 들었을 것이다. 이것들에 대해 익숙해지지 않으면, 앞으로 영어를 절대 잘할 수 없기 때문에 문장 자체를 외우고 그 구조에 익숙해져야 한다.

> 1형식 : 주어 + 동사 (서술어)
>
> 2형식 : 주어 + 동사 (서술어) + 보어 (객체)
>
> 3형식 : 주어 + 동사 + 목적어
>
> 4형식 : 주어 + 동사 + 간접목적어 + 직접목적어
>
> 5형식 : 주어 + 동사 + 목적어 + 목적보어

이제 여러분은 이런 질문을 할 것이다. 동사는 품사에 있으니까 알겠는데 주어, 목적어, 보어는 대체 뭐예요?

'품사'는 단어 그 자체의 성질이고, 어떤 단어가 특정 자리에 위치하게 되면 특정 '직함'을 부여 받는데 그 직함을 일컫는 말이다. 즉, '반장'이나 '대리', '과장', '대표'처럼 위치에 맞도록 명칭을 정해놓은 것이라고 보면 된다.

주어, 목적어, 보어가 될 수 있는 품사는 명사와 대명사뿐이다. 이 역할은 대명사, 동명사, to부정사, 명사구, 명사절이 대신할 수도 있다(이 내용은 따로 공부하자).

주어는 주체가 되는 것이고, 목적어는 서술어의 목적이며, 보어는 주어의 상태를 설명하는 술어를 보충하는 문장성분으로 생각할 수 있다. 보어는 다소 복잡하기 때문에 따로 공부를 해야 한다.

또, 주어, 목적어, 보어와는 다르게 동사 자리는 오직 동사만이 차지할 수 있다. 동사는 목적어의 필요성과 보어의 필요성에 따라 나눌 수 있다(이 내용도 다소 복잡하기 때문에 보어와 함께 찾아보고 공부해야 한다). 아주 짧게 언급하면 보어의 필요에 따라 완전동사와 불완전동사로 나뉘고, 목적어의 필요에 따라 타동사와 자동사로 나뉜다. 자동사는 'Let's go.'처럼 동사 뒤에 목적어가 굳이 필요 없는 동사이며, 'I love you.'처럼 목적어가 반드시 필요한 동사

는 타동사라고 부른다. 보어의 필요 유무, 목적어의 필요 유무에 따라 완전자동사, 완전타동사, 불완전자동사, 불완전타동사로 나눌 수 있는데, 이 내용은 생략하도록 한다.

품사와 형식을 한 문장으로 요약하자면 '동사를 제외하고 문장의 골격을 이루는 모든 성분은 명사이며, 이 명사를 대신할 수 있는 것들이 있다.'라는 것이다. 동사와 명사를 제외한 나머지 품사는 문장을 도와주는, 말 그대로 수식하는 역할밖에 하지 못한다고 생각하면 된다.

이런 것들은 이해가 아니라 암기다. '나는 절대 달린다.'나 '나는 상당히 간다.' 등의 문장이 이상하다는 것을 직감적으로 알아챈 것 또한 아주 어릴 적에 암기를 했기 때문에 알아차릴 수 있는 것이다.

3. 구와 절

기본적으로 문장은 단어가 합쳐져서 만들어 지는데, 구와 절은 문장을 이루는 요소이지만 단어는 아닌 것이다. 쉽게 말하면 단어가 모여서 구, 절, 문장이 될 수 있고, 구와 절이 모여도 문장이 될 수 있다는 것이다.

구와 절의 차이점과 공통점은 아주 간단하다.

차이점		공통점
구	절	
주어와 연결된 동사가 없다.	주어와 연결된 동사가 있다.	2개 이상의 단어가 있다.

구와 절은 반드시 2개 이상의 단어가 있어야 하며, 동사의 유무로 구인지 절인지를 판단할 수 있다.

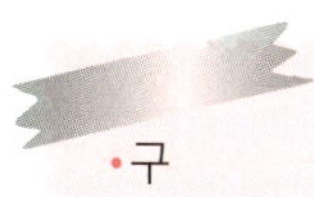

• 구

– in the class : 주어와 연결된 동사가 없으므로 구이다.

– saving money : 주어와 연결된 동사가 없으므로 구이다. 절이라고 생각할 수 있으나 여기서

   saving은 연결된 주어가 없기 때문에 동사가 아니다.

• 절

– I sing a song : sing이 I와 연결된 동사이므로 절이다.

– when he wakes up ~ : wakes가 he와 연결된 동사이므로 절이다.

이렇듯 구와 절은 '동사'로 구분이 가능하다. 그러면 문장에서 구와 절을 찾아보도록 하자. 절은 동사를 찾으면 된다.

> **I'm teaching english in the middle school.**
>
> • 구 : in the middle school ㅣ • 절 : 문장 전체

이렇듯 절은 문장 전체가 될 수도 있다.

> **I saw some boy swimming in the river.**
>
> • 구 : in the river, swimming in the river ㅣ • 절 : 문장 전체

구는 한 문장에서도 여러 개가 될 수 있다.

> **He has a big bag which is brown and light.**
>
> • 구 : a big bag ㅣ • 절 : 문장 전체, which is brown and light

절 또한 한 문장에서도 여러 개가 될 수 있다.

구와 절은 다양한 이름을 가진다. 구는 그 용도에 따라 명사 역할을 한다면 명사구, 형용사 역할을 한다면 형용사구, 부사 역할을 한다면 부사구로 불린다. 이러한 구는 해당 품사와 똑같은 역할을 할 수 있다.

절은 접속사절, 명사절, 형용사절, 부사절, that절, whether절, 관계대명사절, 의문사절, 관계사절 등으로 불리지만 '두 개 이상의 단어로 구성된, 동사를 포함한 것'일 뿐이다. 당연히 해당 품사와 똑같은 역할을 할 수 있다.

구와 절을 잘 구분할 수 있다면 문장을 잘 해석하고 영어를 잘하고 싶다는 목표에 한 발짝 가까워졌다.

4. 수식

수학에서의 수식과는 다르다. 수식은 '꾸며 주는 것'을 의미하며 '더 많은 의미를 만들어 주는 것'을 뜻한다. 명사와 동사를 제외한 모든 품사는 수식을 위해 존재한다. 5형식은 간단하지만 우리가 빈번하게 마주하는 문장이 매우 긴 이유는 모두 수식 때문이다.

앞에서 형용사는 명사를 수식하고 부사는 명사를 제외한 나머지 것들을 수식한다고 설명했다. 이를 토대로 아래 문장을 살펴보자.

- A pretty girl에서는 형용사 pretty가 명사 girl을 수식하고 있다.
- A famous singer에서는 형용사 famous가 명사 singer를 수식하고 있다.

부사와 형용사가 함께 사용될 수도 있다.

- A very fast car에서는 부사 very가 형용사 fast를, 형용사 fast가 명사 car를 수식하고 있다.

구나 절을 사용하여 수식할 수도 있다.

> • A girl talking to her friend is Lisa에서는 talking to her friend라는 형용사구가 girl이라는 명사를 수식하고 있다.
> • The girls chatting in the classroom are twins에서는 chatting in the classroom이라는 형용사구가 girl이라는 명사를 수식하고 있다.
> • Dean is a singer who has a wonderful voice에서는 who has a wonderful voice라는 형용사절이 singer라는 명사를 수식하고 있다.

이렇듯 대부분의 어려운 문장은 수식 때문이다. 여러분이 '동사가 여러 번 나온다.'고 생각하는 문장은 '수식절'을 포함한 문장일 뿐이다. 모든 문장은 5형식에서 벗어날 수 없다. 문장이 아무리 길더라도 '어떤 것이 어떤 것을 수식 하는가'인 '수식 관계'를 파악할 수 있다면 문장 구조를 파악하고 해석하는 것이 아주 쉬워질 것이다.

5. 동사 : 인칭, 시제, 상태

1) 인칭

동사는 주어의 '인칭'에 따라 형태가 바뀐다. '인칭'이란 어떤 동작의 주체가 누구인가를 뜻하는데, 영어에서는 '주어'와 그 문장을 말하는 사람 간의 관계를 뜻한다.

> 'I'가 주어라면, 내가 나 스스로를 말하는 것이므로 1인칭이다.
> 'You'가 주어라면, 바로 앞에 있는 사람이 '너'라고 말한 것이므로 2인칭이다.
> 'He', 'She', 'It'이 주어라면, 제3자를 칭하는 것이므로 3인칭이다.

또, 하나일 때는 '단수'라고 부르며, 여럿일 경우는 '복수'라고 칭한다. 주어가 3인칭 단수일 때는 동사의 형태가 달라지는데 동사 뒤에 s나 es를 붙여 사용한다.

2) 시제

동사는 현재를 기준으로 하여 기본 형태를 가지며, 과거, 미래의 시점에서 쓰일 때는 형태가 바뀐다. 인칭으로 인한 변화는 시제가 변해도 적용된다.

시제

과거	현재	미래
과거형 / -ed	기본 동사(원래 것)	will -
Loved	Love, loves	will love
was	is	will be
were	are	will be

짱구 **loved** 슬기.

→ 짱구는 슬기를 사랑했다.

짱구 **loves** 슬기.

→ 짱구는 슬기를 사랑한다.

짱구 **will love** 슬기.

→ 짱구는 슬기를 사랑할 것이다.

이렇게 표현할 수 있다. 동사는 발화 시점을 기준으로 하여 주어를 칭하는 시점에 따라 형태가 바뀐다.

3) 상태

또, 동사는 시제와 더불어 주어의 상태에 따라 완료, 진행, 완료진행으로 나눌 수 있다. 하나씩 알아보자.

① 현재 완료

현재 완료란 과거에 시작된 것이 지금까지도 영향을 주는 것을 의미한다. be 동사가 있다면 be 동사를 have been으로 고쳐 쓴다.

I am here. → I have been here.

일반 동사가 있다면 have(has) + 동사의 과거분사로 고친다.

He lose his key. → He has lost his key.

많은 학생들이 과거와 현재완료 시제를 헷갈려 하는데, 과거시제와는 어떤 동작이 지금까지도 연결되고 있다는 것에서 다르다.

•**We were good friends.** 현재는 친구인지 아닌지 모른다.
•**We have been good friends.** 현재도 친구라는 뜻이다.

② 현재 진행

현재 진행은 '~하고 있다'는 '진행 중'의 뜻을 가지며 동사 원형을 be동사 + 동사-ing로 고쳐 쓴다. 일반 동사를 쓴 문장이더라도 be동사를 써야 한다. 없던 be동사를 만들어야 한다는 것에 주의하자.

she run. (현재)

she is running now. (현재진행)

③ 현재 완료 진행

현재 완료시제에 진행형을 추가한 형태로, 진행되고 있는 상황을 강조한다. 현재 완료가 현재까지의 상황을 강조했다면, 현재 완료 진행은 '현재까지도 진행되고 있다'는 점을 강조한다는 것에서 약간 다르다. 일반 동사를 have + been + 동사-ing로 고쳐 쓴다.

I have been working in the factory.

④ 과거 완료

과거의 구체적인 기준 시점을 정하여, 그때까지의 동작이나 상태를 나타내는 표현이다. 기준 시점이 없으면 쓸 수 없다. be동사가 있다면 be동사를 had been으로 고친다.

I had been here.

일반 동사가 있다면 had + 동사의 과거분사로 고친다.

He had lost his key.

현재 완료 시제와 비슷하나 기준이 과거의 특정 시점이라는 것에서 쓰이는 어감이 다르고, 과거 시제와도 비슷하나 완료된 동작이라는 것에서 다르다.

•**We have been good friends.** 현재도 친구다.
•**We had been good friends.** 과거에는 친구였지만 지금은 아니라는 어감을 갖고 있다.

만약 과거 시제와 함께 쓰인다면 어떤 시점이 더 오래된 것인지를 확인한 후 더 오래된 일을 과거 완료 시제로, 얼마 되지 않은 일은 과거 시제로 표현해야 한다. 이때 더 오래된 시점을 '대과거'라고 한다.

⑤ 과거 진행

'~를 하고 있었다.'라는 뜻으로 과거의 특정한 때에 진행 중이었던 일을 나타낼 때 쓴다. 과거 진행 시제는 일반 동사를 was/were + 동사-ing로 고쳐 쓴다.

I was playing game at 5 yesterday.

⑥ 과거 완료 진행

발화하는 시점이 과거 시점인데, 그보다 더 오래된 과거를 말 할 때, 즉 대과거를 말 할 때 어떤 행위를 진행 중이었다면 과거완료 진행형을 쓴다. 5시간 전에 "야, 나 어제 말했던 것 기억나? 3일 전부터 고양이 기르고 있다고"라고 하면 '3일 전'이 대과거가 되고, 진행 중이므로 과거 완료를 써야 한다. 과거 완료 진행형은 과거 완료에 진행형을 붙인 것으로 일반 동사를 had been 동사-ing로 고쳐 쓴다.

We had been shopping for 5 hours.

⑦ 미래 완료

'미래의 특정 시점까지 ~ 할 것이다.'라는 의지를 표현하고자 쓰는 표현이다. 특정 시점이 없다면 미래시제와 차이가 없어지므로 반드시 특정 시점이 필요하다. 때문에 미래 특정 시점을 나타내는 단어와 함께 쓰여야 하는데 when, if, by, by the time, before, after 등이 있다. 동사를 will have + 동사의 과거분사로 고쳐 쓴다.

I will have read the book twice if I read it again.

⑧ 미래 진행

'미래의 특정 시점에 ~를 하고 있을 것이다.'처럼 미래의 특정 시점에 어떤 동작이 진행되고 있음을 예상하는 경우에 사용한다. 동사원형을 will be 동사-ing로 고쳐 쓴다.

I will be living in Hawaii then.

⑨ 미래 완료 진행

'~하게 될 것이다.'처럼 과거부터 계속 진행하던 동작이 미래의 어느 시점에 딱 완료될 것을 예상할 때 사용한다. 동사 원형을 will have been 동사 -ing로 고쳐 쓴다.

Next month, I will have been working here for 10 years.

과거, 미래 관련 시제를 말할 때는 정확하게 지정된 시점이 있는 경우가 많으며, 이 내용들은 암기를 해야 한다.

현재	완료	have been/have(has) + 동사의 과거분사
	진행	be동사 + 일반 동사-ing
	완료진행	have + been + 동사-ing
과거	완료	had + 동사의 과거분사
	진행	was/were + 동사-ing
	완료진행	had been 동사-ing
미래	완료	will have + 동사의 과거분사
	진행	will be 동사-ing
	완료진행	will have been 동사-ing

6. 동사의 용도 변환과 조동사

1) 동사의 용도 변환

동사는 동사 본연의 용도인 동작을 나타내는 표현 외에도 쓰임새에 따라 변할 수 있다. '케이크를 만드는 것은 재미있어.'라는 문장을 생각나는 대로 영작하면 이러한 문장이 된다.

Make cake is joyful.

하지만, make, is 모두 동사로, 동사가 두 번 들어가 있기 때문에 틀린 문장이다. 제대로 된 영작을 하기 위해서는 '만드는 것'이 무엇인지를 생각해야 하는데 '~하는 것'이라는 뜻을 가지도록 동사를 '동명사'로 바꿔 주면 된다. 동명사는 동사원형에 -ing를 붙여서 쓸 수 있으며, 명사의 역할을 하게 된다.

> **Making cake is joyful.**

'나는 케이크를 만들기 위해 그녀의 집에 갔다.'는 문장을 생각나는 대로 영작해보자.

> **I went to her house make a cake.**

이 또한 went, make 두 개의 동사를 포함하기 때문에 틀린 문장이다. '만들기 위해'라고 표현하려면 make를 '~하기 위해' 라는 뜻을 가지도록 'to 부정사'로 바꿔 주면 된다. to 부정사는 동사원형의 앞에 to를 붙여서 쓸 수 있으며, 굉장히 많은 용법을 보유하고 있기 때문에 반드시 별도로 공부해야 한다.

> **I went to her house to make a cake.**

이렇게 동명사, to부정사로 고쳐진 동사들은 더 이상 문장에서 동사의 기능을 할 수 없다. 이렇듯 동사는 쓰임새가 굉장히 많기 때문에 아주 중요하고도 어렵다.

2) 조동사의 쓰임

조동사는 동사를 도와주는 말이다. 동사 혼자는 의미를 다 할 수 없지만 동사가 여러 번 쓰일 수는 없기 때문에 조동사를 사용한다. 모든 동사는 조동사를 만나면 3인칭 단수이든지, 과거형이든지 상관없이 모두 동사 원형으로 써야 한다. 조동사는 동사의 역할을 대신 해주는, 동사의 부하라고도 생각할 수 있다. 조동사에는 can, may, must, should, could, would 등이 있는데 아주 간단하게 알아보도록 하자.

조동사	뜻	예문
can	가능성	I can swim.
may	허락	You may not make a noise now.
must	의무	You must come back home.
should	권장	You should come back home.
could	공손	Would you give me some water?
would		Could you give me some water?

could는 can의 과거형이고 would는 will의 과거형이기도 하지만, 공손한 표현에도 쓸 수 있다는 것을 기억하자.

7. 문제를 풀면서 공부하는 법

영어는 언어라는 점에서 국어와 같고, 익숙하지 않은 언어라는 점에서 국어와 다르다. 때문에 국어의 필수적인 요소를 모두 갖추고 있으면서 단어까지 암기해야 하는, 국어보다 다소 까다로울 수 있는 과목이기도 하다.

국어와 같은 이유에서, 단순히 문제를 풀고 정답을 맞춰보고 해설을 확인하는 작업은 공부가 아니며 문제를 풀면서 공부하는 방법도 논리적이고 체계적으로 이루어져야 한다.

영어문제 또한 오직 지문을 통해 답을 찾아내야 하며, 내 논리를 최대한 '보편적인 생각'과 비슷하도록 바꾸는 것을 목적으로 한다. 어떤 문장을 제대로 해석했고, 문제를 제대로 푼 후 선지를 선택했다면, 그 선지를 선택한 이유를 논리적으로 설명할 수 있어야 한다. 만약 설명할 수 없다면 감으로 찍은 것이며 잘못 푼 문제이다.

문제를 풀면서 공부를 하는 방법은 간단하다.

3번째 항목까지는 국어와 완전히 같고 4, 5번째 항목은 영어라서 해야 하는 것들이다. 결국 국어나 영어나 똑같은 언어기 때문에 공부하는 목적은 '논리를 보편적으로 만든다.'라는 것에서 일맥상통하다.

04 기초 개념 이후의 진짜 개념 공부

여기까지 습득했다면 국어, 영어, 수학 기초 내용은 어느 정도 완성이 되었다. 어떤가? 쉽긴 하지만 100% 알고 있었다고 자신하기는 쉽지 않을 것이다. 물론 지면에 한계가 있어 모든 내용을 담을 수는 없지만, 개략적으로 전달하고자 하는 바에 대해서는 전달했으니 이에 대한 내용을 더 자세히 찾아보고 완벽히 습득하는 것은 여러분의 몫으로 남겨두겠다.

만약 이 내용들 중 모르는 것이 있었다면 반드시 습득하고 외워둬야 하며, 아는 것들이더라도 100% 활용 가능할 정도로 체화해야 한다.

여러분의 노력에 재를 뿌리려는 것은 아니지만 이 내용들은 정말 기초일 뿐이다. 보면서 느꼈겠지만 이 내용들은 시험에 직접적으로 나오지 않는 단순한 도구에 불과하며, 이걸 공부했다고 해서 시험을 잘 칠 수는 없다는 뜻이다.

시험을 잘 치르기 위해서는 시험에 나오는 내용을 공부해야 한다. 시험에는 어떤 내용이 나오나? 단순한 함수의 정의를 묻는다거나 방정식이 어떻다는 것이 나오던가? 절대 아니다. 이걸 모르면 아예 접근조차 못하도록 되어 있을 뿐이지.

지금부터는 다른 공부법 서적에서도 마르고 닳도록 설명했을법한 조금은 진부할 수 있는 교과 내용 공부법 이야기를 잠깐 하고자 한다. STEP 03에서 공부법을 설명했지만, 조금 더 추가해서 간단하게 설명하도록 하겠다.

시험에 직접적으로 출제되는 교과 내용을 직접적으로 언급하기에는 지면이 여의치 않기에 그 내용을 공부하는 방법에 대해서만 개략적으로 알아보고 적용하자. 아는 것과 행동하는 것은 너무나도 다르니까 반드시 행동으로 옮기자.

1. [STEP 03 공부법 습득]을 철저하게 지켜라

공부뿐만 아니라 어떤 것을 할 때는 반드시 어떤 기준을 세워놓고 해야 한다. 그래야 혼돈이 생기지 않고, 경험치가 쌓여서 꾸준히 발전할 수 있다.

STEP 03에서 일러준 공부법은 여러분이 어떤 공부를 하더라도 최적의 효율을 가져다 줄 수 있다고 자신한다. 그러니 이 방법을 여러분의 공부의 기준으로 삼도록 하라.

어떤 경우라도 이 공부법에서 벗어나면 안 된다. 나를 제어하거나 새로운 교과 내용을 학습할 때도 앞에서 다룬 공부법과 지금 언급할 몇몇의 가이드라인을 따라하면 초기에는 조금 힘들지라도 결과는 창대할 것이다.

그리고 공부는 무조건 습관으로 하는 것이다. 벼락치기는 절대 공부가 아니다. 지식을 쌓는 과정은 억지로 한다고 해도 잘 되지 않는다. 앞에서 말한 '관성'을 통해 '공부하는 습관'을 만들어 놓으면 억지로 하지 않더라도 자연스레 공부를 하게 되는데, 이 순간이야 말로 가장 효율이 높은 시간이다. 습관이 하도록 만들어야 한다.

또, 반드시 수준에 맞는 공부를 해라. 현 수준에 맞지 않는 공부는 공부가 아니라 시간 낭비다. 공부를 하더라도 머리에 들어오지 않는 것은 물론, 잠깐 들어오더라도 빠른 시일 내에 다 잊어버리게 된다.

수준 체크를 해서 자신의 수준에 맞는 학년의 공부를 하고, 수준에 맞는 학년의 내용 중에서도 가장 쉬운 것부터 하자. 가끔 보면 고난도 문제를 푸는 것을 자부심처럼 생각하는 사람이 많은데, 어려운 공부를 한다고 해서 절대 좋은 것이 아니다. 어려운 것은 쉬운 것을 모두 끝낸 후로 미루는 게 맞다. 어려운 것부터 하면 단기간에 포기하게 된다.

이러한 기본적인 공부법을 참조하여 '공부의 기준'을 세우자. 그리고 그 기준에 맞춰서 교과 내용을 차근차근 공부하도록 하자.

2. 교재는 한 권이면 된다

많은 학생들이 필자의 SNS로 이런 질문을 한다.

**이런 교재로 공부하려고 하는데 괜찮나요?
수학 참고서 추천 좀 해주세요.**

안타깝지만 이런 요청에 대해서는 일체 반응하지 않는다. 이런 질문을 하는 학생들은 그 교재를 구매하더라도 제대로 공부하지 않고 방치해두는 경우가 대부분이다. 진짜 공부를 하기 위해 궁금해 하는 것이 아니라 '공부를 좀 더 쉽게 하기 위해' 이 질문을 하는 경우가 많다.

사실 공부는 장비에 큰 영향을 받지 않는 종목이므로, 교과서 한 권만 있더라도 충분히 공부할 수 있다. 정 다른 참고서가 필요하다면 저렴한 것으로 참고서 1권, 문제집 1권이면 충분하다. 교과서까지 총 3권만 있더라도 제대로 된 공부를 할 수 있으며, 심지어 강의나 선생님이 없어도 의지만 있다면 할 수 있는 것이 공부다.

그럼에도 필자가 이 책을 쓰고 있는 이유는 조금 더 효율적인 방법을 가르쳐주기 위함이지 필수적이라서가 아니다.

3. 개념공부1 : 원리를 중심으로 공부하라

교재가 준비됐다면 공부를 시작해보자. 암기도, 문제 풀이도 공부의 초기에는 무의미하다. 개념학습이 완료되지 않으면 오히려 독이 될 뿐이다. 모든 공부의 핵심은 개념을 이해하는 것이니 해당 단원의 기본적인 원리를 익히는 것을 궁극적 목표로 공부에 임하도록 하자.

어떤 개념이 있다면 그 개념이 도출된 원리와 이유가 있을 것이다. '왜 이렇게 되는 걸까?'라는 질문을 통해 일단은 그 핵심 원리를 찾아내보자. 만약 이해가 되지 않는다거나 영어처럼 단순히 암기를 해야 하는 과목이라면 '이런 경우에는 이렇게 되는 거야.'처럼 여러 예시로부터 하나의 원리를 자체적으로 만들어보자.

4. 개념공부2 : 최대한 여러 번 봐라

공부하겠다는 다짐을 하고난 후, 첫 날은 누구라도 열심히 한다. '집합마스터'라는 우스갯소리가 나온 이유는 과거에는 집합이 고교수학의 첫 단원이었는데, 마음먹고 공부해도 삼일 이상을 하지 못하고 끊임없이 작심삼일만 반복하다가 공부를 포기하기 때문에 집합만 완벽하게 알고 있다는 것이다.

이처럼 많은 학생들이 공부를 시도하고 또 포기한다. 사실 공부를 하다보면 어려운 내용이 있을 수밖에 없다. 그걸 이해하는 것이 공부의 본질이기 때문이다. 공부를 시작하고 삼일 후 난관에 봉착하는데, 이때 대부분의 학생이 '아, 역시 난 안 돼.'하면서 포기한다.

안타깝게도 이건 공부 방법이 잘못됐다. 지나치게 깊게 공부를 하려다보니 꽤나 깊은 곳에 있는 어려운 내용이 나온 것이다. 공부의 기본은 '인내'와 '반복'이다. 반복이 중요한 이유는 첫째, 익숙해지기 위함이고, 둘째, 전체적인 맥락을 빠르게 이해하기 위함이고, 셋째, 처음부터 지나치게 어려운 내용을 받아들이기란 어려우니 차근차근하기 위함이다.

이러한 이유에서 공부할 때는 한 번에 한 단원을 너무 깊게 파서는 안 된다. 공부는 하면 할수록 어려운 내용이 나온다. 점점 더 어려워지니까 중간에 포기하게 되는 것이다. 포기하지 않기 위해서는 얕게 여러 번 보는 방법을 구사해야 한다. 반드시 가볍게 여러 번 보자. 만약 A~Z까지의 개념을 총 두 번 공부하기로 했다면 'AAAABBBBCCCC… ZZZZ/AAAA…' 이렇게 하지 말고 'ABCDVXYZ/ABCD…' 이렇게 공부하라는 것이다. 이렇게 하면 뒤에 나올 맥락과도 연결되어 이해가 쉬워질 것이고, 지나치게 어려운 내용을 접해서 나타나는 자신감 저하는 상대적으로 줄어들 것이다.

이러한 공부법은 앞에서 말한 암기법과 궤를 함께하는데, 반복으로 인한 잔상을 머릿속에 남겨놓기 위함이 목적이다.

5. 개념공부3 : 최소한 네 번은 봐야 적용이 가능하다

벼락치기에 실패하는 이유는 딱 한 번만 공부하고 문제풀이에 돌입해서다. 필요한 내용을 모두 습득했다고 생각하겠지만 전혀 그렇지 않다. 개념을 이해하기 위해서는 같은 내용을 최소한 '네 번'은 공부해야 한다. 그래야 그나마 적용이 가능하다.

개념 공부를 할 때, 첫 번째는 워밍업이다. 전혀 이해되지 않는 경우가 많다. 그냥 전반적인 내용을 훑어보라. 두 번째는 이해되는 것과 안 되는 것을 구분하고 전체적인 맥락을 다시 훑어보는 것이다. 세 번째부터는 어느 정도 형태에 익숙해진다. 그 형태를 머릿속에 잔상으로 남기고, 그 개념이 뜻하는 바를 되새기며 조금씩 익혀가자. 네 번째는 이제 개념이 이해되고 문제에 어떻게 활용해야 할지 조금씩 생각이 난다. 세 번째보다 더 많은 내용을, 더 자세히 되새기며 개념들을 나름대로 재해석해 보자. 이 네 번의 학습은 최대한 빠르게 해야 한다. 학습한 지 2주일이 지나면 완벽히 잊어버리게 되므로, 2주 안에 다시 돌아와서 다음번의 학습을 시작해야 한다.

이 이후부터는 개념의 재해석을 끊임없이 반복하는 단계이므로 네 번째 학습을 완료한 이후부터 비로소 문제에 적용가능한 수준의 지식을 얻게 된다. 때문에 '4회독'하지 못한 개념은 문제에 적용할 수 없다.

처음에는 당연히 쉽사리 이해되지 않는다. 하지만 이해되지 않더라도 무작정 보는 것이 좋다. 수준 체크를 통해 이미 수준을 알았을 테니 잘못된 레벨의 공부를 할 이유는 없고, 당신은 그저 이 산을 넘지 못하고 있을 뿐이다. 산을 정복하는 방법은 반복적으로 그 산을 올라 보며 이 산의 생김새를 알아내고, 길을 찾아내는 것이다.

앞서 말한 원리 이해는 실질적으로 세 번째 시도부터 가능해질 것이다. 첫 번째, 두 번째는 무조건 시행착오가 있을 수밖에 없으니 '아, 이건 너무 어려워'라고 부정적으로 생각하지 말고 빠르게 실패하고 다시 도전하자.

물론 최소한도가 4회독일 뿐 많이 읽을수록 좋다. 이제 막 개념이해가 된다고, 활용법이 떠오른다고 해서 그걸 완전히 자유자재로 사용하는 것은 불가능하기 때문이다. 이상적인 횟수는 7회이며, 가급적이면 10회는 넘기지 않도록 한다. 10회 이상을 읽는 것도 좋긴 하지만 그 이후부터는 문제를 풀면서 얻는 이득이 더 많아진다.

6. 개념공부4 : 모든 과목의 개념정리 노트를 만들어라

이렇게 공부한 내용은 반드시 정리해둬야 한다. 정리의 목적은 나중에 다시 찾아보기 위함인데 제대로 정리한 개념정리 노트는 시험장에서 엄청나게 빛을 발한다.

정리하지 않는다면 강의를 들을 필요도, 공부를 할 필요도 없다. 인간의 기억력은 한계가 있기 때문에 오늘 아주 선명하게 이해한 내용이라도 얼마 못가 분명히 잊어버린다. 전 과목의 개념정리노트가 필요하다. 노트필기 방법은 이미 가르쳐줬으니 과목별로 노트나 바인더를 만들어라.

만약 입문 학습이 필요하다면 당연히 입문 내용은 별개로 따로 만들어 둬야 한다.

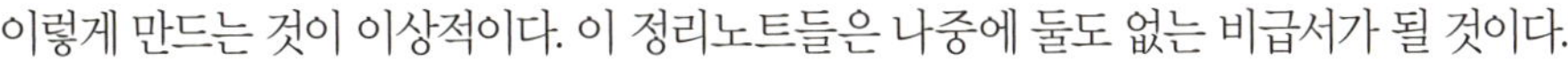

- 국어 : 문학 이해 / 비문학 이해 / 문법 / 숙어, 단어(수첩)
- 수학 : 기초 / 고1 / 미적1 / 확률과 통계 / 미적2 / 기하와 벡터
- 영어 : 문법 / 숙어, 단어(수첩)

이렇게 만드는 것이 이상적이다. 이 정리노트들은 나중에 둘도 없는 비급서가 될 것이다.

7. 개념공부5 : 암기하고 또 암기하라

4회독을 마쳤고 개념정리 노트를 만들었다면, 이제 암기를 해야 한다. 사실 암기는 4회독을 하는 과정에서 이미 꾸준히 하고 있었을 것이다. 암기 방법은 앞에서 가르쳐줬으니 그 방법을 사용하여 암기하도록 하자.

원리를 온전히 이해했다 하더라도 암기하지 않는다면 문제에 적용하는 과정에서 문제가 생긴다. 이해한 모든 것들을 암기하라.

만약 4회독을 했음에도 온전히 이해되지 않는 내용이 있다면? 단순히 암기해서 체화해라. 그리고 문제에 적용시킬 방법을 찾아내자. 우스꽝스럽거나 암기하기 좋도록 변환시켜도 괜찮으니 내가 알아볼 수 있도록 재해석을 해야 한다. 필자는 지구과학 공부를 하며 '캄오실데석폐', '캄삼완 오필척 실유상 데어양 석푸양파 폐양나'라고 지질연대를 외웠던 기억이 있다. 이해할 수 없는, 온전히 암기해야 하는 부분은 이렇게 변환해서라도 외워야 한다.

8. 궁금하거나 헷갈리는 내용은 절대 넘어가지 마라

어려운 내용을 '에이, 그냥 넘어가지 뭐.'하고 그냥 넘어가서는 안 된다. 반드시 이해를 하거나 암기를 하거나 둘 중에 하나는 해야 하는데, 이를 무시하고 넘어가면 이 과목 전체에서 구멍이 생긴다.

아무리 큰 배라도 작은 구멍 하나에 전복되는 법이니 언젠가는 이 내용을 찾아서 다시 공부해야 한다. 나중에 다시 공부할 때는 빈 공간이 어딘지 찾아내는 작업과 이를 메우기 위한 작업을 지금의 열 배 이상의 노력을 기울여서 해야 하니, 지금 당장의 공백을 가벼이 여겨서는 안 된다.

궁금하거나 헷갈리는 것 그리고 어려운 것들은 반드시 선생님께 여쭤보거나 완벽히 외워서 논란의 여지를 없애라.

9. 공부는 빈 공간을 채워나가는 것이다

 모르는 내용이 너무 많아요. 

이런 학생들은 복에 겨운 소리를 하고 있다. 공부는 기본적으로 '모르는 것을 알아가는 과정'이므로 끊임없이 모르는 게 나오는 것이 당연하다. 공부하다가 모르는 내용이 나왔다면 좋아해라. 굳이 애써서 찾지 않아도 되니까. 문제를 풀었는데 틀린 것이 많았다면 이 문제가 시험에 나오지 않았다는 것에 기뻐해라. 지금 공부해서 빈자리를 채우면 시험 결과는 더 좋아질 것이고 그것이 공부의 본질이다.

10. 나는 할 수 있다

개념 공부를 하다보면 포기하고 싶은 순간이 분명히 온다. 잘 이해가 안 되는 순간과 나를 의심하고 싶은 순간. 많은 학생들이 앞 단원만 공부하다가 포기하는 이유는 본인을 믿지 않아서다.

 역시 내가 그렇지 뭐 

이런 생각이 드는 순간 공부는 끝이다. 여러분은 생각보다 똑똑하다. 머리가 나빠서 이해하지 못하는 내용은 결코 없다. 어려울수록 나를 믿어라. 스스로를 믿지 못하면 그걸로 끝이다. 지금까지 결코 헛된 시간을 보내지 않았으니 한 번만 더, 한 번만 더 해보자.

문제 푸는 방법 익히기

기초 개념과 시험에 나오는 개념을 공부하면서 이제야 겨우 문제를 풀 수 있는 기본적인 지식을 얻게 됐다. 하지만 정말 '기본 지식'이다. 이 내용들을 아는 정도로는 절대 시험을 잘 칠 수 없다.

눈치 챘겠지만 [STEP 04 국영수 기본기]에는 문제 푸는 방법이 없다. 문제 풀이는 개념이 온전히 형성된 후에야 가능한 것이기 때문에 반드시 개념학습을 완전히 끝내고 나서 문제를 풀어야 한다.

무작정 문제를 푸는 것은 낮은 난이도의 문제를 푸는 것에는 유효하지만, 우리의 목표는 고득점이기 때문에 적절하지 않다. 잘못된 방법으로도 소규모 전투에서는 이길 수 있겠지만, 절대로 전쟁에서는 승리할 수 없다. 고득점을 위해서는 스킬이 아니라 진짜 실력이 있어야 한다는 사실을 명심하자.

여러분은 문제 푸는 것을 공부의 핵심으로 알고 있지만 문제 푸는 것은 공부를 잘 했는지 확인하는 것뿐이지 푸는 것 그 자체가 공부는 아니다. 대부분의 학생들이 방법을 전혀 고민하지 않고, 배우지도 않은 채 주먹구구식으로 문제를 풀기 때문에 한계를 뛰어넘지 못한다. 심지어 풀 수 있는 수준의 문제도 틀린다.

이제부터는 시험에 직결되는, 문제를 푸는 방법을 본격적으로 알려주려고 한다. 앞으로 문제는 이렇게 풀도록 한다. 처음부터 완벽하게 적용하기는 어렵겠지만 연습해야 한다. 그렇지 않으면 계속 지금 성적이 유지될 테니까.

개념을 안다고 해서 문제를 풀 수 있는 것이 아니며, 문제를 풀 수 있다고 해서 그 문제를 완벽히 알고 푸는 것도 아니다. 지금부터 개념공부만으로 부족했던 부분을 메울 수 있는 문제 푸는 방법을 배워보도록 하자.

01 시험에 대한 이해

국어 시험을 치르는 수험생이라고 해서 국어를 완벽히 알아야 하는 것은 아니다. 마찬가지로 수학 시험을 치러야 한다고 수학자가 되어야 하는 것은 아니다.

모든 시험의 목적은 그 학문의 깊이를 확인하는 것이 아니라, 필요한 최소한의 지식수준을 보유하고 있는가와 그 지식을 활용하여 다양한 문제 해결이 가능한가를 확인하기 위함이다. 때문에 우리는 학문으로서의 공부가 아니라, 목표로 하는 시험에서 문제가 어떤 형대로, 어떤 개념을 기본으로 출제되는지 이해하고, 그 시험에 적절하게 공부하면 되는 것이다.

지금부터는 각 과목에서 수능 문제가 어떻게 출제되는지 알아보고, 그 문제들을 풀기 위한 방법을 설명하겠다.

'수능'이란 '수학능력시험'의 줄임말로 '대학공부를 할 수 있는지 테스트하는 시험'이다. 앞에서 언급했던 것처럼, 대학에서는 생각하는 힘을 길러주는 방식의 공부를 목표로 한다. 때문에 수능도 생각하는 능력이 있는지 테스트하는 방식이 될 것이 분명하다.

해마다 약 60만 명이 수능을 치른다. 채점의 편의를 위해 객관식으로 문제를 출제하며, 출제되는 문제의 유형도 크게 바뀌지 않는다. 즉, 자주 출제되는 유형에 익숙해지면 문제를 쉽게 풀 수 있다는 뜻이다. 우리가 처음 보는 유형은 거의 존재하지 않는다. 이미 출제됐던 문제유형에서 내용만 살짝 바꿔서 출제하는데도 틀리는 이유는 그 안에 담긴 내용을 이해하지 못해서, 또는 유형 학습을 제대로 하지 못해서다.

유형만 암기한다고 해서 시험을 잘 칠 수 있는 것은 절대 아니다. 기본적인 실력이 뒷받침될 때 유형 학습이 빛을 발할 수 있는 것이므로, 개념 학습을 마쳤다면 STEP 05에서 설명하는 것을 이해할 수 있을 것이다.

이 책에서는 모든 유형에 공통적으로 적용할 수 있는 각 과목의 풀이방법을 알아보도록 하자.

02 수학 문제 푸는 법

수능에서 식만 주어진 문제는 2점이다. 3점 이상의 문제는 난이도가 보통 이상이며 글과 식이 혼합되어 있다. 대다수의 학생들이 이런 문제를 싫어하고 풀기 어려워한다.

설사 풀 수 있다 하더라도 조건을 빼먹거나 엉뚱한 값을 구하는 실수를 반복하는데, 글에 포함되어 있는 수학적인 뜻을 명확히 이해하지 않고 풀이에 돌입하기 때문이다.

대부분의 학생들은 수학 문제에서 주어진 모든 글을 식으로 바꿀 수 있고, 글과 식은 알아보기 쉬운 방식으로 고칠 수 있다는 것을 간과하고 있다. 이러한 잘못된 접근 방법 때문에 문제를 읽어도 문제의 뜻 자체를 이해를 하지 못하거나 아예 손도 대지 못하는 것이다.

지금부터 글로 된 문제에 접근하는 방법과 식과 글의 연관성에 대해 알아보면서 문제를 푸는 방법을 제대로 익혀보자. 바로 적용하기는 힘들겠지만 연습하자. 이 글을 읽는 이 시점 이후부터 주먹구구식으로 문제를 푸는 일은 없어야 한다.

1. 식과 글의 연관성

이 책을 통해 끊임없이 강조하고 있는 내용인데, 모든 공부의 근간이 되는 것은 언어와 사고력이다. 수학을 못하는 학생들의 대부분은 진짜 수학을 못하는 것이 아니라 국어를 못하는 경우가 많다. 전혀 생각하지 않고 문제를 푸는 경우가 대부분이다.

특히 국어를 못하는 것이 수학 성적과 직결되는 이유는 수학에 포함된 식, 기호와 글이 의미하는 바를 전혀 이해하지 못하기 때문이다. 많은 학생들이 문제에서 요구하는 내용을 이해하지 못 한 채 문제를 풀려고 하다가 실패한다.

국어 때문에 수학 성적이 잘 안 나오는 학생들의 특징을 살펴보면 다음과 같다.

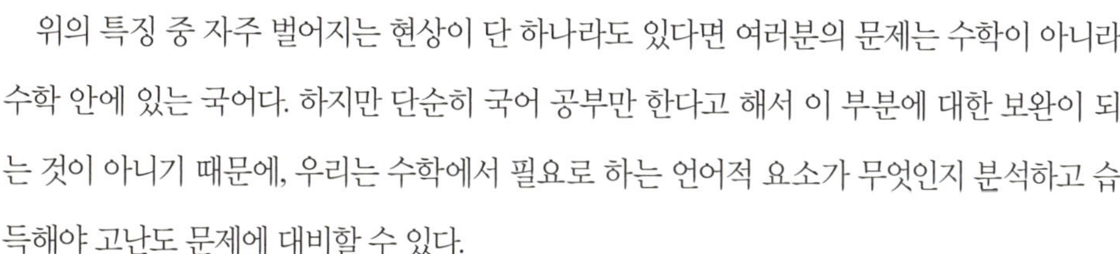

- 문제 이해가 잘 안 된다.
- 문제는 이해할 수 있어도 식으로 바꾸기가 힘들다.
- 문제에 주어진 조건을 다르게 활용해서 틀린다.
- 조건 활용법을 모르겠다.
- 문제가 구하라는 것 말고 다른 것을 구한다.

위의 특징 중 자주 벌어지는 현상이 단 하나라도 있다면 여러분의 문제는 수학이 아니라 수학 안에 있는 국어다. 하지만 단순히 국어 공부만 한다고 해서 이 부분에 대한 보완이 되는 것이 아니기 때문에, 우리는 수학에서 필요로 하는 언어적 요소가 무엇인지 분석하고 습득해야 고난도 문제에 대비할 수 있다.

1) 수집과 분석 : 글 안의 질문, 조건

모든 문제에는 그 문제가 요구하는 질문과 질문을 해결하기 위한 조건이 글이나 식으로 주어져 있다. 그리고 글이나 식으로 주어진 질문과 조건은 또 다른 식, 문자, 더 이해하기 쉬운 글로 변환할 수 있다.

이렇게 문제에 녹아있는 정보를 받아들이고 분석한 후 풀기 좋은 형태로 수정하는 것이 문제풀이의 핵심이다. 이 과정이 제대로 되지 않는다면 쉬운 문제도 실수하거나, 알고 있는 문제도 잘못 풀 수 있고, 어려운 문제는 손도 댈 수 없다.

때문에 우리는 문제를 접하면 가장 먼저 모든 조건과 질문에 명확히 표시를 해둬야 한다. 문제는 '이걸 구하는 것이 이 문제의 목적이야!'라고, 조건은 '이 조건을 활용해서 목적을 달성해야 해!'라고 표시를 해놓자. 물론 수학은 귀차니즘의 학문이니까 이런 내용도 충분히 줄여서 표시해야 한다. 차근차근 알아보자.

① 질문

이처럼, 모든 질문은 돌려 말하지 않고 대놓고 묻는다. 질문에는 밑줄을 긋고 Q라고 써놓자. 'Question'이라는 뜻이다.

질문이 무엇인지 알았다면, 항상 그 질문이 요구하는 경우가 되려면 어떤 상황이 되어야 하는지를 생각하도록 한다. "어떻게 해야 이 질문의 상황이 만족될까?"를 생각하지 않으면 질문을 알아도 문제해결 방법이 떠오르지 않는다.

질문을 분석할 때 주의할 점은 질문을 따로 분해할 필요가 없을 수도 있다는 것이다. 가령, 'a+b의 값을 구하라.'는 질문이 있을 때, 경우에 따라 a, b를 따로 구하지 않아도 된다는 뜻이다. a와 b를 구하라고 하지 않았으니, 조건으로부터 a+b 형태를 만들어내서 구하는 것이 더 효율적일 수 있기 때문이다.

② 조건

조건은 문제를 풀기 위한 정보이며 '알려주는 것'을 의미한다. 문제에서 질문을 해결하기 위해 알려 주는 모든 것들이 조건이다. 조건은 여러 가지가 있을 것이므로 밑줄을 쳐놓고 숫자를 쓰자. <u>조건1 ①, 조건2 ②</u>'처럼.

조건이라고 인지하는 순간부터 그 조건은 활용할 수 있는 범주 안에 들어오며 조건을 놓쳐 문제를 틀리는 일이 급격히 줄어든다.

문제의 목적인 '질문'을 효과적으로 해결하기 위해서는 그 질문이 성립하기 위해서 어떤 상황이 되어야 하는지를 찾아내는 것이 첫 번째고, 주어진 조건들을 그 상황에 맞도록 변환 하는 것이 두 번째인데, 질문과 조건을 함께 생각해야 한다.

중요한 것은 조건과 질문을 표시할 때는 명확하게 잘라서 표시해야 한다는 것이다. 여러 조건과 문제가 하나로 뭉쳐져 있으면 효과적으로 변환해서 사용하기 어렵기 때문이다.

2) 변환 : 이해하기 쉽도록 글, 그림, 식, 기호로의 변환

질문과 조건을 수집하고 분석했다면, 이제는 풀기 쉽도록 변환해야 한다.

문제의 조건이 질문과 연결이 되기 위해서는 어떤 방법을 취해야 할지, 조건을 어떤 형태로 변환시켜서 사용할지를 생각하면서 여러 조건과 문제를 변환한다. 즉, 내가 이해하기 쉽고, 문제 풀이에 활용하기 쉬운 형태로 변환할 방법을 찾아야 한다.

수집한 모든 질문과 조건은 글, 그림, 식 그리고 기호로 변환할 수 있다. 처음에는 잘 안 되겠지만 변환된 기호를 간단히 풀리는 식으로 정리하자.

수능수학은 킬러문제를 제외한 대부분의 문제가 조건을 끼워 맞추면 아주 쉽게 풀리게 설계되어 있다. 자물쇠에 맞는 열쇠를 넣으면 힘을 주지 않아도 바로 열리듯이, 방법만 제대로 적용하면 겉으로 보이는 것보다 훨씬 간단히 풀리게 되어 있다. 그러니 너무 어렵게 생각하지 말고 분석부터 하자.

이론은 여기까지다. 이제 실전으로 들어가자.

2. 문제 푸는 법

1) 실전 풀이 절차

고난이도 문제를 해결하기 위한 이상적인 풀이법은 아래와 같다.

수집 → 나열 → 해석 → 예측 → 변환 → 풀이 → 검산

위의 풀이법으로 아래의 문제를 풀어보자.

Q. 한 상인이 양 90마리를 데리고 강을 건너려 한다. 이때, 뱃사공은 '건너게 해주는 양의 절반을 뱃삯으로 달라'고 한다. 상인이 뱃삯으로 줘야 하는 양은 최소 몇 마리 인가?

① 수집

문제에 포함된 질문과 조건을 수집하자. 질문에는 밑줄을 긋고 Q를, 조건에는 밑줄을 긋고 숫자를 쓰도록 하자.

② 나열

<수집, 나열> Q. 줘야 하는 양의 최 　소량 ① 총 양 90마리 보유 중 ② 건너게 해주는 양의 　절반을 줘야 함		

전체 풀이 공간을 2열 4행으로 쪼갠 후, 가장 왼쪽 위의 공간을 문제와 조건을 나열하는 공간으로 만들어서 문제와 조건들을 하나씩 배치하자.

③ 해석

이 풀이법의 핵심이며, 변환과 더불어 매우 중요한 과정이면서도 가장 어렵다. 대부분의 학생들이 이 과정을 생략하고 문제를 푸는데, 그러면 고난도 문제를 풀기 어렵다. 질문이 의미하는 것과 이 질문이 요구하는 상황이 만족되기 위해서는 어떤 상황이 되어야 하는지를 생각해보자. 그리고 주어진 조건과 질문들이 서로 연결되려면 어떤 형태로 사용되어야 할지를 생각해보자.

④ 예측

유형 학습이 잘 되어 있지 않으면 풀이 예측이 쉽지 않다. 연습하고 실전에 적용할 수 있도록 준비하자. 예측 과정은 시험에서도 내 실력을 실수 없이 완전히 발휘할 수 있도록 해준다. 조건과 질문을 해석했다면 문제가 어떤 방식으로 풀릴지, 풀이가 어떻게 될지 생각해보고 개략적인 스케치를 머릿속으로 그려보자. 해석과 예측 절차는 펜 없이 생각만으로도 가능하다.

<수집, 나열>	<해석, 예측>		
Q. 주어야 하는 양의 최소량 ① 총 양 90마리 보유 중 ② 건너게 해주는 양의 절반을 주어야 함	• 줘야 하는 양의 수를 x로 두면 건너는 양의 수는 $2x$이다. • 이 두 개를 합치면 전체 양이 나온다.		

⑤ 변환

　해석과 예측을 하면서 찾아낸 풀이에 필요한 내용들을 실제로 만들어보자. 글, 기호, 그림, 식 등 그 어떤 것이라도 괜찮으니 단지 내가 이해하기 쉬운 방식대로 변환하면 된다.

　어떤 조건이 변환된 것인지는 명확히 해 줄 필요가 있다. 1번 조건이 변환된 것이라면, 1번 조건의 오른쪽으로 화살표를 표시하여 1번 조건이 변환된 것과 연결을 시키고 1'이라고 표시해 두자. 각 조건을 개별적으로 변환할 수 없다면 합쳐서 변환해도 무방하다. 단, 논리적으로 맞는 내용인지 체크해야 한다. 잘못된 논리가 있다면 문제 전체를 틀리게 되므로, 오류가 없도록 주의하여 변환하여야 한다. 해석, 예측 칸의 바로 오른쪽에 적어두면 오류를 체크하기 쉽다.

<수집, 나열>	<해석, 예측>	<변환>	
Q. 줘야 하는 양의 최소량 ① 총 양 90마리 보유 중 ② 건너게 해주는 양의 절반을 줘야 함	• 줘야 하는 양의 수를 x로 두면 건너는 양의 수는 $2x$이다. • 이 두 개를 합치면 전체 양이 나온다.	줘야 하는 양의 수 = x	

⑥ 풀이

　필기구를 사용하여 여러 가지 기호, 수식, 글을 자유롭게 사용하되 명확한 논리로 연결되도록 왼쪽에서 오른쪽으로, 위에서 아래로 정갈하게 차근차근 내려 쓴다.

　반드시 계산과정을 알아볼 수 있어야 한다. 계산과정을 알아볼 수 없다면 검산할 수 없고, 검산을 할 수 없다면 실수가 생긴다. 때문에 고득점을 위해서는 글씨를 이쁘게 쓴다거나, 되도록 작고 정확하게 쓴다거나 하는 습관이 중요하기도 하다.

공간을 가장 필요로 하는 과정이기 때문에 8칸 중, 아래쪽에 있는 열 전체를 풀이에 활용하도록 한다. 풀이는 가급적이면 2줄로 만들어서 푸는 것이 공간 활용과 검산에 효율적이다.

<수집, 나열>	<해석, 예측>	<변환>	
Q. 줘야 하는 양의 최소량 ① 총 양 90마리 보유 중 ② 건너게 해주는 양의 절반을 줘야 함	• 줘야 하는 양의 수를 x로 두면 건너는 양의 수는 $2x$이다. • 이 두 개를 합치면 전체 양이 나온다.	줘야 하는 양의 수 = x	
<풀이> $x + 2x = 90$ $x = 30$ ∴ 줘야 하는 양의 수는 30마리			

⑦ 검산

펜으로 쓰여 신 수집, 나열, 변환, 풀이의 모든 절차에 오류가 없는지 하나씩 살펴본다. 이 부분에서는 굳이 기록할 필요는 없고 논리적 오류가 있는지 체크하는 것을 목적으로 한다. 오류가 있다면 아까워하지 말고 틀린 부분부터 지우고 다시 풀어야 한다.

<수집, 나열>	<해석, 예측>	<변환>	
Q. 줘야 하는 양의 최소량 ① 총 양 90마리 보유 중 ② 건너게 해주는 양의 절반을 줘야 함	• 줘야 하는 양의 수를 x로 두면 건너는 양의 수는 $2x$이다. • 이 두 개를 합치면 전체 양이 나온다.	줘야 하는 양의 수 = x	
<풀이> $x + 2x = 90$ $x = 30$ ∴ 줘야 하는 양의 수는 30마리		<검산> 30마리를 주고, 60마리를 데리고 건넌다. 어떻게? 60마리를 데리고 건넌 후 건너지 못한 30마리를 주면 된다. ∴ 오류가 없으므로 정답!	

대다수의 2등급 학생들이 1등급이 되지 못하는 이유는 실력이 부족해서가 아니라 실수 때문이다. 지금까지의 과정이 모두 실수를 없애는 것에 일조하지만, 특히 검산은 실수를 최소화시켜 줄 마지막 장치라고 보면 된다.

물론 시간이 많이 남아서 검산 없이 서로 다른 방법으로 두 번 풀 수 있다면 가장 좋다. 하지만 현실적으로 실력이 최상위권에 도달하기 전까지는 불가능하기 때문에 이 풀이 과정을 철저히 지켜서 연습하도록 하자.

2) 적용 예시

Q. 둘레가 3,000m인 호수가 있다. 짱구와 슬기 두 사람이 한 지점에서 서로 반대 방향으로 짱구는 매분 200m, 슬기는 매분 100m의 속력으로 걸어간다. 짱구는 슬기가 떠난 후 6분 뒤에 출발한다고 할 때, 짱구와 슬기 두 사람이 세 번째 만날 때까지 짱구가 걸은 거리를 구하면?

전형적인 '거리, 속력, 시간' 문제다. 물론 '거리=속력×시간'이라는 공식을 모르면 이 문제는 풀 수 없으니 이 공식을 안다는 전제하에 풀어보자.

수집, 나열

Q. 두 사람이 세 번 만날 때 까지 짱구가 걸은 거리

조건 ① : 둘레는 3000m

조건 ② : 한 지점에서 반대로 출발

조건 ③ : 짱구는 200m/분, 슬기는 100m/분

조건 ④ : 짱구는 슬기가 떠난 후 6분 뒤에 출발

해석, 예측

① Q → Q' : Q를 만족하기 위해서는 두 사람이 합쳐서 세 바퀴를 돌아야 한다.

② 거리, 속력, 시간 관계를 사용하여 식으로 만들면 되겠다.

변환

이동거리니까 S, 속력은 v, 시간은 t라고 하자. 짱구는 a, 슬기는 b라고 히자.

① 짱구의 이동거리, 속력, 시간 : S_a, v_a, t_a

② 슬기의 이동거리, 속력, 시간 : S_b, v_b, t_b

③ Q' → Q" : 세 바퀴를 돌아야 하니 $S_a + S_b = 9,000$

풀이

$Q" : S_a + S_b = 9,000$

기본 : $s = vt \rightarrow S_a = v_a \times t_a, S_b = v_b \times t_b$

조건 ③' : $v_a = 200, v_b = 100$

조건 ④' : $t_a = t_b - 6$

자, 이제 합쳐서 풀면 $\begin{cases} S_a = 200 \times t_a \\ S_a = 100 \times t_b \end{cases}$ 이다.

여기에 Q"과 조건 ④'을 적용하면 $\begin{cases} S_a = 200 \times (t_a - 6) \\ 9,000 - S_a = 100 \times t_b \end{cases}$ 가 된다.

'이제 미지수는 S_a와 t_b 밖에 남지 않았고 찾아야 하는 것은 S_a니까 연립방정식으로 풀어서 t_b 를 없애면 되겠다!'

검산
구한 S_a값으로 S_b, t_a, t_b를 구해서 식에 대입해보자. 식이 성립한다면 옳게 푼 것이다.

자 어떤가? 이해가 되나? 풀이는 이렇게 하는 것이다. 다소 쉬운 문제로 예시를 들었지만 어려운 문제라도 이런 절차로 푸는 것이 가능하다. 이렇게 풀게 되면 어려운 문제도 쉬워지며 계산과정도 짧아진다.

$$[Q : \sim\sim] \rightarrow [Q' : \sim\sim] \rightarrow [Q'' : \sim\sim]$$
$$[① : \sim\sim] \rightarrow [①' : \sim\sim] \rightarrow [①'' : \sim\sim]$$

이 책에서는 [수집, 나열] → [해석, 예측] → [변환]의 과정을 지면의 한계로 인해 세로로 늘어 썼지만, 이 모든 과정들은 수집, 나열을 기준으로 가로로 화살표를 활용하여 적어두는 것이 좋다.

 국어 문제 푸는 법

1. 글의 핵심은 '핵심'

비문학, 문학 할 것 없이 모든 글은 '핵심'이 가장 중요하다. 글에는 반드시 핵심이 있고, 문제는 핵심과 연결되어 있을 수밖에 없다. 때문에 핵심이 무엇이냐를 파악하는 것이 첫 번째 관건이다. 핵심을 파악했다는 전제하에 구사할 수 있는 개별적 방법을 소개하고자 한다.

1) 비문학

　비문학 중에서도 논설문의 핵심은 주장이고, 설명문의 핵심은 방법이다. 때문에 논설문은 주장을 찾아내는 것이, 설명문은 그 방법 및 과정을 알아내는 것이 1순위가 된다. 비문학을 접할 때는 가장 먼저 '스키밍(Skimming)'이라는 작업이 필요하다. 스키밍이란 아주 빠른 속도로 단어만 골라서 읽는 작업인데, 초벌구이를 하는 것처럼 약 30초 내에 지문 전체를 빠르게 훑는 것을 의미한다. 이 과정으로는 오직 지문의 핵심내용과 전체적인 흐름만을 파악한다.

　스키밍이 완료되면, 문제를 읽고 어떤 정보로 문제를 풀어야 할지 알아내야 한다. 정보 습득이 끝나면, 이제는 '스캐닝(Scanning)'을 한다. 스캐닝이란 내가 찾아야 할 정보가 인지된 상태에서 필요한 정보를 찾기 위해 지문을 읽어나가는 작업을 말하는데, '지문을 읽는 것'이 아니라 '필요한 내용을 찾아서 읽는 것'을 목표로 한다.

　기초개념에서 언급했듯, 바나나 장수의 언변이 아무리 화려하더라도 그 목적은 바나나를 파는 것이다. 스키밍으로는 이 의도를 파악하는 것이 목적이며, 그 바나나가 어떤 바나나인지 찾아내는 것이 스캐닝이라고 보면 된다.

2) 시

　시의 핵심은 '시를 쓴 목적'이다. 모든 시에는 화자가 있고, 화자가 원하거나 말하고자 하는 바가 있다. 그 내용을 토대로 전체적인 내용을 이해해야 하며, 세부적인 내용도 핵심 내용이 내포되어 있으므로 염두에 두고 읽는다면 크게 어렵지 않다.

3) 소설

　소설의 핵심은 '갈등'이다. 모든 소설에는 인물이나 집단이 등장하고, 소설은 그들 간의 갈등으로 구성된다. 어떤 인물들이 어떤 관계에 놓여있는지, 누가 누구를 어떻게 생각하는지, 어떤 인물들이 어떤 사건을 발생시켰는지를 생각하며 소설 전체의 갈등 구도를 표기하며 읽는다면 소설 전체의 내용이 이해가 될 것이다. 예를 들어 A가 B를 생각하거나 대하는 태도라면 A→B로 표기해 놓고 글을 써놓자.

4) 고전 시·소설

번외로, 고전 시와 소설이 있다. 고전 시는 단어를 모른다면 풀 수 없기 때문에, 반드시 단어를 암기해야 한다. 고전 소설은 스토리와 그를 꾸미는 내용들이 아래의 표처럼 매우 제한적이다.

인물		전형적, 평면적 성격(처음부터 끝까지 똑같다)
사건		우연적, 비현실적
유형	군담소설	• 전쟁이야기를 소재로 하여 허구 인물을 토대로 한 창작군담과 실제 인물을 토대로 한 역사군담으로 나눔 • 일대기적 구성 : 비범한 출생 → 시련 → 성장 후 위기 → 극복과 성공
	적강소설	• 천상계와 지상계를 연결함 • 신적 존재가 세상에 내려오거나 인간이 됨 • 모든 갈등은 신적 존재에 의해 해소됨
주제		권선징악

특히 권선징악은 거의 모든 고전 소설에서 사용되는 소재이니 잘 기억해두길 바란다. 핵심은? 핵심이다. 어려워 말고 주제가 뭔지만 찾아내자.

2. 읽고 푸는 법1 : 오직 문제를 위한 지문

국어는 우리에게 워낙 친숙한 과목이기 때문에 입문 부분과 문제풀이 부분에서 큰 차이가 없다. 앞서 말했던 것처럼 가장 중요한 것은 '핵심을 읽고 푸는 것'이다. 그러면 어떻게 읽어야 효과적으로 읽을 수 있는지를 알아보자.

1) 출제의도 파악

입문에서 말했던 것처럼 모든 문제에는 출제의도가 있다. 그 의도를 파악하지 못하면 동문서답하게 되므로 문제의 출제의도를 생각해야 한다.

2) 배경지식 사용 금지

4등급 이하의 학생들에게는 큰 문제가 되지 않지만, 2~3등급을 받는 학생들에게는 아주 큰 문제가 되는 것이 배경지식을 사용한 풀이다. 이 정도 수준에 올라온 학생들은 어설프게라도 알고 있는 내용이 꽤 많기 때문에 '들어본 것 같은' 내용인 '배경지식'을 사용해서 문제를 푼다. 이렇게 풀어서 맞는 경우도 꽤 있지만, 틀릴 확률 또한 아주 높다.

3) 문제가 요구하는 그대로만 풀기

모든 발문에는 문제를 풀기 위한 조건이 담겨있다. 출제의도의 연장선상에 있는 내용인데, 출제자는 대부분의 학생들이 문제를 제대로 읽지 않는다는 것을 알고 있다. 그에 따라 학생들이 문제를 읽는지 확인하기 위해 널리 알려진 개념과 다른 방향으로 보편적 생각을 설정하여 질문할 수 있다. 문제를 잘 읽고 문제가 요구하는 그대로 풀어야 하는데, 제대로 읽지 않으면 엉뚱한 답안을 고르는 경우가 부지기수다. 국어 시험에서의 지문은 오직 문제를 위해서만 존재하며 그 문제를 풀기 위한 근거는 반드시 지문에 포함되어 있다는 것을 명심하자.

4) 간결하게 읽고 풀자

수도 없이 강조하는 내용인데, 외우거나 완전히 이해할 필요는 없다. 최대한 간결하고 필수적인 요소만 정리하여 읽어나간 후, 지문과 문제의 1:1 비교를 통해 풀어나가도록 한다.

3. 읽고 푸는 법2 : 문학과 비문학

비문학은 잘 하는데 문학이 너무 어려워요.
문학은 잘 하는데 비문학을 잘 못하겠어요.

이런 질문을 해오는 학생들이 많다. 결론만 말하면 이 질문을 하는 학생의 공부가 부족한 것이다. 국어의 핵심 풀이방법은 비문학, 문학 할 것 없이 단지 읽고 대조해서 푸는 것이며, 필요할 때 필요한 부분을 보고 찾아서 푸는 것이라는 점에서 그 궤를 같이한다.

물론 문학과 비문학은 글 쓰는 방법, 목적, 마음가짐, 사용처, 읽는 방법 모두 다르다. 하지만 수능에서의 문학과 비문학은 똑같다.

학교에서 문학을 공부할 때는 내용을 분석하고 암기하여 '기억에 의존하여' 풀 수 있겠지만, 수능에서는 한 번도 본적 없는 문학 작품이 나올 확률이 매우 높다. 때문에 모르는 지문을 풀 수 있어야 한다. 비문학에서 했던 것처럼 문학도 모르는 지문을 풀 때는 '보고 대조해서 푸는' 행위를 통해서만 해결할 수 있어야 한다.

2017년 수능 국어 27~32번 문제에 출제된 시를 보자.

(가)
만약에 나라는 사람을 유심히 들여다본다고 하자
그러면 나는 내가 **시와는 반역된 생활을 하고 있다**는 것을 알 것이다.

먼 산정에 서 있는 마음으로 나의 자식과 나의 아내와
그 주위에 놓인 잡스러운 물건들을 본다

그리고
나는 이미 정해진 물체만을 보기로 결심하고 있는데
만약에 또 어느 나의 친구가 와서 나의 꿈을 깨워주고
나의 그릇됨을 꾸짖어 주어도 좋다.

함부로 흘리는 피가 싫어서
이다지 낡아빠진 생활을 하는 것은 아니리라
먼지 낀 잡초 우에
잠자는 구름이여
고생도 마음대로 할 수 없는 세상에서는
철 늦은 거미같이 존재 없이 살기도 어려운 일

방 두 칸과 마루 한 칸과 말쑥한 부엌과 애처로운 처를 거느리고

외양만이라도 남과 같이 살아간다는 것이 이다지고 쑥스러울 수가 있을까 (A)

시를 배반하고 사는 마음이여

자기의 나체를 더듬어 보고 살펴볼 수 없는 시인처럼 비참한 사람이 또 어디 있을까

거리에 나와서 **집**을 보고 **집**에 앉아서 **거리를** 그리던 어리석음도 이제는 모두 사라졌나 보다

날아간 제비와 같이

날아간 제비와 같이 자국도 꿈도 없이

어디로인지 알 수 없으나

어디로이든 가야 할 반역의 정신

나는 지금 산정에 있다 —

시를 반역한 죄로

이 **메마른 산정**에서 오랫동안 꿈도 없이 바라보아야 할 구름

그리고 그 **구름의 파수병**인 나.

– 김수영, 「구름의 파수병」 -

입문 파트에서 '보편적인 생각'을 설명하며 나왔던 <보기>의 원래 시이다. 이 시에서 얻을 핵심 내용은 다음과 같다.

제목 : 구름의 파수병

→ 파수병은 좋은 것을 지키는 병사다. 그러므로 구름은 좋은 것을 뜻한다.

① 시와는 반역된 생활 → '시'가 이 시의 핵심이다.

② 잡스러운 물건 → 뭔가 어감이 좋지 않다. 부정적이다.

③ 정해진 물체만을 보기로 했다 → 시와는 반역된 생활이라는 것과 일맥상통하다.

④ 나의 그릇됨 → 시와는 반역된 생활

⑤ 나의 꿈을 깨워주고 → 나의 꿈은 시와 반역되지 않은 생활을 하는 것

이처럼 모든 내용들이 핵심 내용과 연결되고 있으며, 이 시의 핵심 내용은 '시에 반역하고 싶지 않다'는 것이다. 즉, 이 시는 시를 쓰다가 지친 시인이 자기 성찰을 하다가 '다시 한 번 시를 써보겠다!'고 마음먹는 내용의 시이다.

이제 모든 문제들은 이 범주에서만 출제된다. 핵심이 무엇인지를 파악하면 문학이든 비문학이든 어렵지 않게 읽을 수 있고 생각하여 문제를 풀 수 있게 된다.

혹시 만약에 '시는 분석을 해야 해.'라고 하면서, [나라는 사람 → 객관화] 등의 해석을 해야 한다고 생각하는 학생이 있을지 모르겠다. 하지만 수능 시험을 치를 때는 이런 것들이 절대 불가능하기 때문에, 이런 불필요한 작업은 모두 기억에서 지우도록 한다. 시라고 해서 겁먹거나 일일이 분석할 필요는 전혀 없다. 비문학처럼 읽어버리고 핵심을 찾아내면 그만이다. 하지만 읽고 생각하는 연습은 꾸준히 해야 한다.

4. 글의 시각화

글은 언어고 기호는 도형이다. 도형은 언어보다 직관적이기 때문에 읽으면서 기호로 표시해 놓으면 나중에 글을 더 쉽게 읽고 요약할 수 있다. 이 과정을 '시각화'라고 한다.

시각화를 할 때는 어떤 기준에 따라 시각화를 할 것인지 명확한 기준이 필요한데 그렇지 않으면 표시를 하더라도 잘 알아보지 못한다. 글을 읽으면서 무작정 밑줄만 그어놓고 정작 뭐가 중요한지 하나도 모르는 학생들은 이런 실수를 범하고 있는 것이다.

표시방법	표시할 내용	예시	주의할 점
□	인물, 단체	전소미는 IOI 소속이다.	인물당 1번씩만 표시
△	반전	하지만 JYP 소속이기도 하다.	주장이 반대로 바뀔 때, 부사(연결사)에만 사용할 것
~	인물과의 관계내용	때문에 거처는 JYP에서 관리한다는 것인데,	인물과 관계되는 내용에만 표시
[ ]	글쓴이의 주장	[이것은 잘못 되었다.]	글쓴이의 생각이자 주장. 시간이 부족하면 이 내용만 확인한 후 문제를 풀어야 함
→, ↔	상호관계	—	가장 많이 쓰이는 기호. 가시화된 개체들끼리 상관관계가 있으면 화살표로 연결
—	관련 내용	전소미는 계속해서 IOI 활동을 하고 싶다고 피력해왔다.	기억해야 할 내용(주장의 근거, 관련 정보 등)은 밑줄 치고, 이 내용이 어디에 있는 내용과 관련되는지 화살표로 상호관계를 설정할 것

표에 제시한 내용은 허구적인 내용이다. 시각화는 반드시 명확한 기준에 의해서만 이루어져야 한다. 만약 시각화를 이해하지 못한디면 차라리 하지 밀고 읽기만 하사.

21 〈보기〉는 국어 사전의 뜻풀이이다. ⓐ와 의미가 가장 가까운 것은? [1점]

| 보기 |

힘「명」① 사람이나 동물이 몸에 갖추고 있으면서 스스로 움직이거나 다른 물건을 움직이게 하는 근육 작용. ¶힘이 세다/힘을 빼다/힘을 겨루다 ② 일이나 활동에 도움이나 의지가 되는 것. ¶힘을 빌리다/선생님의 말씀이 내게 힘이 되었다. ③ 어떤 일을 할 수 있는 능력이나 역량. ¶힘을 합치다/경제 발전에 혼신의 힘을 기울이다. ④ 개인이나 단체를 통제하고 강제적으로 따르게 할 수 있는 세력이나 권력. ¶시민 운동의 힘이 강하다/그는 정치적인 힘이 대단하다. ⑤ 기계나 기구 따위가 스스로 움직이거나 다른 물체를 움직이게 하는 작용. ¶이 자동차는 엔진의 힘이 좋아 잘 달린다./철도는 증기와 기계의 힘으로 달린다.

22~25 다음 글을 읽고 물음에 답하시오.

매체들은 세상에서 발생하는 사건들을 선택해서 일정한 시각으로 구성해 대중에게 전달한다. 그런데 우리가 매체들을 통해서 알게 되는 사건들은 있는 그대로의 사건이라기보다는 각 매체의 관점에 의해 이미 해석된 사건이다. 사건의 현장에서 그것을 직접적으로 체험한 사람이 아닌 한, 대부분의 사람들은 특정 매체에 의해 해석된 사건을 만나게 된다. 설령 기사 내용이 모두 진실들로 채워져 있다 가정해도 그것들을 취사선택하고 배열하는 방식 자체가 이미 해석인 것이다. 이런 점에서 보면 정치적 사건만이 정치적인 것은 아니다. 비정치적 사건들도 정치화되어 색깔을 띠게 된다. 그런 채색은 눈에 잘 띄지 않고 그래서 잘 인지되지 않는다.

그렇다면 사건의 본질은 무엇인가? 사건은 전후의 맥락에서 어떤 차이를 갖게 될 때 표면화된다. 즉 바람에 흔들리는 깃발, 찰랑거리는 물결의 운동 등도 움직임이지만 이를 사건이라 하지 않는다. 이는 단지 생성(生成)의 개념일 뿐이다. 생성에는 '흐름'이라는 연속성의 뉘앙스가 강하지만, 사건에는 '솟아오름'이라는 불연속의 뉘앙스가 강하다. 전자는 수평으로 흐르는 시간이고, 후자는 수직으로 솟아오르는 시간이다.

그런데 어디까지가 생성이고 어디부터가 사건인가? 차이가 어떤 문턱을 넘어서야 사건이 되는 것일까? 사실 이 문턱은 상대적이다. 곧 극히 작은 사건들로부터 극히 큰 사건에 이르기까지 사건들이 유발하는 차이들은 무수히 다양한 층차(層差)들을 보여 주며, 그 상대적 층차들에 입각해 어떤 것은 사건으로서 ㉠솟아오르고 다른 것들은 그 사건의 배경으로 내려가는 것이다.

그렇다면 여기에서 '더 크다' 든가, 다른 사건들을 배경으로 밀어 내고 '솟아오른다' 는 것은 무엇을 기준으로 한 것일까? 하나의 생성이 사건으로서 마름질되는, 다시 말해 '하나의 사건' 으로서 끊어 이해되는 근본적인 이유는 바로 의미에 있다. 곧, 생성은 일정한 의미를 가질 때 사건으로서 마름질되는 것이다.

[A] 우리는 자칫 의미라는 것을 두고 마치 어떤 사물이 땅에 묻혀 있다가 발견되는 것처럼 생각하기 쉽다. 그러나 의미는 구성되는 것이지 발견되는 것이 아니다. 어떤 움직임이 사건이 된다는 것은 그것이 언어를 통해 마름질된다는 것을 뜻한다. 사건을 두고 이야기하더라도 그것이 단독으로는 큰 의미를 지니지 못한다. 의미란 사건과 또 다른 사건들을 이음으로써, 달리 말해 계열화함으로써 형성된다.

우리는 앞에서 매체들이 사건들을 취사선택하고 해석하여 전달한다고 했다. 취사선택한다는 것은 세계의 숱한 생성에서 사건들을 마름질한다는 것이고, 해석한다는 것은 하나의 사건을 어떤 다른 사건들과 계열화해 의미를 만들어 냄을 뜻하는 것이다. 이렇게 사건이란 순수하게 드러나는 것이 아니라 구성되는 것이다. 그리고 사건의 구성은 정치적 입장에 의해 채색되기 마련이다.

22 위 글에서 확인하기 어려운 내용은?

① 사건과 사건이 계열화되면 단독 사건보다는 더 큰 의미를 갖게 된다.

② 앞의 사건과 다른 어떤 차이가 나면 그 사건은 표면에 떠오르게 된다.

③ 기사에 담겨 있는 사실만 보고 그것을 진실이라고 단정하기는 어렵다.

④ 전후의 다양한 사건들은 인과성을 갖고 연결되어야 더 큰 사건이 된다.

⑤ '어떤 사물이 움직인다' 라는 것은 일단 연속적인 '생성의 개념' 에 가깝다.

5. 필수어휘

영어 단어가 중요하다는 것은 모든 학생이 알고 있을 것이다. 그러면 국어는? 단어를 모르면 그건 국어가 아니라 외국어가 된다. 당연히 국어도 단어를 외워야 하며, 단어장을 만들어 암기할 필요가 있다.

필수어휘의 범주를 나누기란 참 어려운데 오늘부터는 '수능에 출제되었는데 내가 모르는 어휘면 필수어휘다.'고 정하자.

우리말 어휘는 60% 이상 한자로 구성되어 있다. 때문에 읽을 수는 있는데 무슨 뜻인지 모르는 단어들이 많다. 하지만 어휘 습득을 위해 수능을 앞두고 뜬금없이 한자 공부를 시작할 수는 없기 때문에 단어를 기계적으로 외워줘야 한다.

'뉘앙스'라는 단어를 들어봤는지 모르겠다. 모든 어휘는 각각 뉘앙스를 갖고 있고, 상황에 따라 그 의도가 달라질 수 있다. 이는 '보편적인 생각'과 일맥상통한다. '통상적으로 이렇게 쓴다.'는 느낌을 이해해야 하는데, 이 느낌은 보편적인 것이기 때문에 이런 뉘앙스에 공감하지 못한다면 내 논리회로를 바꿔야 한다.

사례를 들어 설명해보도록 하겠다.

- 다다르다 : 목적한 곳에 이르다.
- 잇따르다 : 움직이는 물체가 다른 물체의 뒤를 이어 따르다.
- 회귀하다 : 한 바퀴 돌아 제자리로 돌아오거나 돌아가다.
- 기인하다 : 어떠한 것에 원인을 두다.

아주 쉬운 단어들이다. 얼핏 보면 비슷해 보이는데 뜻은 완전 다르다. 어휘는 명확한 용도와 뉘앙스를 이해해야 한다. '봉착하다'는 부닥치는 느낌에, '다다르다'는 도착하는 느낌에, '잇따르다'는 뒤를 따라간다는 느낌에 포인트를 둬야 한다. 이런 느낌에 포인트를 맞추지 못한다면 완전히 다른 내용으로 받아들이거나 전혀 엉뚱한 선지를 답으로 선택하게 된다.

이제는 뉘앙스를 보자. 서로 비슷한 뜻을 가지고 있지만, 뉘앙스가 다르다.

장본인(부정적) – 주인공(긍정적)

싸가지 없다(부정적) – 당돌하다(긍정적)

'네가 그 사건의 장본인이구나?'는 안 좋은 사건을 의미하지만 '네가 그 사건의 주인공이구나?'는 좋은 사건을 의미한다. '이야, 그 친구 참 싸가지 없네.'는 부정적인 느낌이지만, '이야, 그 친구 참 당돌하네.'는 약간 긍정적인 느낌을 준다.

이렇듯 어휘나 뉘앙스는 고정되어 있기 때문에 보편적인 생각으로 받아들여져야 한다. 내 생각이 보편적이지 않거나 모르는 내용이 있다면 당연히 생각을 고쳐먹고 암기해야 한다.

수능에는 '사자성어', '고사성어'도 출제되기 때문에 당연히 외워야 한다. 시중에 판매 중인 단어장들이 아주 많아 구매해서 사용해도 되지만, 국어 어휘는 우리나라 말이기 때문에 사람마다 모르는 어휘가 다를 것이다. 때문에 실수를 통해 배우면서 쌓아 나가는 것이 좋은 방법이다.

6. 필수개념

앞에서 설명한 모든 것을 다 이해하고 글을 제대로 읽었다 하더라도 문제는 틀릴 수 있다. 이는 필수개념이 부족해서인데, 필수개념은 '암기해야 하는 것'이라고 봐도 무방하다. 필수개념은 반드시 '명확한 뜻'을 온전히 이해하고 암기해야 하며, 이를 어설프게 알면 틀린다.

문학으로 치면 비유, 은유, 대구, 전지적 작가시점, 3인칭 시점, 수미상관, 선경후정 등 이러한 용어의 명확한 뜻을 말하며, 문법이나 정의 등을 들 수 있다.

문법의 경우, 과거에는 국어가 아니라 '언어영역'이라는 이름을 갖고 있었기에 거의 출제되지 않았었지만, '국어영역'으로 이름이 바뀌며 공부해야 할 내용이 더 많아졌고 전에 없었던 반드시 암기할 내용이 생겼다.

문법문제는 공부하지 않으면 거의 풀 수 없다. 물론 충분히 읽는다면 풀 수도 있지만, 오래 걸리고 실수할 확률이 높다. 때문에 문제를 풀기 위해서라도 필수개념은 암기해야 한다.

이를테면 사이시옷 법칙에 대한 문제가 출제되었는데 사이시옷 공부를 하지 않았다면 그 문제는 아예 손도 대지 못 한 채 틀려야 한다. 우리는 최상위권이 되고자 하므로 이런 변수를 없애야 한다. 외우자.

2017년 수능에 나온 개념 몇 가지를 알아보자.

음운변동	어떤 말의 발음이 조건에 따라 달라지는 현상
타동사	동작의 대상인 목적어를 필요로 하는 동사
자동사	동사가 나타내는 동작이나 작용이 주어에만 미치는 동사
어간	굴절하는 단어에서 변화하지 않는 부분
접미사	접사의 하나로 낱말의 끝에 붙어 의미를 첨가하여 다른 낱말을 이루는 말
형태소	의미의 기능을 부여하는, 언어의 형태론적 수준에서의 최소단위
조사	체언에 붙어서 그 체언의 문법적 관계를 결정하는 품사
극적 긴장감	상황을 더 긴박하게 만드는 것. 일종의 스릴
지시적 표현	특정한 하나의 대상을 명확하게 지시하는 표현
청각적 이미지	소리를 느낄 수 있는 표현
계절감을 드러내는 표현	계절이 느껴지는 표현. 하이얀 눈싸락, 빨간 단풍잎 등이 있다.
대구적 표현	연달아 반복되는 표현. 반복한다는 것에서 수미상관과 비슷하지만 연달아 나와야 한다는 점에서는 다르다.
음성 상징어	소리를 표현한 의성어와 모습이나 행동을 표현한 의태어를 일컫는 말
마찰음	입 안이나 목청 따위의 조음기관이 좁혀진 사이로 공기가 비집고 나오면서 마찰을 일으켜 나오는 소리
파찰음	두 조음기관을 폐쇄시켜 공기를 압축하였다가 공기를 일시에 파열시키지 않고 천천히 내보내면서 마찰시키는 언어음
반어적 표현	드러나는 골자와 내포된 의도를 반대로 하여 표현한 것 잘 하는 짓이다, 좋~겠다 등이 있다.
역설적 표현	겉보기에는 논리적으로 모순되어 보이나, 그 속에 진실을 담고 있는 것. 찬란한 슬픔의 봄, 소리 없는 아우성 등이 있다.

이것들은 빙산의 일각일 뿐이다. 공부하지 않고 시험에서 만나면 아주 크게 당황하게 되므로, 반드시 공부하고 정확한 의미를 숙지해둬야 한다. 모르는 단어가 있다면 찾아보고 정리하도록 하며, 다른 개념들도 더 찾아보자.

2017년 수능 국어 44번 문제를 보자.

44. ㉠~㉤을 이해한 내용으로 가장 적절한 것은?

① ㉠ : 청각적 이미지를 사용하여 대상이 지닌 슬픔을 표현하고 있다.

② ㉡ : 지시적 표현을 사용하여 상대와의 친밀감을 드러내고 있다.

③ ㉢ : 음성 상징어를 사용하여 이동을 앞둔 여유로운 분위기를 드러내고 있다.

④ ㉣ : 대구적 표현을 사용하여 새로운 계책을 마련한 기쁨을 드러내고 있다.

⑤ ㉤ : 계절감을 드러내는 표현을 사용하여 시간의 경과를 보여주고 있다.

이런 문제는 개념을 모르면 아예 손도 댈 수 없고 정확히 이해하지 못하면 틀리게 된다.

문학에 나오는 개념들과 문법은 어휘와는 조금 다른데, 참고서를 통해 공부할 수 있다. 문법서는 구매하도록 하고, 여타 개념들은 문학공부를 통해 보완하도록 하자.

7. 학자가 아닌 수험생

공부할 때는 내용을 지식으로 받아들일 필요가 있지만, 시험을 칠 때는 저장해 놓을 필요도 분석할 필요도 없다. 단지 문제만 잘 풀면 된다.

수능에 최적화된 사고방식은 전체를 조망하는 것이다. 국어 전체를 조망하는 것은 화법, 문법, 작문, 비문학, 문법이 있다는 것을 알고 전략적으로 풀어가야 한다.

아직 완전한 준비가 되지 않은 학생이 시험지를 받으면 받는 즉시 아무 생각 없이 1번부터 허겁지겁 풀면서도 '아, 어렵다.', '이거 무슨 소리야?'라고 하기 바쁘다. 하지만 완전하게 준비가 된 학생은 시험지를 받기 전부터 이 시험에 어떤 지문이 있을 것이고, 이런 형태의 지문에서는 어떤 질문을 할 것인지를 이미 다 알고 있다.

1번에 토론문이 있겠네.
과학기술지문이면 핵심적인 기술내용이 있겠네.
문학이니까 인물이 중요하겠네.

지문과 문제가 아무리 어렵더라도 많은 연습을 해오면서 이미 모든 형태를 다 알고 있기 때문에 당황하지 않고 풀 수 있다. 작은 것에 집중하면 전체적인 내용을 놓치면서 최상위권으로 도약하는 데 문제가 생긴다.

유비무환이다. 지속적이고 반복적인 연습만이 전체적인 내용을 조망할 수 있게 해주며 수험생 마인드를 갖추도록 해준다.

 영어 문제 푸는 법

1. 핵심 풀이법

영어는 언어이기 때문에 국어와 크게 다르지 않다는 것을 기억하자. 국어 문제풀이의 본질은 '논리'와 '보편적 생각'이었다. 영어도 마찬가지다.

모든 언어는 문장이 모여서 문단이 되고, 문단이 모여서 글이 된다. 영어시험에서는 글 전체를 보여주지 않고 짧은 문단만을 보여준다. 하나의 문단에는 반드시 하나의 주제가 있고, 그 주제를 표출하는 하나의 문장을 뽑아낼 수 있다.

영어 시험의 목적은 주어진 문장의 주제를 찾는 것과 보편적 논리로 문제를 푸는 것이다. 이런 이유에서, 제시문을 읽을 때는 항상 핵심 내용과 근거를 찾으면서 읽어야 한다. 아무 생각 없이 '그냥 읽어서 풀어야지'라고 생각하고 풀면 핵심 내용이 무엇인지, 근거가 무엇인지를 놓칠 수가 있고 읽다가 중간에 까먹어버리는 경우도 부지기수다.

국어와 마찬가지로 정답을 선택할 때는 근거가 가장 중요하다. 근거는 항상 지문에 포함되어 있으므로, 지문에서 근거를 찾아 답을 선택해야 한다. 정답을 선택할 때는 항상 근거를 찾아서 정답 선지와 매칭시키는 연습을 해야 한다.

이러한 연습이 되어 있지 않으면 '감이 오는 대로' 풀게 되는데, 감으로 푸는 것은 실수할 가능성이 있기 때문에 안정적인 고득점을 받기가 어렵다. 선지 옆에 근거를 써 놓거나 정답 선지와 매칭시키는 연습을 평소 공부할 때부터 반드시 해야 한다. 그러면 굳이 연습하지 않아도 시험을 치면서 알아서 근거를 찾게 될 것이다.

최상위권에 안착하기 위해서는 어휘, 문법지식, 근거를 통해 답을 찾는 습관, 이 세 가지가 골고루 갖춰져야 한다.

2. 문장 해석법 : 직독직해 – 끊어 읽기

주어는 항상 동사 앞에 있으니, 동사를 기준으로 생각한다.

1) 주어 + 동사를 찾아 그 뒤를 끊는다

'주어가 어떤 행동을 한다.'라고 해석할 수 있다.

> **It drinks / water.**
>
> **She washes / her face.**

2) 동사 뒤에 명사가 오면 끊는다

be동사인 경우, '주어는 ~이다.'로 해석할 수 있다.

> **I am / a boy.**
>
> **He was / a good teacher.**

3) 동사 뒤에 형용사가 오면 끊는다

'주어의 상태가 어떠하다.'라고 해석할 수 있다.

> I feel / good.

4) 동사 뒤에 전치사 + 명사구가 오면 끊는다

전치사 + 명사구는 장소, 시간, 위치 등으로 해석 가능하다.

> He stayed / at home.

5) 동사 뒤에 목적어가 두 개 오면 끊는다

'~에게 ~를'로 해석한다. 앞의 것이 간접 목적어이고 뒤의 것이 직접 목적어이다.

> He gave / me / a cake yesterday.

6) 동사 뒤의 목적어 뒤에 목적어를 보충하는 말이 나오면 끊는다

'목적어를 ~하게 한다'로 해석한다.

> This movie makes / me cry.

7) to + 동사원형이 있으면 to 앞에서 끊는다

to + 동사원형 앞에서 끊어준 후 '~하기 위해', '~하는 것', '~하는 등'으로 적절하게 해석하여 적용한다.

> I will go to school / to study.

8) 접속사나 쉼표를 기준으로 끊는다

접속사나 쉼표가 나오면 문장의 흐름이 바뀌므로 끊어 읽을 수 있다. 통상적으로 삽입구 뒤에는 쉼표가 따라오므로 삽입구 뒤에서도 끊는다.

> I invited him / but he didn't.
>
> My mom told me everyday, / be careful of guys.
>
> Once upon a time in america, / she found a apple.
>
> For example, / he has strong body.

3. 시험을 대비하는 공부법

1) 단어가 핵심이다

앞서 말했던 것처럼 영어는 단어가 가장 중요하며, 어휘를 모른다면 아예 손도 못 대는 문제들이 많다. 여러분이 이 수준까지 소화할 수 있는 상황이라면 이제는 하루에 단어 150개 정도는 외우도록 하자. 암기법을 활용하여 단어 책 하나를 5번 이상, 약 10번 정도는 반복해서 공부하도록 한다.

2) 유형에 익숙해지자

수능에 출제되는 영어 유형은 그리 많지 않은데 빈칸 추론, 연결사, 주제, 제목, 문장 넣기, 관계없는 문장 찾기, 요약문 완성하기, 순서 배열하기, 어휘 정도로 줄일 수 있다.

즉, 정해진 출제 유형과 패턴이 정해져 있다는 것이다. 이 유형들의 핵심은 결국 '핵심'이며 이를 어떻게 해석하고 분석하느냐가 풀이의 스킬이 된다. 이 책에서 모든 유형을 다루기는 어려우니 별도로 찾아보고 반복적으로 학습하여 익숙해지자. 풀이가 쉬워질 것이다.

4. 유형별 접근법

이 책에서 모든 유형을 다룰 수는 없지만, 수능에 자주 출제되는 유형 중 대표적인 유형인 '빈칸추론 유형'에 대해 알아보도록 하자. 물론 앞서 말한 꽤나 많은 유형들이 있지만 말 그대로 '유형'일 뿐이기 때문에 해석 능력이 있을 때만 유효하다.

문법을 잘 모르거나, 형식에 익숙하지 않거나, 수식구나 절을 잘 파악하지 못한다면 애초에 해석조차 할 수 없게 되는데, 이런 경우에는 유형 학습을 할 것이 아니라 완전한 해석을 위한 기초 공부를 해야 한다.

빈칸추론은 영어에서 가장 어려운 유형의 지문인 동시에 가장 많은 출제 빈도를 차지하는 중요한 지문이다. 다음의 순서에 따라 문제를 풀자.

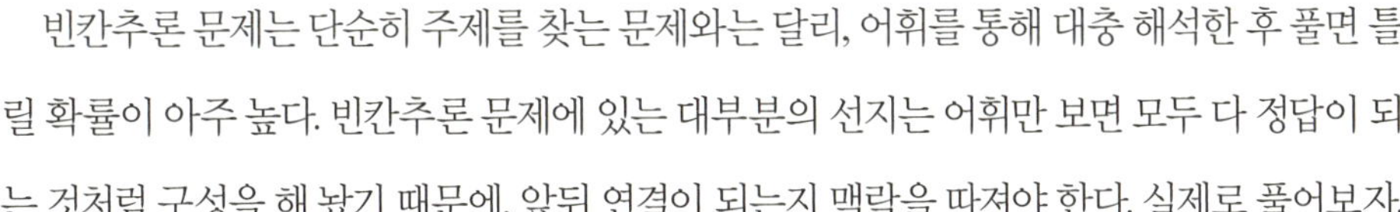

① 빈칸이 있는 문장을 가장 먼저 읽는다.

② 처음부터 지문을 읽으면서 주제를 파악한다.

③ 빈칸이 주제에 해당하는지, 예시나 세부사항에 해당하는지를 체크한다.

④ 선지를 하나하나 빈칸에 넣어보며, 단 하나의 모순이라도 있는지 집중하여 점검한다.

빈칸추론 문제는 단순히 주제를 찾는 문제와는 달리, 어휘를 통해 대충 해석한 후 풀면 틀릴 확률이 아주 높다. 빈칸추론 문제에 있는 대부분의 선지는 어휘만 보면 모두 다 정답이 되는 것처럼 구성을 해 놨기 때문에, 앞뒤 연결이 되는지 맥락을 따져야 한다. 실제로 풀어보자.

One of the main principles I follow when I draw outside is ___________________________
______________________. I try to stay away from houses or barns that have
unusual angles of the roof, or objects that look incorrect in size, perspective, or design. If
the subject is confusing when you look at it, it will be more confusing when you attempt
to draw it. I know a beautiful barn where the corners are not at right angles. No matter
how many times I have drawn it, the perspective does not look right. If I were to make an
accurate drawing of this barn and put it in a show, I'm sure I would get all kinds of criticism
for my poor perspective. I would not be there to tell my critics that the barn is actually
constructed this way. So, I stay away from subjects that do not look right to me.

① not to select a subject that is too difficult or odd

② no to draw any objects that others have drawn

③ to draw an object with imagination

④ to get information from abstract subjects

⑤ to convert inaccurate drawings into accurate ones.

빈칸이 있는 문장부터 해석하면 "바깥에서 그림을 그릴 때 따르는 원칙은 ____ 이다."이
다. 이제 우리는 빈칸에 들어갈 알맞은 문장을 찾기 위해 이 문장을 토대로 하나씩 해석해
야 한다.

이렇게 한 문장씩 끊어 읽기를 통해 해석을 하도록 한다. 글쓴이가 생각하는 원칙이 무
엇인지는 반드시 아래의 문장에 나와 있을 것이다. 그 내용을 해석을 통해 찾아내야 한다.

이 지문을 전체적으로 해석해보면 끊임없이 강조하는 부분이 보이는데 incorrect in size
(부정확한 크기), perspective(원근법), confusing(혼란스러운) 등을 통해 그림을 그리는 대상
에 큰 비중을 두고 있다는 것을 말해주고 있다.

> ① **not to select a subject that is too difficult or odd**
>
> → **너무 어렵거나 이상한 대상을 선택하지 않는다.**

이 선지가 가장 적합하며, 다른 내용은 빈칸에 들어가기에 알맞지 않다는 것을 쉽게 알아낼 수 있다. 사실 영어는 해석만 잘 하면 유형 학습이 따로 필요 없다. 대부분의 지문이 '주제 찾기' 혹은 '요약하기'에서 크게 벗어나지 않는다. 국어와 거의 같다고 볼 수 있다.

해석이 어렵다? 대부분의 영어 문장은 공식이 있다. 자주 해보지 않았다면 당연히 어렵다. 국어도 어휘를 모르면 어려운데 영어는 오죽할까? 단어를 모르면 당연히 해석이 불가능하다. 유형이든 뭐든, 일단 단어와 문장 구조의 공식들을 외워야 접근할 수 있다. 하지만 어휘와 문장 구조를 완벽히 이해한다고 해도 글쓴이의 의도나 중심 내용을 이해하지 못한다면 정답을 고르는 데에 어려움을 겪게 된다.

결국 영어는 언어적 논리와 암기력이 좌우하는 과목이라는 것이다. 이것을 축약해서 우리는 '독해력'이라고 부른다. 독해력이라는 단어는 국어와 일맥상통하는데, 글이 써진 이유와 글쓴이의 의도를 파악하는, 그리고 앞뒤 문맥을 논리적으로 이해하는 힘을 뜻한다.

눈치챘겠지만 문제 푸는 방법과 유형을 다루는 파트에서 해석과 독해에 대한 언급을 계속하고 있다. 이유는, 그 어떤 유형이라도 결국 해석을 얼마나 잘 하느냐가 관건이며, 뛰어난 독해능력만이 모든 유형을 꿰뚫는 단 하나의 방법이라는 것을 강조하기 위해서이다. 이러한 이유에서 단순한 유형 학습보다는 실질적인 독해능력이 훨씬 중요하다.

국어를 못하는 학생이 영어를 잘 하는 경우는 거의 없다. 언어적 이해 능력이 향상되면 국어와 영어 모두 잘할 수 있다는 뜻이므로, 어휘와 구조에 대한 학습을 기초로 하여 언어적 이해능력을 향상시키는 학습을 통해 독해력을 향상시킨 후 유형 학습을 하길 바란다. 그래야만 유효한 공부가 될 것이다.

실전 연습과 반복학습을 통한 습관화

문제를 푸는 것에 익숙해졌고 꽤나 많은 문제를 풀었다면, 이제는 실전 연습을 할 때다. 모든 환경과 조건을 실전과 똑같이 만들어 놓고 연습을 하자.

문제 푸는 방법을 안다고 해서, 그 방법대로 많이 풀어 봤다고 해서 시험을 잘 치르는 것은 아니다. 시험을 잘 치기 위해서는 당연히 시험과 똑같은 환경에서, 어쩌면 더 악독한 환경에서 연습하며 실전을 대비해야 한다. 연습할 때는 다 맞아도 시험만 치면 무너지는 대부분의 학생들은 이런 연습이 되어있지 않은 것이다.

실전 연습은 실전보다 5분 짧은 제한시간으로 시험을 치르도록 한다. 혹시 모를 컨디션 난조나 돌발 상황에 대비하기 위함이다. 국어는 80분이니 75분으로, 수학은 100분이니 95분으로, 영어는 70분이니 65분으로 제한시간을 정해놓고 푼다.

모든 과목은 검산이 필요하다. 언제나 실수할 가능성이 있기 때문에 확인할 시간을 남겨 둬야 한다. 때문에 처음에는 5분 짧게 시작했지만, 이것에 익숙해지면 10분을, 또 익숙해지면 15분을 단축해서 연습하도록 한다. 단, 문제 풀이법을 엄격하게 지키면서 줄여야 한다. 시간을 줄이고자 잘못된 풀이를 하면 안 된다. 스톱워치를 사용하여 실전에 대비하도록 한다.

시험을 앞둔 수험생이라면 개념을 다 익혔고 문제풀이에 익숙해졌다는 전제하에, 주 1회는 실전 연습하는 날로 정해두고 실전 연습을 해줘야 감을 잃지 않을 수 있다.

여러분이 입시에서 마지막으로 치를 수능시험 시간표는 다음과 같다.

08:10	입실 (이쯤 하는 것이 이상적이다. 허겁지겁 오지 말자)
08:40 ~ 10:00	국어
10:30 ~ 12:10	수학
12:10 ~ 13:10	점심시간
13:10 ~ 14:20	영어
14:50 ~ 16:32	탐구
17:00 ~ 17:40	제2외국어/한문

국어, 영어는 공통이고 수학은 가형(이과), 나형(문과)을 선택할 수 있다. 탐구 과목은 사회탐구, 과학탐구, 직업탐구 셋 중 하나를 골라서 치르며 그 중에서도 세부과목 2개를 선택하여 치른다.

각 과목을 치르고 나면 30분씩 쉬는데, 반드시 화장실에 다녀오고 개념정리 노트를 꺼내서 어려워했던 내용을 복습해야 한다. 탐구시간에는 시험지를 교체하는 시간 2분이 추가로 주어지는데, 이때는 화장실에 갈 수 없고 교체된 시험지를 다시 꺼낼 수도 없다.

특히 수능은 OMR 카드에 기재할 내용이 상당히 많기 때문에 밀려 쓰는 실수가 빈번히 일어나며, 문제를 다 풀고 난 후 마킹할 시간이 부족해서 허겁지겁 마킹하다가 잘못 쓰는 경우도 많다. 때문에 진짜 시험보다 5분 짧은 시간으로 연습하는 것이다.

다시 한 번 말하지만 주 1회는 연습해줘야 한다. 그래야 습관이 된다. 당연히 실전 연습 또한 꾸준히 하면 습관이 될 수 있고, 습관이 되고나면 시간분배가 좀 더 쉬워질 것이며, 수능에 나오는 문제 유형 전체가 이해될 것이다.

어느 정도 습관이 되고 출제되는 문제 유형들이 이해되는 시점부터 실질적인 유형 학습이 가능해지며, 이때가 오답 정리를 통한 약점 보완이 필요한 시점이다.

약점 보완

STEP 05까지 완전히 소화할 수 있었다면 이미 여러분은 중상위권 이상 진입했다는 뜻이다.

하지만 이만큼이나 공부를 했는데도 80점을 겨우 넘기는 수준이거나 성적향상이 이뤄지지 않는다면, 개념을 모른다기보다는 실질적인 기술이 부족하거나 특정 부분에 대한 약점이 있기 때문이다. 이는 모든 학생들에게 공통적으로 생기는 문제니 걱정할 것 없다.

대부분의 약점은 단순히 개념 공부를 할 때는 절대 찾을 수 없다. 본인 스스로 이 내용을 제대로 아는지 자각하지 못하기 때문이다. 약점은 오직 '오답'에서만 드러난다.

정답을 맞힌 문제는 그 문제를 통해 공부를 한 것이 아니라 단지 알고 있다는 것을 확인한 것에 지나지 않는다. 문제를 틀리고, 그 문제에서 드러난 내 약점을 보완하는 과정이 공부다. 오직 틀린 문제를 통해서만 배울 수 있다. 지금부터는 틀린 문제로부터 약점을 보완하는 오답정리 및 분석 방법에 대해 배워보자.

 오답정리

문제를 풀었는데 80점 이상이라면, 즉 오답이 전체의 20% 이하라면 드디어 오답정리를 할 시기가 됐다. 그 전에는 하지말자. 오답이 너무 많기도 하고 효율이 좋지 않다.

일단 문제를 풀이 방법에 따라 '제대로' 풀고 틀린 문제와 맞힌 문제로 구분하자. '찍어서' 맞힌 문제는 틀린 문제와 같다. 그리고 틀린 문제들은 모두 아래의 조건에 맞춰 저장하자.

- 과목별로 정리한다.
- 언제 틀린 것인지 명확히 기재한다.
- 문제 발생 원인과 문제의 특징을 요목조목 따져서 기록해 놓자.

이 모든 조건을 충족시키기란 쉽지 않은데, 오답 정리 테이블을 사용하여 바인더로 정리해 두면 편리하다.

오답 정리 테이블은 소위 말하는 오답노트의 업그레이드 버전으로, 발생한 모든 오답의 원인을 분석하고 약점을 찾아내어 보강할 수 있는 근간을 마련해준다. 오답의 원인은 너무나도 다양하기 때문에 아주 자세하게 분석해야 보강할 수 있다.

① 국어	② 영어	③ 수학
• 답을 선택한 이유 • 내가 선택한 답이 정답이 아닌 근거 • 문제의 정답과 그 근거 • 모르는 단어, 의미 파악이 어려웠던 문장 • 문제 유형 / 오답의 이유 / 지문 분류	• 답을 선택한 이유 • 내가 선택한 답이 정답이 아닌 근거 • 문제의 정답과 그 근거 • 모르는 단어, 의미 파악이 어려웠던 문장 • 문제 유형 / 오답의 이유	• 문제 • 풀이과정 • 질문과 조건 • 예측 및 변환 과정 • 풀이 • 기초 개념(중등) / 직접 출제에 연관된 개념(고등) / 문제유형 / 오답의 이유 / 해설의 이해

위의 내용을 포함하도록 한다. 최대한 자세하게, 다른 사람을 설득할 수 있을 정도로 논리적으로 기재해야 한다. 과목별로 기재해야 하는 내용이 상이하므로 오답정리 또한 각 과목별로 따로 바인더에 정리해둬야 한다.

오답노트(국어)

작성자 :

20 년 월 일 요일	틀린 문제(시험 or 교재, 번호) :

내가 선택한 답과 그 답을 선택한 이유

내가 선택한 답이 정답이 아닌 근거

문제의 정답과 그 근거

모르는 단어, 의미 파악이 이려웠던 문장

오답분석 – 지문 분류(해당되는 부분에 동그라미 표시 하세요)

화법	작문	어휘	현대문법	비문학(인문)	기타문법(중세, 외래어 등)
비문학(기술)	비문학(과학)	비문학(예술)	비문학(사회)	비문학(언어)	
문학(현대사)	문학(현대소설)	문학(고전시)	문학(고전소설)	문학(희곡)	문학(수필)

오답분석 – 문제 분류(해당되는 부분에 동그라미 표시 하세요)

어휘	요약	내용일치	중심내용 이해	보기 이해
내용 전개 방식 이해 (서술 특징)	시어/단어/ 문장 이해	희곡 연출 의도 파악	시적 표현	비교 및 대조

오답분석 – 오답 분류(해당되는 부분에 동그라미 표시 하세요)

어휘	어법	문장 이해 불가	해석 불가 (고전문학)	시간 부족
실수	배경지식 활용	문맥 파악 실수	약한 파트	내용 정리 실패

20　년　월　일　요일

개념분류 (이 문제가 포함하는 모든 부분에 동그라미표 하세요.)				

	자연수의 성질	정수와 유리수	문자와 식	함수
중등	통계	기본도형	평면도형	입체도형
	수와 식	방정식	부등식	일차함수
	확률	삼각형의 성질	사각형의 성질	도형의 닮음
	제곱근과 실수	이차방정식	이차함수	
	통계	피타고라스 정리	삼각비	원
고등	다항식	방정식과 부등식	도형의 방정식	집합과 명제
	함수	수열	지수와 로그	
	수열의 극한	함수의 극한과 연속	다항함수의 미분법	다항함수의 적분법
	순열	조합	확률	통계
	지수함수와 로그함수	삼각함수	미분법	적분법
	평면도형	평면벡터	공간도형	공간벡터

문제가 구하라고 하는 것
Q :

문제분류 (이 문제의 핵심 형태에 동그라미표 하세요.)			
단순계산	개념 암기 확인	여러 가지 개념 복합적용	그래프 해석
식과 조건	조건만 제공	도형문제	귀납법
ㄱ,ㄴ,ㄷ	노가다	조건으로부터 추론 및 계산	

이 값을 구하는 방법 예측
→

오답분류 (이 문제를 틀린 이유 전부에 동그라미표 하세요.)			
수학 용어 미숙지	공식 암기x	공식 활용 실패	조건 망각
조건 활용 실패 (활용법 모름)	조건 활용 실수 (다르게 활용함)	문제 잘못 이해	풀이 예측 실패
문제 이해 불가	검산 미진행	정리 실패	계산실수
언어의 수식화 실패		수식의 언어화 실패	

문제의 핵심 조건		조건 재해석
①	→	
②	→	
③	→	
④	→	
⑤	→	
⑥	→	

해설이해분류 (해설지를 보고 난 후 해당하는 부분에 동그라미표 하세요.)		
해설지를 보면 이해 됨	해설지가 이해가 되긴 하지만 모르는 과정 있음	해설지 조차 이해 안 됨

작성자 :

틀린 문제 (시험 or 교재, 번호) :

문제

풀이 & 해설 (해설지를 쓴다고 생각하고 작성하세요.)

풀이

작성자 :

20　년　월　일　요일	틀린 문제(시험 or 교재, 번호) :

내가 선택한 답과 그 답을 선택 한 이유

내가 선택한 답이 정답이 아닌 근거

문제의 정답과 그 근거

모르는 단어, 의미 파악이 어려웠던 문장

오답분석 – 문제 분류(해당되는 부분에 동그라미 표시 하세요)

목적	심경	주제	일치	어법
어휘	지시대명사	빈칸	관계없는 문장	순서
문장 삽입	요약	장문		

오답분석 – 오답 분류(해당되는 부분에 동그라미 표시 하세요)

어휘를 모름	어법을 모름	해석 불가	추론 불가(해석은 가능)
시간 부족	실수		

 오답분석

대체 무엇이 잘못되었기에 오답이 발생하는지 이 분석과정을 통해 이해할 수 있는데, 통계적으로 가장 많이 발생한 문제를 확인하고 그 부분을 보완하면 된다.

오답을 정리하는 목적은 통계를 내기 위함이므로 일정량이 모이기 전에는 분석이 불가능하다. 1개월 단위로, 30문제 단위로, 혹은 자율적으로 오답정리 내용을 모아서 분석할 수 있는데 1개월 기간 단위로 하는 것을 추천한다.

오답 정리노트에 내용이 하나씩 채워질 때마다 오답 분석 테이블에도 똑같이 기재해 주자. 오답 분석 테이블은 아래처럼 각각 나눠서 기재해야 한다.

- 국어 : 문제 유형 / 오답의 이유 / 지문 분류
- 영어 : 문제 유형 / 오답의 이유
- 수학 : 기초 개념(중등) / 직접 출제에 연관된 개념(고등) / 문제유형 / 오답의 이유 / 해설의 이해

수학은 한 문제를 틀리면, 5개의 테이블 모두에 기재해야 한다는 뜻이다. 그러면 문제가 가장 많이 발생하는 것이 어느 부분인지를 알게 되면서, 당장 보강해야 하는 부분에 대해 자각할 수 있다.

국어·영어	수학
• 문제분류 : 부족한 문제를 더 많이 풀어서 유형에 익숙해지면 된다. • 오답분류 : 이런 이유가 발생하는 원인을 고민해보고 보완할 수 있는 방법을 자체적으로 강구한다. • 지문분류 : 문제분류와 동일하다. 더 많은 유형을 풀어본다.	• 기초 개념 (중등) : 부족한 부분을 더 공부해야 한다. • 개념 (고등) : 부족한 부분을 더 공부해야 한다. • 문제분류 : 부족한 문제를 더 많이 풀어서 유형에 익숙해지면 된다. • 오답분류 : 이런 이유가 발생하는 원인을 고민해보고 보완할 수 있는 방법을 자체적으로 강구한다. • 해설 이해 분류 : STEP 03의 색 볼펜 사용법을 구사하여 모르는 것과 아는 것을 명확히 한다. 그 후 부족한 내용을 보강한다.

오답정리 및 분석의 원리는 하나다. 부족한 부분에 대한 보강이고, 오답이 생기면 그 오답이 왜 생겼는지를 고민하는 것이다.

오답 분석 테이블 : [국어]문제분류

______ 년 ____ 월 ____ 일 ~ ______ 년 ____ 월 ____ 일

	1	2	3	4	5	6	7	8	9	10	11	12	13	14
어휘														
내용일치														
중심내용 이해														
보기 이해														
내용전개방식 이해(서술특징)														
연출 의도 파악(희곡)														
시어/단어/문장 이해														
시적 표현														
비교 및 대조														
요약														

① 틀린 문제에 포함되는 내용에 체크하세요!
② 30개가 가득 차면 합산 개수를 적고 개수가 많은 순서대로 약점 순위를 매기세요!

보면서 느꼈겠지만 쓰고, 분석하고, 생각하는 시간이 꽤 많이 걸린다. 시간은 좀 걸리지만 당장 한두 문제 더 푸는 것 보다 성적 향상에 더 큰 도움이 된다. 단순히 문제만 풀어서는 지금의 한계를 뛰어 넘을 수 없다. 문제가 발생하는 원인을 찾아내자.

이름 :

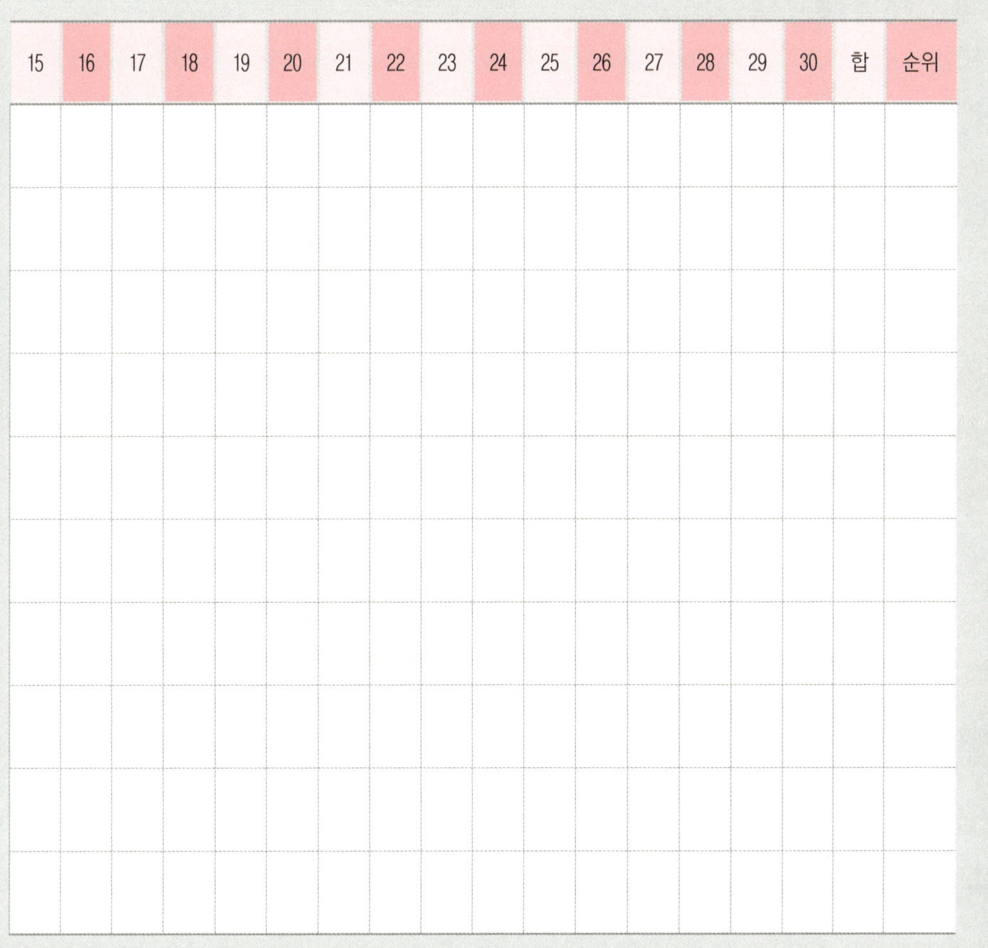

15	16	17	18	19	20	21	22	23	24	25	26	27	28	29	30	합	순위

_______년 _____월 _____일 ~ _______년 _____월 _____일

	1	2	3	4	5	6	7	8	9	10	11	12	13	14
어휘를 모름														
어법을 모름														
문장 이해 불가														
해석 불가(고전 문학)														
시간 부족														
실수														
배경지식 활용														
문맥 파악 실수														
약한 파트														
내용 정리 실패														

① 틀린 문제에 포함되는 내용에 체크하세요!
② 30개가 가득 차면 합산 개수를 적고 개수가 많은 순서대로 약점 순위를 매기세요!

이름 :

15	16	17	18	19	20	21	22	23	24	25	26	27	28	29	30	합	순위

______년 ___월 ___일 ~ ______년 ___월 ___일

	1	2	3	4	5	6	7	8	9	10	11	12	13	14
화법														
작문														
어휘														
현대문법														
기타문법(중세, 외래어등)														
비문학(인문)														
비문학(기술)														
비문학(과학)														
비문학(예술)														
비문학(사회)														
비문학(언어)														
문학(현대소설)														
문학(현대시)														
문학(고전소설)														
문학(고전시)														
문학(수필)														
문학(희곡)														

① 틀린 문제에 포함되는 내용에 체크하세요!
② 30개가 가득 차면 합산 개수를 적고 개수가 많은 순서대로 약점 순위를 매기세요!

이름 :

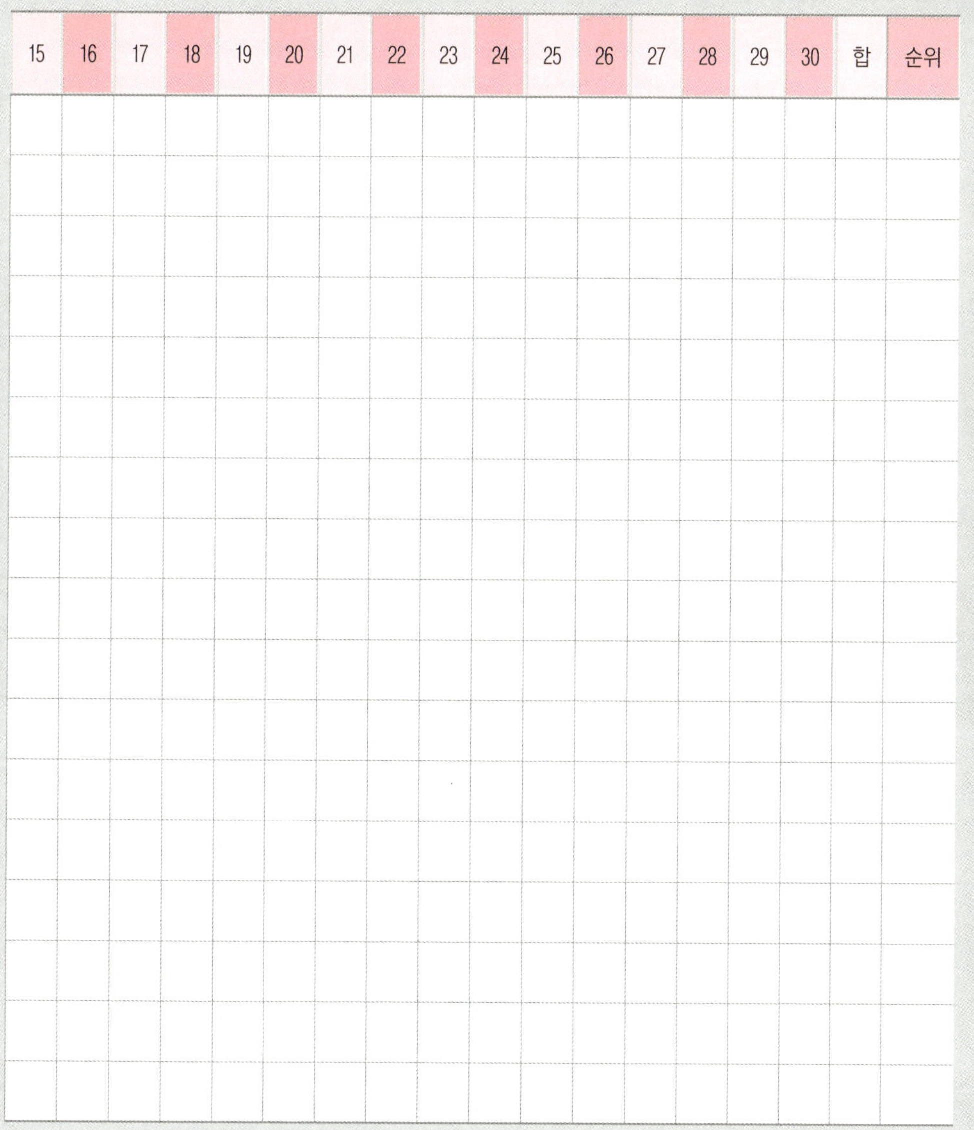

15	16	17	18	19	20	21	22	23	24	25	26	27	28	29	30	합	순위

______년 ____월 ____일 ~ ______년 ____월 ____일

	1	2	3	4	5	6	7	8	9	10	11	12	13	14
어휘를 모름														
어법을 모름														
해석 불가														
추론 불가(해석은 가능)														
시간 부족														
실수														

① 틀린 문제에 포함되는 내용에 체크하세요!
② 30개가 가득 차면 합산 개수를 적고 개수가 많은 순서대로 약점 순위를 매기세요!

이름 :

15	16	17	18	19	20	21	22	23	24	25	26	27	28	29	30	합	순위

_____년 ___월 ___일~_____년 ___월 ___일

	1	2	3	4	5	6	7	8	9	10	11	12	13	14
심경														
주제														
일치														
어법														
어휘														
지시대명사														
빈칸														
관계없는 문제														
순서														
문장 삽입														
요약														
장문														

① 틀린 문제에 포함되는 내용에 체크하세요!

② 30개가 가득 차면 합산 개수를 적고 개수가 많은 순서대로 약점 순위를 매기세요!

이름 :

15	16	17	18	19	20	21	22	23	24	25	26	27	28	29	30	합	순위

_____년 ___월 ___일~_____년 ___월 ___일

중등과정	1	2	3	4	5	6	7	8	9	10	11	12	13	14
자연수의 성질														
정수와 유리수														
문자와 식														
함수														
통계														
기본도형														
평면도형														
입체도형														
수와 식														
방정식														
부등식														
일차함수														
확률														
삼각형의 성질														
사각형의 성질														
도형의 닮음														
제곱근과 실수														
이차방정식														
이차함수														
통계														
피타고라스 정리														
삼각비														
원														

① 틀린 문제에 포함되는 내용에 체크하세요!
② 30개가 가득 차면 합산 개수를 적고 개수가 많은 순서대로 약점 순위를 매기세요!

이름 :

15	16	17	18	19	20	21	22	23	24	25	26	27	28	29	30	합	순위

전국 _______년 _____월 ____일 ~ _______년 ____월 ____일

고등과정	1	2	3	4	5	6	7	8	9	10	11	12	13	14
다항식														
방정식과 부등식														
도형의 방정식														
집합과 명제														
함수														
수열														
지수와 로그														
수열의 극한														
함수의 극한과 연속														
다항함수의 미분법														
다항함수의 적분법														
순열														
조합														
확률														
통계														
지수함수와 로그함수														
삼각함수														
미분법														
적분법														
평면도형														
평면벡터														
공간도형														
공간벡터														

① 틀린 문제에 포함되는 내용에 체크하세요!

② 30개가 가득 차면 합산 개수를 적고 개수가 많은 순서대로 약점 순위를 매기세요!

이름 :

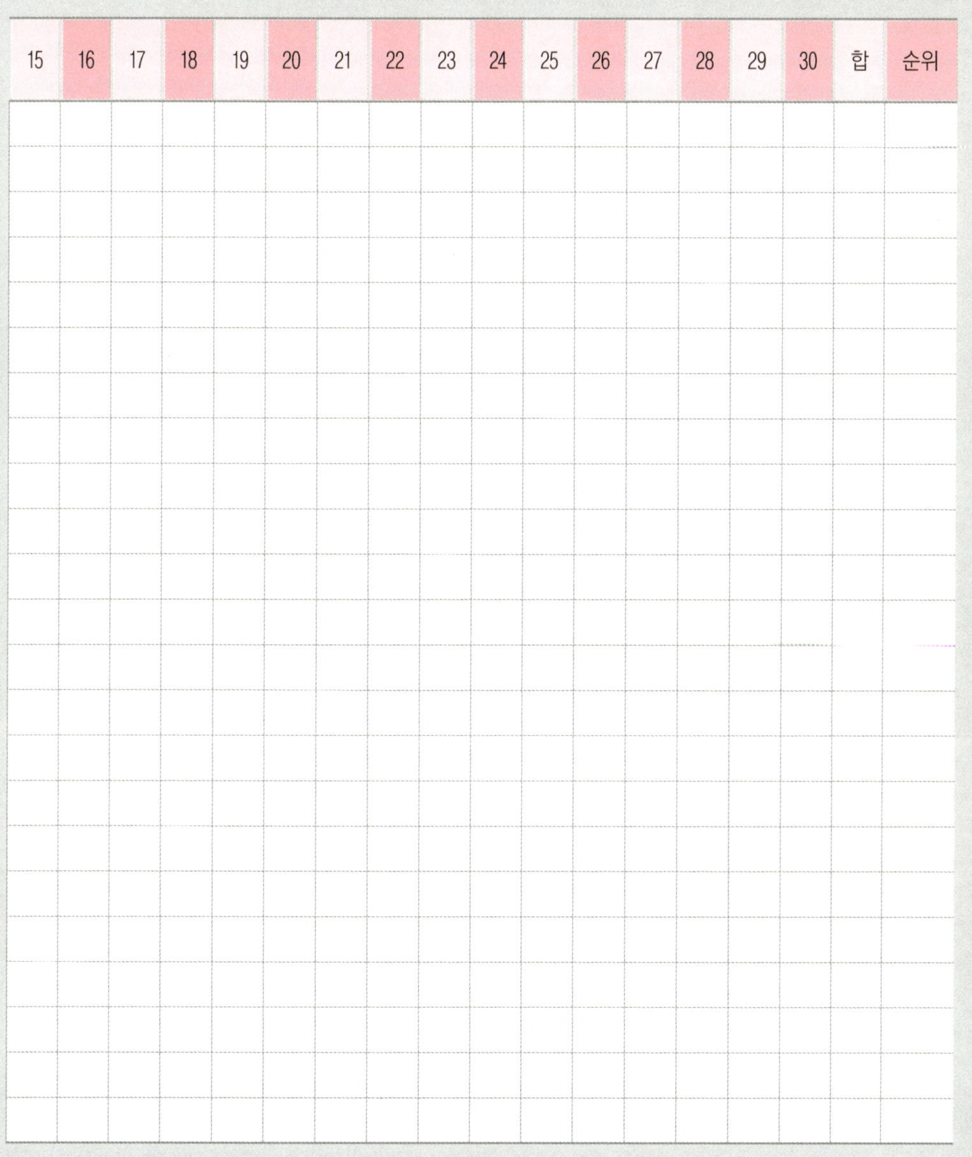

15	16	17	18	19	20	21	22	23	24	25	26	27	28	29	30	합	순위

_______년 _____월 _____일 ~_______년 _____월 _____일

	1	2	3	4	5	6	7	8	9	10	11	12	13	14
단순계산														
개념 암기 확인														
여러 가지 개념 복합적용														
그래프 해석														
식과 조건														
조건만 제공														
도형 문제														
귀납법														
ㄱㄴㄷ														
조건으로부터 추론/계산														
노가다														

① 틀린 문제에 포함되는 내용에 체크하세요!
② 30개가 가득 차면 합산 개수를 적고 개수가 많은 순서대로 약점 순위를 매기세요!

이름 :

15	16	17	18	19	20	21	22	23	24	25	26	27	28	29	30	합	순위

_______년 _____월 ____일 ~ _______년 ____월 ____일

	1	2	3	4	5	6	7	8	9	10	11	12	13	14
수학 용어 미숙지														
공식 암기x														
공식 활용 실패														
조건 망각(빼고 풀었음)														
조건 활용법 모름														
조건 활용 실수(다르게 활용)														
문제 잘못 이해														
풀이 예측 실패														
문제 이해 불가														
검산 미진행														
정리 실패														
계산 실수														
언어의 수식화 실패														
수식의 언어화 실패														

① 틀린 문제에 포함되는 내용에 체크하세요!
② 30개가 가득 차면 합산 개수를 적고 개수가 많은 순서대로 약점 순위를 매기세요!

이름 :

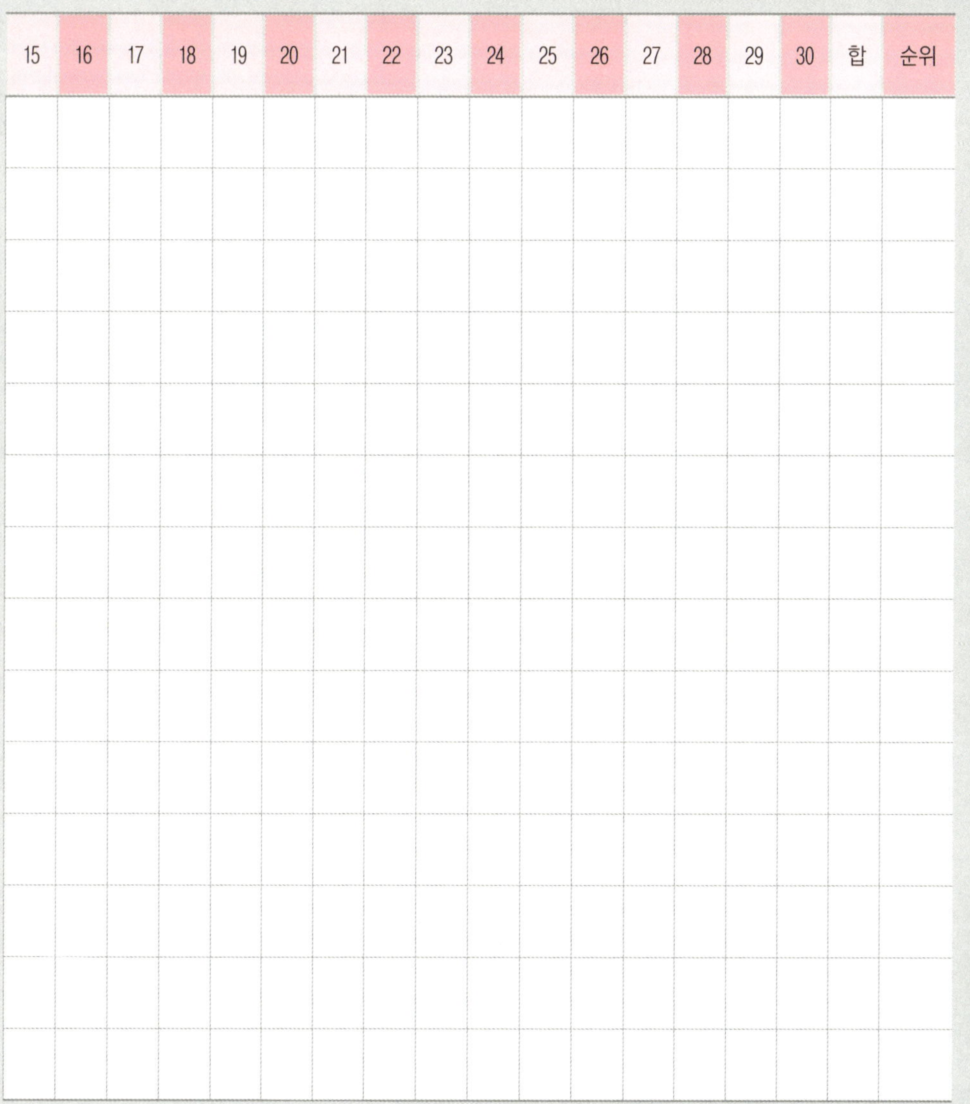

15	16	17	18	19	20	21	22	23	24	25	26	27	28	29	30	합	순위

_____년 ___월 ___일 ~ _____년 ___월 ___일

	1	2	3	4	5	6	7	8	9	10	11	12	13	14
해설지를 보면 이해 됨														
해설지에 모르는 과정이 있음														
해설지 조차 이해 안 됨														

① 틀린 문제에 포함되는 내용에 체크하세요!
② 30개가 가득 차면 합산 개수를 적고 개수가 많은 순서대로 약점 순위를 매기세요!

과목별로 여러 종류의 오답 분석 테이블이 있다. 모든 오답을 모든 종류의 테이블에 적어 놓고 어떤 문제가 있어서 틀린 것인지를 찾아내자. 그리고 보완하자.

이름 :

15	16	17	18	19	20	21	22	23	24	25	26	27	28	29	30	합	순위

굳히기

이제는 실력이 꽤 쌓였다. 개념정리를 끝냈고 문제 푸는 방법을 익히고 숙달했다. 그리고 오답정리와 분석을 통해 약점을 보완하며 부족한 부분에 대한 보강까지 끝마쳤다. 당연히 상당히 상위권에 위치하고 있을 것이다.

이 책을 처음 펼칠 때와는 다르게 최상위권을 바라보는 위치에 도달했지만, 좀처럼 가까워지기 어렵다는 생각이 들 것이다. 뭔지 모를 벽이 있는 것도 같고, 암만 해도 잡히지 않는 느낌일 것이다.

이걸 기억하자. 최상위권 학생들에게는 핑계가 없다. 항상 일관된 성적을 유지하며, 문제를 풀 때도 당황하지 않고 '하던 대로' 한다. 하지만 아직 그 경지에 오르지 못한 학생들은 성적의 기복이 크고, 잘 안 풀리면 연습했던 방법을 잊고 마구잡이로 푼다. 그리고 핑계가 많다.

> 문제가 안 풀리다보니 풀이법을 잠깐 잊었어.
> 아, 이 문제는 아는 건데.
> 오늘 몸이 안 좋았어.

이 모든 것은 핑계일 뿐이다. 승자는 방법을 찾고 패자는 핑계를 찾는다. 우리는 최상위권이 되고자 하고, 방법을 찾아야 한다. 시험은 항상 '연습하던 대로' 해야 한다. 그래야 기복 없는 성적을 받을 수 있다.

사실 최상위권과 상위권의 차이는 종이 한 장 차이다. 이는 '시험 날 컨디션을 얼마나 잘 관리하는가'와 '실수를 얼마나 줄이느냐'에 있다. 실수를 하지 않으려면 당황하지 않아야 하며, 당황하지 않기 위해서는 좋은 컨디션을 유지해야 한다.

마지막 단원에서는 컨디션 조절을 위한 방법들과 실수를 줄이는 방법에 대해서 알아보도록 하겠다.

 컨디션 조절

1. 마인드 컨트롤

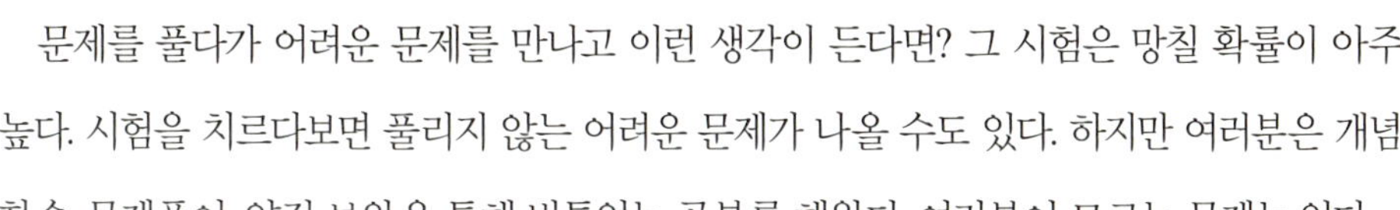

문제를 풀다가 어려운 문제를 만나고 이런 생각이 든다면? 그 시험은 망칠 확률이 아주 높다. 시험을 치르다보면 풀리지 않는 어려운 문제가 나올 수도 있다. 하지만 여러분은 개념 학습, 문제풀이, 약점 보완을 통해 빈틈없는 공부를 해왔다. 여러분이 모르는 문제는 없다.

여러분은 그 문제를 풀 수 있다. 잠깐 생각이 안 나는 것뿐이니, 다른 문제를 풀고 나서 다시 시도하면 충분히 풀 수 있을 것이다. 풀이 방법에 맞춰 차근차근 다시 시도해보자. 충분히 할 수 있다. '나는 다 알고 있다. 지금 풀이법이 잠깐 안 보이는 것뿐이다'라는 마인드로 어려운 문제를 대하면 당황하지 않을 수 있다.

2. 컨디션 관리

준비기간이 얼마나 길었는지에 상관없이 모든 시험은 단 하루 만에 이루어진다. 그 하루의 컨디션이 좋지 않으면, 그간의 연습은 물거품이 된다. 가수가 콘서트날 감기에 걸리면 안 되는 것과 같다.

시험 날 최고의 컨디션이 되도록 준비하는 것도 성적향상에 큰 도움이 된다. 이제는 변수를 최대한 줄여야 한다. 시험 날 감기에 걸린다든지 몸이 아프다든지 해서 컨디션 난조를 겪으면 안 된다. 또, 시험에 앞서 새로운 내용을 공부해서도 안 된다. 시험 2주일 전부터는 정리해둔 내용으로 복습만 해야 한다.

필자의 지인은 시험 날 배탈이 나지 않기 위해 한 달 전부터 아침, 점심은 콩나물국만 먹었고, 시험 스케줄에 익숙해지기 위해 수능 시간표와 동일하게 공부했다고 한다. 8시 40분부터 80분간 국어를, 10시 30분부터 100분간 수학을, 13시 10분부터 70분간 영어를 공부했다는 것이다. 이는 매우 훌륭한 전략이다.

또한, 돌발 상황에 대비해야 한다. 시험장은 생각보다 많이 시끄럽다. 기침하는 사람, 다리 떠는 사람, 펜 딸깍거리는 사람 등 별 사람들이 다 있고, 영어 듣기평가 소리가 잘 안 들릴 수도 있다. 즉, 모든 것들이 내 생각대로 움직여 주지는 않는다.

이겨내는 방법은 단 하나, 이에 익숙해지는 수밖에 없다. 소음이나 눈앞에서 거슬리게 행동하는 것들에 익숙해지자. 쉽게 말하면 집중력을 기르고 당황하지 않는 심장을 갖자는 것이다. 시끄러운 상황을 일부러 만들어서 견뎌내고 어떤 상황이 벌어져도 당황하지 않도록 미리 생각해 두자.

시험은 단 하루다. 그 하루에 모든 것을 쏟아낼 수 있을 만큼 컨디션이 최고조 상태가 되도록 최소 한 달 전부터 익숙해지는 연습을 하자.

3. Refresh 명상법

사실 강의를 하며 명상법을 몇 번 언급했더니 강의 후기에 '약 파는 것 같다.'는 말이 많아서 한동안 말하지 않았었는데, 이에 대해 이야기해보려고 한다.

필자는 명상의 덕을 톡톡히 봤다. 어려운 문제가 나와서 당황하거나 컨디션 난조로 문제가 풀리지 않는다면, 시험을 망칠 확률이 높아진다. 당황하지 않는 것이 마인드 컨트롤에서 '나는 알고 있다.'고 세뇌시키는 것이었다면, 명상은 이 상황을 초기화시키는 역할을 한다.

필자가 구사하는 명상법의 핵심 원리는 '모든 움직임을 내가 의도하는 대로만 제한한다.'는 것인데 기본적인 순서는 아래와 같다.

① '눈을 감는다.'고 생각하며 눈을 감는다.
② '숨을 들이 마신다.'고 생각하며 숨을 들이 마신다.
③ '숨을 내 뱉는다.'고 생각하며 숨을 내 뱉는다.
④ 배가 나오고 들어가는 움직임을 생각하며 반복한다.
⑤ 잡생각이 들면 '잡생각'이라고 그 생각에 대해 이름을 만들어 준 뒤 다시 '숨을 들이마신다.'고 생각하며 호흡에 집중한다.
⑥ 5분 정도 반복한다. (시험 때는 5분을 추천한다. 훈련할 때는 길수록 좋다.)
⑦ '눈을 뜬다.'고 생각하고 눈을 뜬다.
⑧ 다시 시험에 임한다.

어렵지 않다. 지금 잠깐 5분만이라도 해보자.

막상 해보면 집중하기가 쉽지 않고, 게임생각, 음식생각, 사람생각, 사건생각 등 잡생각이 엄청 많이 난다. 이 모든 생각들은 여러분이 평소에 하고 있던 생각이다. 머릿속에 이렇게 많은 생각들이 정리되지 않고 있었던 것이다. 마치 스마트폰 앱을 종료하지 않은 상태와 같다. 이제 명상을 통해 종료되지 않은 앱들을 다 꺼버리자.

명상을 하는 도중에 잡생각이 나면 떨쳐내려 하지 말고 '잡생각!'이라고 아주 짧은 시간동안 명확히 그 생각에 대해 집중한 다음, 다시 배의 움직임으로 돌아오자. 한 번에 잘 되지는 않겠지만 익숙해진다면 순식간에 잡생각이 사라진다.

필자는 문제가 풀리지 않을 때는 펜을 놓고 이 명상을 몇 분 정도 했다. 놀랍게도 그러면 풀이법이 떠오르곤 했다. 명상이 익숙해지려면 한 달은 짧고, 아주 긴 시간이 필요하다. 매일 자기 전이나 일어난 직후에 5분씩이라도 하자.

02 실수 줄이기

1. 시간 단축하기

시간을 단축하는 것은 검산시간을 늘리거나 한 번 더 풀 시간을 확보하여 실수할 확률을 줄이기 위함이다.

시간 단축에 대해서는 STEP 05에서 이미 언급했지만, 실력이 웬만큼 쌓이기 전에는 시도조차 하기 어렵다. 하지만 일정 수준의 실력이 쌓였다면 시간을 '초 단축'할 수 있다.

방법은 오직 하나다. 생략 가능한 모든 것을 생략하는 것이다. 생각과 과정을 생략하라는 뜻이 절대 아니다. 풀이 과정을 생략하면 표면적으로는 시간이 단축되더라도 오히려 실수가 많아지며 시간이 더 많이 걸리게 된다. 절대 그래선 안 된다.

펜으로 쓰는 것을 생략하라는 뜻이다. 공부하는 과정에서는 논리가 옳은지 확인하기 위해 펜으로 쓸 것을 강조했었지만, 최상위권에 도약하기 위한 시험을 치를 때는 상황이 다르다. 머릿속으로 생각 가능한 모든 풀이과정은 최대한 빠르게 머릿속으로만 생각하고 결론만 적는다. 어떤 과목이라도 마찬가지다. 펜으로 작성해야 했던 많은 것들을 머릿속으로만 생각하고 결론만 눈에 보이도록 기재한다.

이 작업은 결코 쉽지 않다. 어설픈 실력에서 시간 초 단축을 시도하면 오히려 실수가 많아지면서 성적이 떨어진다. 그러니 시간 초 단축은 실수가 거의 없고 더 이상 어떤 공부를 해야 할지 모를 때, 모르는 개념이 없고 풀지 않았던 문제들이 거의 없을 때나 시도할 수 있다.

2. 일관된 풀이법을 구사할 것

앞에서 말했던 것과 같다. 모든 것에 익숙해져야 한다. 풀이도 마찬가지다. 많은 학생들이 어려운 문제가 나오면 당황하면서 연습했던 풀이 방식이 아닌 다른 방법으로 문제를 푸는데, 이렇게 되면 점점 더 나락으로 떨어진다. 반드시 연습했던 대로 해야 한다. 당황하지 마라. 당황했다면 명상을 해서 회복하자.

03 마지막 Tip!

만약 시간 초 단축 작업에 성공하여 시간이 많이 남게 된다면 두 번 이상 푸는 것이 가능해진다. 한 번 다 풀고 나서도 시간이 전체의 1/3 이상 남으면 다른 접근 방법으로 다시 한 번 풀어보자.

심지어 문제를 덜 풀었더라도 검산은 해야 한다. 오답 분석을 통해 확인한 결과 내가 실수를 많이 하는 타입이었다면, 덜 푼 문제가 있더라도 시험시간 전체의 4/5를 기점으로 새로운 문제를 풀지 말고 검산에 돌입해야 한다. 새로운 문제를 푸는 것보다 검산을 하는 것이 더 좋은 성적을 받는다고 한다. 많은 학생들이 계산실수와 착각으로 점수를 날려먹는다. 검산을 한다면 더 좋은 성적을 받을 수 있다.

물론 이 모든 것들은 평소에 많은 연습을 했다는 전제하에서만 가능하다. 그러니 4/5를 기점으로 검산에 돌입해야 하고, 명확한 풀이과정을 구사해야 하며, 시간 초 단축에 대한 연습을 꾸준히 해야 한다. 연습이 되어 있지 않으면 실전에서 활용하지 못한다.

또, OMR 카드를 염두에 두자. 수능용 OMR 카드는 쓸 것이 굉장히 많다. 게다가 객관식이라 OMR 카드에 답안을 밀려 쓰는 경우도 잦다. 항상 OMR 카드가 있다는 것을 염두에 두고 전체 시간의 5분을 제하고 연습하도록 한다.

한 문제 풀고 마킹하는 것을 반복할 수도, 전체를 다 풀고 마킹할 수도 있지만 전자가 실수를 줄이는 데에는 더 나은 것 같다.

마지막으로 가채점을 위해 답안을 써오지 마라. 열심히 치른 시험이라면 집에 가서도 반드시 생각난다. 그것조차 생각나지 않을 정도라면 어차피 그 시험은 망했으니 굳이 쓸 필요도 없다.

지금까지 7개의 STEP에 걸쳐 필자가 직접 행하고 연구한 공부법에 대해 언급했다. 시중에 수많은 공부법 서적이 존재하지만 여러분을 도와줄 공부법은 많지 않다. 일단 구체적이지 않으면 따라 하기 힘들다는 것을 명심하라. 무엇을 어떻게 해야 할지 알고 그대로 이행하

자. 사실 완벽한 공부법은 없다. 공부법이란 사람마다 다르기 때문에 그 방법을 찾아내는 것 또한 하나의 공부이다. 그러니 여러분은 다양한 방법을 시도해보고 나에게 가장 적합한 공부법을 찾아내야 하며 이는 필연적으로 많은 실패를 동반하기 때문에 엄청난 인내와 노력이 필요하다.

하지만 공부법은 말 그대로 공부법에 지나지 않는다는 것을 명심하자. 이 책을 읽는다고 해서 저절로 성적이 오르지는 않는다. 공부법 공부 말고 진짜 공부를 해야 성적이 오른다. 이제 더는 시간낭비 말고 본인이 해야 하는 공부를 하도록 하자.

MEMO

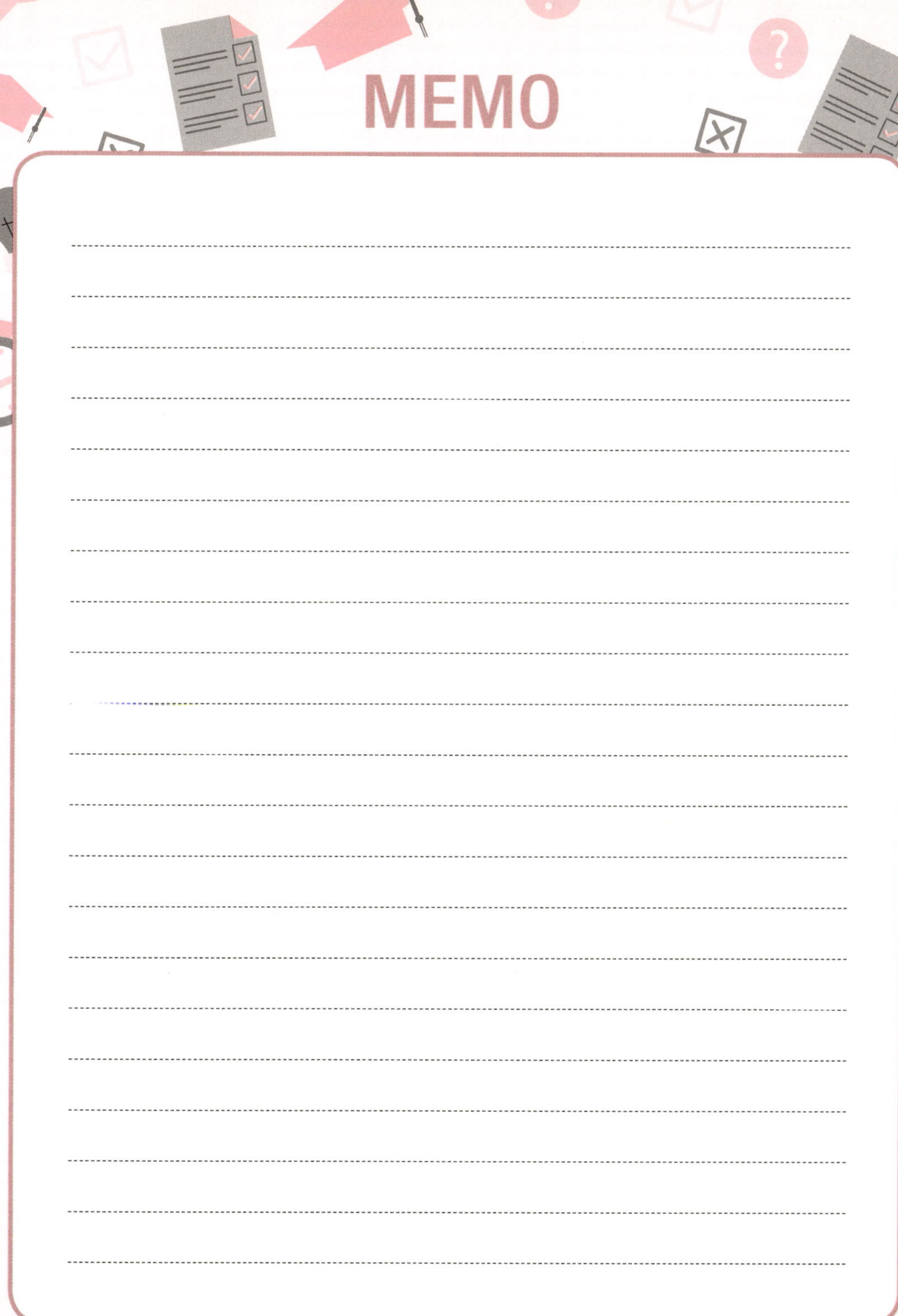

Part 02

전국 꼴찌 구짱구

전교 꼴찌 해봤냐?

01 게임 중독 중학생

나는 어릴 적부터 게임을 좋아했다. 눈에 보이는 시각적 즐거움도 있었지만 하는 대로 바로바로 결과가 보여서 속이 시원했다고나 할까? 게다가 현실 세계와는 달리 게임에서의 나는 전지전능했다. 키보드와 마우스만 있으면 명령을 내릴 수 있고, 게임 캐릭터는 즉시 내 말을 들었다. 게임 안에서는 하고 싶은 모든 걸 할 수 있었고, 투자한 만큼 결과로 돌아왔다. 사냥을 열심히 하면 레벨이 오르고 돈과 아이템을 획득할 수 있었다.

그뿐만 아니라 게임을 잘하면 친구들의 동경을 받을 수도 있었다. 친구들의 '우와'하는 시선이 좋았다. 공부를 잘해도 동경의 시선이 있었겠지만, 그때의 나는 공부로 시선을 끄는 건 불가능하다고 단정 짓고 게임만 했다. 내가 했던 게임에서는 모두 랭커(최상위권)였다. 지금으로 치면 롤 다이아, 오버워치 마스터 정도 되는 레벨이었다고 봐야겠다. 덕분에 동경의 시선도 얻을 수 있었고, 게임을 더 잘하기 위해 노력했다.

게임을 잘할 수 있었던 이유는 생각보다 단순했다. 게임에서 지면 리플레이(Replay)를 보며 패배의 이유가 무엇인지 분석했고, 이기기 위해서 어떻게 해야 하는지를 연구했다. 그러면 다음에는 똑같은 실수를 하지 않았고, 결국 이길 수 있었다. 나는 남들보다 더 빨리 레벨 업을 하고 더 좋은 아이템을 갖고 싶었다. 그러기 위해서는 몬스터 사냥을 효율적으로 해야 했고, 몬스터 종류, 사냥터, 사냥방법, 장착무기 등 여러 가지 변수를 관련지어 테스트해본 후 정리했다. 그러고 나서 가장 좋다고 확인된 방법을 선택하여 플레이를 하면, 빠르게 레벨 업 할 수 있었고 더 좋은 아이템을 획득할 수 있었다.

사실 중학교 1학년 때는 40명 중 20등 정도의 평범한 학생이었고, 열등생은 아니었다. 당연한 말일 수도 있겠지만 나는 게임을 좋아했던 만큼 공부를 싫어했고, 공부와는 멀어질 수밖에 없었다. 내 게임 캐릭터가 레벨 업 하고 장비가 더 좋아질수록 현실의 나는 점점 더 열등생이 되어갔다. 사실 게임을 잘하는 것과 공부를 잘하는 것은 크게 다르지 않다. 약점을 보강하고, 방법을 고민하고, 그것을 그대로 이행하고 또 반복하는 것이다. 중학생 때의 나는 이를 미처 알지 못했고, 너무나도 먼 길을 돌아온 지금에서야 어리고 어리석었던 그때를 반성하고 있다. 공부도 게임만큼 재미있다는 걸 그때 알았더라면 공부가 이만큼 힘겹지는 않았을 테니까.

02 복수를 위한 복싱, 그리고 꿈

게임만 했던 나는, 어느새 따돌림을 당하고 있었다. 중학교 2학년이 되었을 때, 자연스레 같은 반에 있는 불량한 녀석의 타겟이 되었다. 그 이후부터는 차마 말할 수 없을 정도로 지독한 괴롭힘을 당했다. 이OO라는 이름을 들으면 아직도 이가 갈린다. 20년 가까이 지난 지금이지만, 그때 당했던 괴롭힘을 아직도 기억하고 있고 당연히 그 녀석을 용서할 수 없다. 아침에 학교에 오면, 내 의자에는 압정이 놓여있었다. 그 녀석은 의자에 앉아 고통스러워하는 날 보며 즐거워했고, 압정에 찔린 채 일어서지 못하도록 방해했다. 필통과 가방에는 침을 뱉어놓거나 압정을 잔뜩 넣어놨고, 교과서는 항상 찢어져있었다. 또 항상 내 뒷자리에 앉아서 틈날 때마다 등에 침을 뱉고 주먹으로 가격했다. 한번은 반항을 했다가 심각하게 두들겨 맞은 적도 있었다. 왜 선생님께 도움을 요청하지 않았냐고? 나는 수십 번도 더 요청했었다. 하지만 선생님들은 근본적인 해결책을 주지 않았다.

결국 나는 지독한 폭행을 견디다 못해 복수를 위해 복싱을 배우겠노라 마음먹었다. 맞은 만큼 되돌려주려고 말이다. 무작정 찾아간 복싱도장, 입구에 적혀 있는 글을 보고 깜짝 놀랐다.

1개월 6만 원

아차, 복수심에 눈이 멀어 달려오긴 했지만 복싱을 배우기 위해서 돈이 필요하다는 생각은 미처 하지 못했다. 우리 집은 당시에도 그리 넉넉한 형편은 아니었기 때문에 복싱을 배우기 위해서는 내가 직접 돈을 벌어야 했다. 하지만 중학교 2학년이 할 수 있는 아르바이트는 매우 한정적이었고, 치킨집 전단지를 돌리거나 새벽 4시에 일어나서 신문 배달을 해야 했다. 나를 괴롭힌 그 녀석에게 복수할 수 있다는 생각에 아르바이트를 시작했다. 매일 새벽에 일어나 신문을 돌리고 도장에 가서 운동을 했다. 운동이 끝나면 학교에 갔고, 학교가 끝나면 도장에 가서 다시 운동을 했다. 이렇게 복수의 칼을 갈며 운동을 했지만, 정작 그 녀석에게 복수를 하지는 못했다. 학년이 바뀌고 괴롭힘이 줄어들기도 했지만, 무서움 때문에 선뜻 나설 수가 없었다.

복수를 뒤로 했지만 운동은 포기하지 않았다. 이미 시작했기 때문에 꾸준히 하는 건 어려운 일이 아니었다. 깨어있는 대부분의 시간을 운동과 게임으로만 보내며 1년이 흘렀고, 나는 복싱을 꽤 잘하는 축에 속하게 되었다. 자연스레 소규모 시합에도 몇 번 참가하게 됐고, 심지어 준수한 성적을 받았다. 그때부터 나는 장래에 복서가 될 것이라는 막연한 생각을 했고, 올림픽 정도는 나갈 수 있지 않을까 생각했다. 중학교 3학년 늦여름, 가을에 있는 시합을 준비하다가 느낀 찌릿한 무릎 통증, 병원에서는 '과한 운동으로 왼쪽 무릎 연골연화증이 생겼다'며 운동을 자제할 것을 권했다. 신경 쓰지 않고 계속 운동했지만 통증은 시간이 지날수록 점점 더 커졌고, 왼쪽 다리로 무게중심을 옮기지 못하는 지경이 되고 나서야 복싱을 그만두었다. 잠깐이나마 목표로 삼았던 것이 사라지고, 아무런 계획도, 생각도, 목표도 없이 고등학교 진학 시즌을 맞이했다.

03 꼴찌 고등학생의 자기합리화

이 성적으로는 인문계 힘들어.
그래도 그냥 쓸게요. 떨어지면 고등학교 안가죠 뭐.

중학교 성적 상위 61%, 내가 살던 지역은 평준화 지역이었고 인문계 커트라인이 60% 정도였으니 아슬아슬하게 인문계를 갈 수 없는 상황이었다. 그때의 나에게 고등학교는 아무 의미가 없었다. 진지하게 미래를 생각해본 적은 한 번도 없었고, 당연히 한낱 고등학교 따위 나에게는 큰 의미가 없었다. 그래서 더 대담했었다. 운이 좋았던 건지 하늘이 도왔던 건지 나는 턱걸이로 인문계 고등학교에 붙을 수 있었다. 하지만 목적 없이 진학한 인문계 고등학교는 오히려 더 괴로웠다. "차라리 공고나 갈 걸. 그러면 돈이라도 벌지."라는 핑계도 댔었고.

턱걸이로 진학한 꿈 없는 인문계 고등학교 1학년
오직 게임에만 관심 있는 학생
평범한 꼴통

그게 나였다. 당연히 고등학교에 진학해서도 공부를 못했다. 아니 못했다기보다는 안했다. 내신, 모의고사 할 것 없이 항상 40명 중 35등 정도에 있었다. 아무 생각 없이 공부를 안 하다 보니 자연스레 못하게 되어버렸다고 해야겠다.

문·이과를 결정하는 것도 막무가내였다. 당시에는 공부를 잘하는 친구들 대부분이 이과를 지망했고, 문과는 상대적으로 수학을 못하거나 특별한 꿈이 있는 친구들, 공부에 취미가 없었던 친구들이 지망했다. 알다시피 나는 정말 공부를 못했지만, 어차피 공부 따위는 하지 않을 것이었기 때문에 문·이과는 큰 의미가 없었다. 그래서 이과에 지망하는 친구들을 따라 나 역시 이과를 지망했다. 아무런 목적도, 실력도, 고민도 없이 이과에 오고 나니, 나는 진짜 꼴찌가 되어버렸다.

공부, 나는 절대 안 될 거라고?

01 내가 쓰레기라고?

고등학교 3학년이 되면서, 2학년 때 같은 반이었던 친구가 딱 한 명뿐이라 자연스레 같이 앉게 됐다. 사실 이 친구는 공부를 꽤 잘했었는데, 중학교 이후로 단 한 번도 앉아본 적 없는 앞에서 두 번째 자리, 소위 말하는 전교 1등 자리에 앉자고 했다. 나는 아무 생각 없이 알겠다고 했고, 나와 그 친구는 그날부터 짝꿍이 되었다. 물론 나는 앞자리에 앉아서도 열심히 놀았지만.

모두가 공부한다는 예비 고3 2월, 정말 다들 공부하더라. 나만 빼고. 나는 빨리 수능을 치르고 결과가 어떻든 자유를 만끽하고 싶었다. 결과는 불 보듯 뻔하다고 생각했기 때문이다. 당시에는 야간자율학습이 필수였고, 아침 7시부터 밤 11시 30분까지 학교에 있어야 했다. (직업반이나 예체능 친구들은 예외였는데 나는 무슨 깡이었는지 직업반도 신청하지 않았었다. 그냥 아무 생각이 없었던 거지.) 하루 종일 학교에 있으면서 공부는 하지 않았으니 너무 지루했다. 그때는 스마트폰이 없었고 PMP라는 동영상 재생기기가 있었는데, 하루 종일 똑같은 뮤직비디오를 수십 번도 더 돌려봤다. 보고 싶어서 본 게 아니라, 공부하기는 싫고 딱히 할 게 없어서 열심히 봤던 것뿐이었다. 사실 PMP가 없었어도 공부는 하지 않았을 것 같지만. (많은 학부모들이 '할 게 없으면 공부하겠지'라고 생각하는데, 아니다. 최선을 다 해서 멍 때린다.)

그러던 어느 날, 내 인생에서 가장 큰 이슈가 생겼다. 그날도 어김없이 가수 보아의 뮤직비디오를 보고 있었다. 이런 내가 한심해보였는지 짝꿍은 뒤통수를 엄청 세게 때리더니 이렇게 말했다.

상상이나 되나? 뜬금없이 날아든 뒤통수 공격과 욕설에 당연히 붉으락푸르락해야 했는데, 나는 그러지 못했다. 왜냐고? 그 문장에 나 역시 동의할 수밖에 없었고, 엄청난 자괴감이 들기 시작했거든.

목표가 없는 친구들도 '엄마가 보고 있다'고 써놓고 열심히 하는 척이라도 하고 있는데, 난 대체 뭘 하고 있는 걸까? 나는 뭘 위해 살고 있지? 내 목표는 뭐지? 난 왜 이러고 있는 거지?

그런 생각이 드니, 이제 더 이상 쓰레기로 남아 있을 수는 없었다. 그 엄청난 자괴감이 '나도 한 번 해보자. 할 수 있지 않을까?'라는 의지로 바뀌는 건 한순간이었다.

네가 4년제 가면 내가 성을 간다

처음 시작한 공부. 내 목표는 반에서 3등 안에 드는 내 짝을 이기는 것, 그리고 SKY라 불리는 Y대에 진학하는 것. 당연히 불가능하겠지만 딱히 불가능이라는 생각이 들지는 않았다. 딱, 무식한 놈이 용감하다는 말이 맞았는데, 생초보였으니 해야 하는 공부의 양이 어느 정도인지도 가늠할 수 없었고 그래서 더 겁 없이 덤볐다. Y대에 가고 싶었던 이유는 딱히 없었다. 그냥 뭔가 멋지니까.

> 저는 Y대학교에 가고 싶습니다.
> 뭐? 네가? Y대는 개뿔 4년제라도 가면 내가 성을 간다.

고등학교 3학년 때 담임 선생님은 4년제도 힘들 거라 코웃음 쳤다. 사실 인정하는 바였다. 스스로도 어이가 없었다. 1년 한다고 과연 Y대에 진학할 수 있을까? 내 짝을 이길 수 있을까? 끝도 없는 의문이 있었지만 이에 대한 답은 없었다. 손해 볼 건 없으니 일단 진짜 최선을 다해보고, 안 되면 그 뒤는 모르겠다는 생각이었다. 이렇게 내 인생의 첫 공부를 시작했다.

03 잘못된 공부법, 절반의 성공

일단 명확한 목표가 생기니 공부하겠다는 의지가 생겼다. 운동으로 다져진 몸이었기 때문에 체력은 문제가 되지 않았고, 이제 공부와 한판 붙어볼 생각이었다. 하지만 막상 시작하고 보니 내 상황은 생각보다 더 나빴다. 간단한 사칙연산도 헷갈리는 수준이었고, 기본기는 당연히 없었다. 그뿐만 아니라 국어 능력도 부족해서 글을 읽는 데에도 문제가 있었다. 하지만 학원과 과외는 없는 형편에 부담스러웠고, 앉아서 죽도록 문제를 푸는 수밖에 없었다. 공부법을 전혀 몰랐던 것이다.

> 1/2 + 1/2 = 2/4가 아닌가?
> 이게 무슨 말이지? 한국어인데 말이 이해가 안 돼.
> 아, 모르겠다. 그냥 문제만 주구장창 풀어보자. 뭐라도 되겠지.

혹시, 위와 같은 생각을 한 적이 있다면 공부에 대해 다시 생각해봐라. 나는 이러한 생각에 사로잡히면서부터 공부법에 대한 고민은 전혀 하지 않고 문제만 풀었다. 고등학교 3학년이니 당연히 고등학교 3학년 수준의 문제를 풀면 된다고 생각했다.

매일, 모든 과목의 문제를 풀었다. 아니 풀기만 했다. 그러면 문제를 풀 수는 있었냐고? 아니, 단 한 문제도 제대로 풀지 못했다. 심지어 해설지를 봐도 이해가 안 됐다. 하지만 '풀다보면 자연히 알게 되겠지'라는 생각에 문제를 풀지 못하는 이유, 이해가 안 되는 이유를 고민할 생각은 전혀 하지 않았다. 완전 잘못된 공부법으로 공부했다는 뜻이다.

단순히 생각해보면, 고등학교 3학년이었지만 수준은 중학교 1학년 수준도 안 되는 내가 고등학교 3학년 수준의 문제를 풀 수 있을 리가 없었다. 하지만 이때는 몰랐다. 무엇부터 해야 하는지, 내 방법이 맞았는지 틀렸는지 알려줄 사람도 없었고, 스스로 문제점을 찾는 것은 더더욱 불가능했다. 그렇게 나는 잘못된 공부법으로 1년간 꽤 열심히 공부했다.

난생 처음 '하루 종일 공부만 한다.'는 말이 무엇인지 이해할 수 있었고, 심지어 너무 앉아 있다 보니 엉덩이에 종기까지 생겼다. 7시에 학교에 가서 12시에 집에 돌아오면 2시 30분까지 죽어라 문제를 풀었다. 그 생활을 1년 동안 했다. 하지만 그 말 아나? 밑 빠진 독에 물 붓는다는 말. 문제를 푸는 것과 공부를 하는 것은 엄밀히 말하면 전혀 다른 의미를 갖고 있는데, 난 문제만 풀었지 진짜 공부를 하지는 않았던 것이다.

수준에 맞지 않는 잘못된 공부법으로 공부를 했기 때문에 성적이 오르는 데에는 한계가 있었고, 그 엄청난 노력을 1년 동안 하고도 반에서 10등 이상이 되지는 못하더라. 결국 2006년 수능, 원하던 결과에는 미치지 못하는 성적을 받게 되었고, 대구에 있는 Y대학교에 입학했다. 돌이켜보면 이 역시 너무나도 값진 경험이었다. 이는 실패가 아니라 절반의 성공이라고 칭해야 적절하겠다. 하지만 이 책을 통해 설명하려는 공부법을 그 때의 내가 알았다면? 더 나은 결과가 있었으리라 확신한다.

 베짱이 인생, 그리고 새로운 결심

대학 입학과 동시에 목적을 잃은 배는 표류했다. 지금은 분위기가 많이 다르지만 내가 스무 살이던 2006년도에는 1, 2학년은 공부하지 않는다는 생각이 만연해 있었고, 나는 다시 고삐 풀린 망아지가 되었다. 밴드부에 들어가서 노래도 하고, 게임도 다시 시작했다. 스무 살의 상징과도 같았던 술도 빼놓을 수 없었다. 나쁜 의미에서 예전의 내 모습을 다시 찾았던 거다. 스무 살의 내 모습은 술 마시고 노래하는 베짱이였다.

뜨겁게 보낸 스무 살도 잠시, 그동안은 알아채지 못했던 혹은 모른 척했었던 집안 상황이 조금씩 눈에 들어오기 시작했다. 별거 중이신 부모님, 나빠져만 가는 집안 형편, 중학생 동생 그리고 코앞으로 다가온 군 입대.

내가 해결할 수 있는 것은 없었다. 나는 이 모든 것들을 모른 척하고 2007년 10월 육군에 입대했다. 하지만 도피가 곧 해결책은 아니었고, 그사이 상황은 더욱더 극한으로 치달았다.

수년간 별거하셨던 부모님은 2008년 6월, 결국 이혼하셨다. 그해 9월 당시 나는 군 생활 중에 사고로 허리를 다쳐 허리 수술을 했고, 거의 반신불수가 되어 버리는 바람에 부모님에 대해서는 전혀 신경 쓰지 못했었다. 제대 후 마주친 현실은 나도 모르는 사이에 차상위계층이 되어있던 어머니와 어린 동생, 순식간에 가난해져버린 우리 가족의 상황이었다.

가난이라는 놈은 너무나도 강했다. 모든 행동에 족쇄를 채웠다. 먹고 자고 마시는 모든 것들에 제약이 생기더라. 살면서 이토록 심각한 경제적 문제를 만난 적은 없었다. 머물 곳이 없어 단칸방 월세를 전전했고, 그마저도 보증금 한 푼이 없어 지낼 곳 찾기가 어려웠다. 어린 동생은 갑작스럽게 찾아온 가난과 편부모 가정이라는 환경에 적응하지 못하고 방황했다.

그때 나는 처절히 깨달았다. 지금 해결해야 하는 것을 모른 척한다면 나중에 더 큰 대가를 치러야 한다는 것을. 그리고 비록 늦었지만 이 문제는 반드시 해결해야 한다는 것을.

가난에서 탈출하기 위해서는 몇 가지 방법이 있었다. 하루 벌어 하루를 먹고 사는 것은 임시방편일 뿐 근본적인 해결책은 아니었고, 이 가난을 돌파할 수 있는 방법은 궁극적 성공밖에 없다고 판단했다. 그리고 그 성공은 나의 몫이라고 생각했다.

SKY에 가면 성공할 수 있지 않을까?
SKY에 가면 가난에서 벗어날 수 있지 않을까?

그날, 나는 내 인생의 두 번째 공부를 결심했다. 목숨을 걸고 해내겠노라고 나 자신과 약속했다. 어머니께 이러한 뜻을 밝히니 재수기간 동안 집안은 어떻게든 알아서 할 테니 신경 쓰지 말라고 말씀하셨다. 모든 속내를 다 드러내진 않으셨지만, 어머니께서는 내 마음을 다 알고 계셨을지도 모르겠다.

한 번 실패한 공부, 두 번의 실패는 없다.

01 재수, 외로운 싸움

다친 몸 때문에 제대한 후 4개월, 성치 않은 몸이었지만 목표가 있기에 달려야만 했다. 재수를 하면 1천만 원은 쉽게 깨진다는 말을 믿었기 때문에, 필사적으로 돈을 모으며 틈틈이 공부했다. 그리고 2009년 2월, '전국 수석은 내 것'이라는 생각으로 재수학원에 등록했다. 하지만 군대를 다녀온 후 하는, 성인이 되고 나서 하는 공부는 학생 때의 공부와는 많이 달랐다.

1. 선생님이 없다.

공부를 제대로 하면 항상 의문이 생긴다. 의문이 생기지 않는다면 공부가 아니고, 의문을 해결하는 과정이 진짜 공부라고 할 수 있다. 학교에는 선생님이 있지만, 혼자 공부할 때는 이러한 의문들을 어떻게 해결할까? 당시에는 스마트폰도 없었고 인터넷으로 하는 코칭은 전무했다. 그래서 학원에 등록하지 않는 한 공부 과정에서 생기는 질문들을 해결해줄 선생님을 만날 수 없었다.

2. 공부만 할 수 없다.

나는 가난했다. 가난은 너무나 강한 적이다. 학생 때는 미처 몰랐는데, 공부하기 위해서 너무나 큰돈이 필요하더라. 당시 학원비가 50만 원 정도였는데, 내가 받았던 한 달 아르바이트 급여가 60만 원이 채 안 됐다. 4개월 동안 미친 듯이 벌었던 돈이 단 2달 만에 바닥났다. 아무리 아껴도 의무적으로 써야하는 돈이 너무 많았다. 학원비는 생각보다 비쌌고, 버스비, 밥값, 책값으로만 지출했는데도 얼마 버티지 못했다. 10시에 야간자율학습이 끝나면 바텐더로 일하고, 새벽 5시에 일을 끝내고 집에 들어와서 새우잠을 자고, 다시 8시까지 등원하는 지옥의 스케줄을 소화해야 했다.

처음 한 달은 할 만했다. 성치 않았던 허리가 아프긴 했지만 괴물 같은 체력으로 버틸 수 있었다. 하지만 두 달째부터는 점점 힘들어 지더니, 세 달째에는 공부하다 쓰러져서 응급실에 가기도 했다. 응급실에서는 과로와 수면부족이라며 푹 쉬고 푹 자라고 했지만, 차마 그럴 수는 없었다. 그 이후로 몇 번을 더 응급실 신세를 졌고, 이러다가는 원하는 결과를 받지 못하겠다는 생각이 들었다. 그래서 재수비용을 빌려서 공부했다. 덕분에 7월 이후부터 비로소 공부만 할 수 있었다.

3. 자유와 책임이 주어진다.

학생 때는 다양한 유혹에 대해 사회로부터, 가정으로부터, 학교로부터 통제를 받는다. 하지만 성인이 되는 순간, 이 통제들이 사라지거나 약해진다.

공부를 못하게 하는 유혹이 너무나 많다는 얘기다. 나는 벼랑 끝에서 굳은 결심을 한지라 이것이 전혀 문제가 되지 않았지만, 같은 학원에서 공부하던 친구들에게 그것은 치명적이었다. 대학 축제 시즌이면 친구들에게 초대를 받고, 이를 뿌리치지 못하는 것 같았다. 믿기지 않겠지만, 절반 이상이 유혹을 이기지 못하고 '오늘 하루만'이라는 핑계를 대더라. 가히 충격적이었다. 당연히 이 모든 행동에 대한 결과는 본인이 책임지는 것이지만.

하지만 이 모든 핑계는 정말 핑계일 뿐, 나는 그 어떤 핑계도 대지 않기로 했다.

과연 내가 SKY에 갈 수 있을까? 사실 나도 긴가민가했다. 하지만 기왕 하기로 한 거 긍정적으로 생각하며, "달을 보고 던지면 산에 맞지만, 산을 보고 던지면 땅에 맞는다."라는 속담을 믿기로 했다. 재수할 때 나의 목표는 '전국 수석'이었다. 물론 그에 상응하는 노력을 기울여야 하겠지만, '전국 수석이 목표라면 SKY는 갈 수 있지 않을까'하는 생각이었다.

재수하면서 가장 어려웠던 것은 공부, 그 자체였다. 그 중에서도 수학. 아직도 기억난다. 정적분이 어째서 넓이를 뜻하는지 이유를 알 수 없어서 며칠간 정적분만 잡고 소리도 지르고 눈물도 흘리면서 엄청난 싸움을 했는데, 내용을 알고 보니 함수 파트에 대한 지식이 없었던 것이 핵심 문제였다. 함수를 모르기 때문에 함수를 적분한 것인 정적분에 대해서 이해할 수 없었던 것이다.

단 한 번도 잘해본 적 없는 공부. 공부는 대체 무엇일까? 공부는 어떻게 하는 걸까? 공부 잘하는 애들은 무슨 생각을 하는 걸까? 해설을 보면 이해가 되는데 문제를 풀려고 하면 왜 못 풀까?

나는 공부를 잘하는 친구들과 나의 차이점을 알아내기로 했다. 게임할 때 했던 치밀한 '상대 패턴 분석'을 여기서 적용할 수 있었다. 하지만 모든 일이 그렇듯, 상대를 알려면 나를 먼저 알아야 했다.

그 길로 서점에 달려가 고등학교 3학년 수학책을 펼쳐 들었다. 전혀 이해가 안 됐다. 내 수준에 맞지 않는다는 뜻이었다. 고등학교 2학년 책을 펼쳐 들었지만 여전히 어려웠다. 그렇게 고등학교 1학년, 중학교 3학년, 2학년, 1학년, 초등학교 6학년까지 내려와서야 드디어 모르는 내용이 없었다. 충격적이게도 나는 초등학교 6학년 수준밖에 안 된다는 것이었다.

내 수준을 알고 나니 지금껏 문제를 풀 수 없었던 이유를 이해할 수 있었다. 기본도 모르면서 그 내용을 활용한 공부를 하려 했으니 풀 수 없는 것이 당연했고, 이해할 수 있을 리가 없었다. 고등학교 3학년 때 열심히 공부했지만 성적이 오르지 않았던 이유도 이거였다. 바닥도

쌓지 않고 천장만 올려댔으니 계속 무너졌던 것이다.

이때부터는 부족한 기초를 쌓기 위해 한 달 동안 중학교, 고등학교 1학년 과정의 수학 공부를 했고, 매일 중학교 영어 단어 100개와 문장 10개를 암기했고, 생각하면서 글을 읽는 연습을 미친 듯이 했다. 사실 나에게도 엄청난 도박이었는데, 이것이 적중했다. 수학 문제가 풀리고 영어 문장이 해석됐다. 국어 지문을 읽으면 머릿속에 장면이 떠오르고, 이해하며 읽을 수 있었다.

아, 이게 공부구나!

드디어 공부가 무엇인지 찾았다. 공부가 하기 싫다면 공부를 하고 싶도록 만드는 것이 첫 번째고, 그 다음에는 내 수준에 맞는 공부를 찾아서 해야 했던 것이다. 무작정하기만 하면 되는 줄 알았던, 주입식 공부가 잘못된 것이었다.

조금만 더 빨리 알았으면 좋았을 걸.

중학생 때부터 지금까지 공부가 하기 싫어 핑계 댔던, 멍하게 보냈던 모든 시간들이 후회되기 시작했다. 하지만 아직 시간은 충분했다. 고작 3월밖에 되지 않았고, 이번 수능에서 결과를 보여줄 수 있었다. 모든 시간을 공부에 투자할 수는 없었지만, 이제는 방법을 알기 때문에 효율적인 공부에 자신이 있었다.

그때부터는 한 문제를 풀어도 그 문제에서 얻을 수 있는 핵심을 내 것으로 만들었다. 국어, 수학, 영어, 지구과학, 물리 모든 과목들이 그리 어렵지 않게 느껴졌고 거짓말처럼 순식간에 성적이 올랐다.

그래도 잠은 이기기 힘든 적이었다. 아무리 마음을 독하게 먹고 공부를 해도 공부 시간이 누적될수록 졸렸다. 나와의 약속을 어기고 잠자리에 눕고 싶었다. 그래서 누우면 바로 보이는 천장에 이렇게 글귀를 써서 붙여놓았다.

별로 큰 도움이 안 될 것 같지만, 나에게는 정말 도움이 되었다. 졸려서 죽을 것 같아도 이 글귀 때문에 다시 일어나서 공부했다. 아주 간단히 내 의지를 다잡아주며 공부의 습관을 만들어 준 장치였다.

그해 6월, 드디어 난생 처음 1등급을 받았다. 7월부터는 모든 시간을 온전히 공부에 사용할 수 있게 되었고, 마침내 그해 수능에서 영어를 제외한 모든 과목에서 상당히 우수한 성적을 받아내며 내 인생의 두 번째 수능을 마쳤다. 사실 공부 말고도 해야 하는 것들이 많았기 때문에, 첫 번째 수능보다 공부양은 상대적으로 적었다. 단지 방법만 알아내고 그대로 이행했을 뿐인데, 결과는 하늘과 땅 차이였기에 이 결과는 꽤 충격적이었다.

수능 성적표를 받은 후, 이 성적으로 어느 학교에 갈 수 있을까 고민하는 시간이 조금은 행복했다. 가난이라는 현실과 또다시 마주하기 전까지는. 우수한 성적이긴 했지만 내가 목표로 했던 전국 수석, 전 과목 1등급과 같은 압도적인 경지에는 도달하지 못했기 때문에, 소위 말하는 '자유이용권'을 얻어내지는 못했다. 게다가 장학금이라는 새로운 변수가 끼어들며, 내 머리는 순식간에 복잡해졌다. 장학금이냐 목표냐 두 가지 선지를 놓고 긴 고민을 했고, 2010년, 목표로 했던 Y대가 아니라 S대 항공우주공학과에 장학금을 받고 수석 입학했다(여기서 S대는 SKY의 S대가 아니다).

지금은 그때의 선택을 후회한다. 그 학교의 좋고 나쁨을 뜻하는 것이 아니라 내 목표를 저버린 그때의 내 태도를 후회한다. (그 학교는 너무 좋았다. 많은 것을 배우고 좋은 사람들을 만났다.)

수능이 끝난 이후부터 입학 전까지 핸드폰 대리점 아르바이트를 하며 상경 후에 몰아칠 가난을 대비해왔지만, 또다시 배고플 것이 무서웠다. 어떤 대학을 가더라도 엄청난 학비 때문에 고통 받을 것이고, 장학금을 보장받을 수 있다면 이보다 좋을 수는 없다는 생각이었다. 하지만, 돌이켜보면 이는 허울 좋은 핑계에 불과했다. 이 외에도 장학금을 받을 수 있는 방법은 충분히 많았고, 설사 장학금을 받지 못하더라도 학자금 대출이라는 대안이 있었다. 7년 전과 똑같았다. 중학생 복서였던 내가, 나를 죽도록 괴롭혔던 그 녀석에게 복수하지 못했던 것처럼, 핑계를 대며 피할 수 없는 싸움을 피하려했다.

그래, 그냥 나는 겁이 많았던 것이다.

항상 목표가 눈앞에 있을 때 이런저런 핑계가 생겼었다. 이번에도 '대학원도 무료로 갈 수 있는데 이게 더 낫지'라고 합리화하면서, 목표를 눈앞에 두고서도 모른 척했다. 그래서 나는 결국에는 이 싸움을 다시 치러야만 했고, 지금 이곳에 오기까지 먼 길을 돌아와야만 했다.

대학 수석 입학

01 끝이 아니라 시작이었던 대학 입학

결과가 어찌됐건, 평생을 살아온 곳을 떠나 서울에 있는 학교에 입학하기 위해서는 준비를 단단히 해야 했다. 수능이 끝난 직후부터 상경 준비를 하면서, 깨어있는 거의 모든 시간을 일하는 데 썼다. 재수하며 쓴 돈을 모두 갚고 나니 500만 원 남짓이 남아 있었다. 물론 그 나이치고는 꽤나 큰돈이었지만, 학교를 다니기 위해서는 역부족이었다.

2010년 2월 27일, 스물네 살이던 나는 이제 막 고3이 된 동생과 어머님을 뒤로한 채 상경했다. 아무것도 모르고 상경한 촌놈에게 서울은 가혹했다. S대 후문에는 작은 원룸이 꽤 많았는데, 아주 작은 옥탑방도 보증금 500만 원이 있어야 구할 수 있었다. 고시원이라는 것도 이때 처음 알았는데, 창문도 없고 사람 한 명이 겨우 누울 수 있는 정도의 방이 한 달에 45만 원이라는 것에 정말 놀랐다.

일단 고시원 생활을 시작했는데, 한 달 만에 고시원을 나와야만 했다. 이 글을 읽는 여러분들이 이걸 믿을지는 모르겠지만, 밤마다 알 수 없는 소리가 들리고 본 적 없는 형체가 보이면서 한 달 내내 두려움에 떨었다. 재정 상황으로는 무리였지만 근처에 있는 옥탑방으로 도망치듯 이사를 갔다.

보증금과 중개료를 내고 한 달 후 첫 달 월세를 내고 나니, 통장에 남은 돈은 삼각김밥 하나 사먹을 수 없는 돈 700원이었다. 돈은 없고 배는 고팠는데 도움을 청할 곳이 없었다. 그렇다고 당장 일을 구할 수도 없었다. 삼일을 꼬박 물로 배를 채웠지만, 방법이 보이지 않았다. 지푸라기라도 잡는 심정으로 아버지께 도움을 청했지만 거절당했다.

너무 서러워서 눈물이 났다. 하지만 어쩔 수 없었다. 이 악물고 내 힘으로 헤쳐 나가야만 했다. 일단 지금 당장 너무 배가 고팠기 때문에 친구에게 전화를 걸었다.

고맙게도 그 친구는 정말 아무것도 묻지 않고 5만 원을 빌려줬다. 이것저것 다 먹고 싶었지만, 막 쓸 수는 없었다. 고민 끝에 마트에 가서 쌀을 샀다. 오래두고 먹을 수 있으니까 버티면서 대안을 찾아야 했다. 하지만 집에는 밥솥이 없었고, 물에 생쌀을 불려서 씹어 먹었다. 눈물 젖은 빵이 이런 맛이 아닐까? 물에 불린 쌀을 먹으면서 죽어라 공부했다. 수석이라는 자리를 내어줄 생각은 없었고, 주린 배를 움켜쥐고 이를 더 악물었다.

02 과외의 신이 되기 위한 또 다른 공부

하지만 이것 또한 임시방편일 뿐이었고 방법을 찾아야만 했다. 이대로는 얼마 버티지 못하고 지칠 게 분명했고, 학교고 뭐고 다 때려치우고 싶은 충동마저 들었다. 나는 공부하러 서울에 온 것이지 아르바이트를 하러온 것이 아니었기에 내가 할 수 있는 가장 효율적인 방법을 찾아야만 했다.

고민 끝에 내린 결론은 '과외'였다. 꼴찌에서 최상위권이 된 경험이 있었기 때문에 어떤 학생이라도 끌어올릴 자신이 있었다. 온·오프라인에서 내 꼴찌 탈출 스토리를 풀며 학생을 구했는데, 나는 흔하디 흔한 대학생 중 하나일 뿐이었다. 별 볼일 없었던 나는 정말 소액의 수학 과외 정도만을 구할 수 있었다. 이마저도 감사했다. 당장 굶지는 않아도 됐으니까.

지금과 같은 엄청난 자신감은 없었지만 맡기로 한 이상 확실하게 해야 했다. 그게 나를 믿는 학생과 학부모님에 대한 예의였고, 엄밀히 말하면 비즈니스였으니까. 그래서 그날부터는 온전히 과외를 위한 공부를 시작했다. 내가 어떤 걸 어려워했었는지, 특정 내용을 가르치기 위해서는 어떤 부분에 대한 이해가 되어야 하는지, 학생들이 특정 부분을 어려워하는 이유가 무엇인지 고민하고 또 고민했다. 그리고 가르치는 학생들이 가장 잘될 수 있는 방법을 연구하다보니, 공부뿐만 아니라 공부 습관과 진로 전반에 대한 내용도 함께 상담해줄 수 있는 정도의 레벨에 오를 수 있었다.

하지만 거기서 만족하지 않았다. 공부에 도움이 될 수 있는 체계를 연구하고 시스템을 꾸준히 업그레이드 했다. 내가 갖고 있는 지식은 꾸준히 갈고닦고, 입시 정보는 업데이트했다. 당연히 시간이 갈수록 내가 가진 콘텐츠와 강의 능력이 좋아졌고, 수업을 들은 학생들의 성적이 수직 상승했다. 특히, 전교 꼴찌에서 최상위권까지 상승했었던 내 이력은 내가 행하는 과외 스타일에 최적이었다. 수많은 수포자(수학을 포기한 사람), 공포자(공부를 포기한 사람) 자녀를 둔 학부모들의 "우리 애도 선생님처럼 만들어주세요."라는 요청이 쇄도했다. 2년이 채 안 되는 짧은 시간에 내 모든 시간이 과외시간으로 채워지며, 수준급 과외 강사의 반열에 올랐다. 당연히 당장의 가난과 이별을 고할 수 있었지만, 그에 만족하지 않고 강의 콘텐츠를 강화하려 더 노력했다.

03 주객전도

그 무렵, 고등학교 3학년이던 동생이 입시에 실패했다. 동생을 버려두고 왔다는 마음의 짐을 버릴 수가 없었고, 더 이상은 두고 볼 수 없었다. 결국 동생을 서울로 불러들였다. 그래서 더 많은 돈이 필요했고, 과외 수업 시간을 더 늘렸다. 이제 본격적으로 '과외 강사'가 나의 직업이 되어버렸고, 주객이 전도되었다.

과외 시간이 늘어난 만큼 공부 시간은 점점 줄어들었다. 공부라고는 수업 직후 10분 동안의 복습뿐이었다. 1학년 때야 적당히 해도 1등을 유지할 수 있었지만, 이후에는 그렇게 호락호락하지 않았다. 나는 순식간에 1등이라는 자리를 내주었고, 심지어는 보장받았던 장학금도 반환해야 했다. 절망적이었다. 공부하기 위해 온 서울, 장학금 때문에 포기했던 눈앞의 목표, 나는 대체 무엇을 위해 이렇게 달렸던 걸까?

부모님이 원망스럽고, 동생도 미웠다. 그냥 내 선택이었는데 말이다. 결국 나는 내 분노를 이기지 못하고 휴학을 결정했다. '내 삶은 내가 결정한다.'는 지금 돌이켜보면 이해되지 않는 논리가 휴학을 결정하는 데에 큰 힘을 실어줬다. 이미 실패했다고 생각했고, 대안은 생각하고 싶지 않았다. 그랬기에 더욱 더 과외에만 매달리며 현실을 부정했다. 2012년, 26살의 나는 또다시 비겁했다. 하지만 언젠가는 학교로 돌아가야 했다. 그때의 나는 과외 강사의 탈을 쓴 휴학생이었고, 그 상태로는 진짜 강사도 될 수 없었다. 자퇴하기도 또다시 타협하기도 싫었던 나는 깊은 고민에 빠졌다.

내가 대체 왜 이걸 하고 있는 걸까?
내 인생의 목표는 뭐지?

처음 대학에 들어왔을 때와 상황이 너무 달랐다. 지금 상황으로는 대학원은커녕 대학교 졸업도 장학금 없이 해야 했고, 학문적인 성공은 더 이상 힘들다고 판단했다. 나는 내가 실패했다고 생각했다. 2012년 한 해 동안 패배감에 사로잡혀 스스로를 원망했다.

마지막 입시

01 편입, 모든 것을 건 마지막 공부

긴 고민 끝에 대학을 자퇴하려 했다. 어차피 더 이상의 도전은 의미가 없었고, 이제는 고향으로 돌아가서 내가 할 수 있는 일을 하면서 사는 것이 최선이라고 생각했다.

3년에 가까운 서울 생활을 정리하려 지인들을 만났는데, S여대를 다니던 친구 하나가 Y대로 편입했다는 사실을 알았다. 심지어 나도 꽤나 관심이 있던 학과였다. 대학 입학 방법이라고는 수능밖에 몰랐던 나에게 편입이라는 제도는 정말 생소했다. 그 친구로부터 편입 후 대학 생활이 어떤지, 공부가 어떤지 그리고 입학 제도는 어떤지 들을 수 있었다.

처음부터 가고 싶었던 학교였기 때문에 솔깃했던 것일까? 내가 도전하기에 최적의 조건이었다. 비록 장학금은 취소됐지만 꽤나 준수한 학점을 갖고 있었고, 시험 과목은 정말 좋아했던 지구과학 단 하나였다. 혹시 수학이 나오더라도 풀 자신이 있었다. 결국 나는 '진짜' 마지막 대학 입시에 도전하기로 마음먹었다.

지구시스템과학과에 처음 들어가서 2년 동안 배우는 학문의 핵심은 지질학과 전 지구적 요소들의 상호작용에 대한 전반적인 내용이었는데, 시험까지는 1달도 채 남지 않아 모두 익히는 것은 불가능했다. 짧은 시간에 성과를 내기 위해서는 효율적인 공부법을 구사해야 했다. 두 번의 입시와 과외로 쌓은 공부 노하우는 아주 강력한 무기가 됐다. 생활 습관, 공부 방법 등 내가 직접 지도했던 방법을 그대로 구사하며 한 달간 시험 준비에 매진했다.

그로부터 한 달 뒤인 2012년 12월, 드디어 편입시험을 봤다. 준비 기간이 짧았던 만큼 시험은 당연히 어려웠다. 솔직히 말하면 시험지에 내가 아는 내용이 거의 없었다. 개념을 익히고 암기했지만, 이 시험은 단순한 지식뿐만 아니라 더 깊은 사고력을 요구했다. 안타깝지만 떨어질 것이 거의 확실하다고 생각하고 반포기 상태였는데, 문득 재수를 준비하며 익힌 명상법이 생각났다. 풀이 방법이 보이지 않을 때 머리를 초기화시키기 위하여 익혀뒀는데, 밑져야 본전이라는 생각으로 시험을 치다말고 5분간 명상을 했다. 우연의 일치일 수도 있지만 명상을 하고나니 처음에는 보이지 않던 방법이 생각나기 시작했다.

어? 이 성분들은 상관관계가 있는 것 같은데?

지문에 제시된 모든 조건을 변수로 놓고 하나의 함수식으로 변환하고 나니 변수 간의 상관관계가 명확해졌고, 그 식을 기준으로 가설을 세워 논리 구조를 만들어 답을 썼다. '운이 좋았다'고 생각했었지만 지금 돌이켜 보면 오랜 시간 갈고 닦아온 생각하는 습관이 포함된 공부방법이 큰 힘을 발휘했었다. 내가 세운 가설은 정확했고, 시험에 합격하고 시험과 면접을 통과한 후, Y대학교 지구시스템과학과에 최종 합격할 수 있었다.

2013년, 7년이라는 긴 시간을 돌아온 끝에 그토록 바랐던 Y대학교 캠퍼스를 밟을 수 있었다.

02 새로운 도전, 공부 기회의 평등을 찾아서

세 번의 도전 끝에 입학한 Y대학교의 학교생활은 마냥 좋았다. 하지만 기대했던 가난과의 이별은 이루어지지 않았다. 심지어 공부하는 것도 더 힘들었다.

결국 내가 좇던 것은 허상이었다. 단순히 대학만 온다고 해결되는 것은 아무것도 없었다. 하지만 대학에서의 배움을 통해 가난을 극복할 방법을 조금씩 알 수 있었다. 다양한 사고방식, 타인에 대한 이해, 새로운 경험 등 세상은 넓고 배울 것은 많았고 성공의 방법 또한 많았다. 하지만 이것을 깨닫게 되기까지 너무도 긴 시간이 필요했고, 너무도 큰 대가를 치러야만 했다.

이걸 조금 더 쉽게 알 수는 없을까?

사실 방법이 없다고 생각한다. 안타깝지만 대학에 들어가지 못하면 대학에서 얻을 수 있는 다양한 것들을 알 기회조차 가질 수 없는 것이 부정할 수도, 바꿀 수도 없는 현실이다. 게다가 대학에 들어가는 것은 너무 힘들다. 가난한 사람들에게는 공부를 선택하는 것이 금전적으로도 시간적으로도 너무나 큰 투자인데, 그마저도 결과가 보장되지는 않는다.

반면에 부자들은 짧은 시간 내에 효과를 만들어낼 수만 있다면 투자를 하지 않을 이유가 없다. 그래서 사교육 콘텐츠는 부르는 게 값일 정도로 고가가 되는 것이다. 내가 조사한 바에 의하면, 서울 소재 한 명문대 14학번 학생들의 월평균 사교육 투자액은 1,400만 원이었다. 연평균이 아니라 월평균이다. 서울 소재 명문대가 아니라 하버드라도 이해하기 힘들 정도의 투자액이다. 이 충격적인 수치는 사교육에서의 격차가 어느 정도인지 명확히 보여주고 있다. 이런 이유에서 교육에서의 빈부 격차는 끝없이 벌어질 수밖에 없고, 가난할수록 교육을 받기가 어렵다. 내가 그 고통을 겪은 산증인이다.

왜 이런 현상이 나타날까?

우리나라뿐만 아니라 모든 자본주의국가는 가난한 자에게 단호하고 엄격하다. 한 번 가난의 늪에 빠지면, 후세 또한 가난에서 벗어나기가 좀처럼 힘들다. 그래서 학부모들은 성공에 도달할 수 있는 방법 중 하나인 교육을 강조하며 자녀를 양육할 수밖에 없는 것이다. 빈자, 부자 할 것 없이 교육에 아낌없이 투자하는 이유기도 하다.

가난해도 공부할 수 있는 방법은 없을까?

아주 냉정히 말하면 많이 힘들다. 공부에서 가장 중요한 것은 첫 번째가 학습자의 의지이고, 두 번째가 학습자를 둘러싼 환경이다. 가난한 환경에서 자란 학생들은 주경야독해야 하는 경우가 대부분인데, 이렇게 학습하며 상위 1%에 드는 것은 불가능에 가깝다.

이유는 간단하다. 효율적인 공부 방법을 찾아낼 시간이 부족하기 때문이다. 공부의 본질은 경험의 누적이다. 경험을 끊임없이 쌓으며 잘못된 것을 가지치기해나가는 것인데, 이러한 과정을 위해서는 시간이 필요하다. 하지만 학생들에게는 시간이 넉넉하지 않기 때문에 사교육이라는 시스템을 통해 그러한 경험을 '구매' 한다. 이러한 맥락에서 많은 사교육 종사자들은 본인의 경험과 연구를 '판매' 한다. 만약 구매할 재화가 없는 경우에는 시간을 투자해야 하는데, 주경야독하는 입장에서 이것도 쉽지 않다. 이러한 이유에서 빈부에 따른 격차는 자연히 벌어질 수밖에 없다.

내가 도와줄 수는 없을까?

안타까웠다. 내가 겪었던 그 고통을 지금 이 순간에도 누군가가 겪고 있을 것이 분명했고, 도와주고 싶었다. 놀랍게도 방법이 있었다. 요즘에는 인터넷 발달로 시스템과 매뉴얼만 만들어낼 수 있다면 누구든 내 방법을 보고 따라할 수 있었다. 그때부터 SNS와 블로그에 게시물을 올리고, 수많은 학생들과 상담을 진행했다. 하지만 온라인이기 때문에 정확한 설명과 전달이 어려웠다. 결국 이 학생들에게 필요한 것은 내가 실패했던 경험과 성공할 수 있었던 노하우를 하나하나씩 순서대로 알려주는 '커리큘럼'과 '매뉴얼'이었다. 그 이후부터 나는 누구라도 따라 할 수 있는 공부법을 찾기 위해 적용 가능한 구체적인 방법과 명확한 순서를 고민했다.

나만 할 수 있는 것

여기까지가 내 공부 스토리다. 시작하면서 말했지만 나는 내가 공부를 잘한다고 생각하지 않는다. 전 과목 만점을 맞거나 꼴찌가 서울대를 입학한 것처럼 드라마틱한 결과를 맞이한 것도 아니다. 하지만 나는 현실적으로 가능한 수준의 공부, 재능이 없어도 누구나 할 수 있는 수준의 공부를 했다. 그리고 다양한 실패와 작은 성공을 거두는 과정에서 많은 것을 경험했다. 그래서 내가 실패와 성공을 거듭하며 터득한 궁극의 공부법을 자세히, 순서대로 알려주고자 한다. '이렇게 해라', '이렇게 해야 성공한다'라는, 알면서도 따라 하기 힘든 공부법이 아니라, '이렇게 따라오면 무조건 된다!'라는 확실한 순서를 말이다.

> **이건 오직 나만이 할 수 있다.**

빈부 격차에 구애받지 않는, 꼴찌가 일등이 될 수 있는 공부법을 알려주는 것은 이 모든 것을 직접 겪어본, 오직 나만이 할 수 있는 것이다.

기회는 금방 찾아왔다. 교육감과의 대담에 대학생 패널로 참여하게 됐는데, 그곳에서 공신닷컴의 강성태 대표와 인연이 생겼다. 대담에 참여한 패널들이 본인들의 공부스토리를 말하는 시간이 있었는데, 다들 엄청난 엘리트였다. 내신 1.00인 S대 경영학과 친구, 섬에서 올라온 S대 영문학과 친구 그리고 H대 텐트남으로 유명했던 [공부는 내게 희망의 끈이었다]의 저자 S대 자율전공학부 구본석 등 정말 엄청난 괴물들이 많았다.

사실 조금 주눅이 들기도 했다. 다들 괴물에 S대 학생인데 나 혼자만 평범한 Y대 학생이니까. 하지만 공부를 하며 겪었던 과정과 그 고통을 효율적으로 전달하는 방법, 그 과정에서 터득한 공부법은 누구보다 잘 알고 있다고 자부했고, 잘 설명할 자신이 있었다. 내 차례가 되고 나의 공부 스토리를 이야기했다. 그 행사가 끝난 후 성태 형(강성태 대표)은 "본혁아, 너 엄청나네. 인강 찍어보자."라는 제안을 했다.

나는 흔쾌히 오케이 했고, 지금 보면 많이 부족하고 빈약한 콘텐츠였지만 좋은 콘텐츠를 만들기 위해 꽤 노력했다. 그걸 본 많은 학생들은 내 스토리에 공감하고 응원했고, 공부법을 알려줘서 감사하다는 말을 아끼지 않았다. 그만큼 스포트라이트를 받고, 그 때문이었는지 '과외를 해 달라'는 연락을 엄청나게 많이 받았다. 물론 다 하지는 않았다. 심지어 길을 걸어가도 알아보는 사람이 생겼고, 지하철에서 너무 배가 고파 떡을 먹고 있었는데 알아보고 인사하는 사람 때문에 당황했던 기억도 있었고, Y대 학생식당에서 밥을 먹고 있는데 팬이라며 김밥을 주고 간 학생도 있었다. (이 책을 보고 있다면 연락 주길!)

그리고 지금, SNS에서는 2만 명이 넘는 팔로워들이 내 글을 구독하고 있다. 더 나아가 내 스토리와 제대로 된 공부법을 알려주기 위해 이 책도 썼다.

사실 이 모든 것의 시발점은 공부하겠다는 '마음을 먹은 것'이다. 마음을 먹었기 때문에 어려운 일도 견뎌낼 수 있었다. 나는 내가 목표로 했던 모든 것들을 이루지는 못했다. 여러 번 핑계를 대며 도망치기 바빴다. 그때를 후회하고 또 반성한다.

그 때문에라도, 어쩌면 인생 후배라고도 할 수 있는 여러분이 후회하지 않도록 돕고 싶다. 하지 않아서 생길 후회들, 제대로 몰라서 생길 후회들, 뒤늦게 깨닫고 후회할 모든 것들을 미리 알려주고 싶다.

그래서 나는 이제는 더 이상 도망치지 않는다. 내 도움이 필요한 사람들이 누구인지, 어떤 도움을 필요로 하는지, 내가 해야 할 일이 무엇인지를 확실히 알았으니까.

이제 나는 내 모든 경험과 노하우를 이 책과 '엔리프에듀케이션즈'를 통해 배포하고자 한다. 이미 나는 이 목표를 향해 달려가고 있다. 이제야 다시 찾은 내 꿈은, 가난 때문에 교육 기회를 박탈당하는 모든 이들에게 평등한 기회를 주는 것이다. 어찌 보면 나와는 관계없는 꿈을 좇는 것처럼 보이겠지만, 과거의 나와 미래의 내 자녀들을 위해서라도 더 이상 두고 볼 수만은 없다. 나는 반드시 모든 배움의 문턱을 낮추겠다는 목표를 이룰 것이다.

※ 공부를 처음 시작하는 학생들도 이 책의 공부법을 따라 하면 가능하다. 그대로만 따라 해 보자. 이 내용은 엔리프에듀케이션즈에서 서비스 중인 레벨업코칭(http://레벨업코칭.com)에서 적용하고 있고, 직접 코칭도 하고 있다. 이 공부법을 효율적으로 익히기 원한다면 위 링크로 접속해볼 것을 권한다.

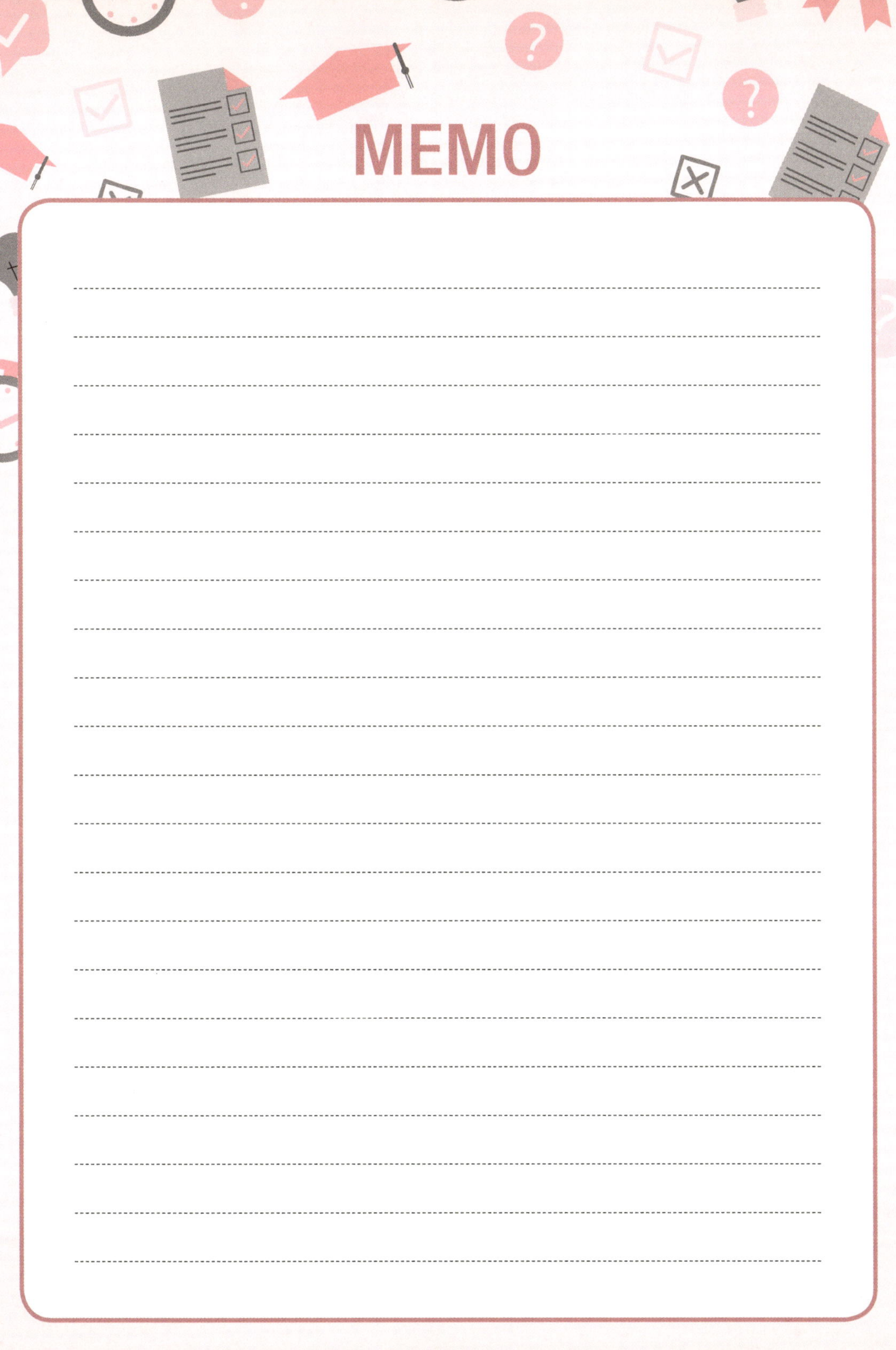

부록

전국 꼴찌 구짱구의
팩트 폭격

학생들에게

 **공부 관련**

혼자 공부해도 될까요?

사실 공부는 혼자 하는 것이다. 학원이나 과외는 공부를 더 효율적으로 하기 위해 있는 것일 뿐이며, 학원을 다니거나 과외를 한다고 해서 공부를 하고 있는 것이 아니다.

앞에서 말했던 것처럼 공부의 핵심은 '생각하는 과정'이다. 실력은 오직 생각하는 과정을 통해서만 향상될 수 있으며, 새로운 정보를 받아들이는 것은 생각하기 위한 '자료'를 얻는 것일 뿐이다. 즉, 혼자 고민하는 시간이 있어야만 한다는 말이다. 학원이나 과외를 통해 정보를 얻는 과정을 공부라고 생각해서는 안 된다. 그건 공부가 아니라 공부하기 위한 선행과정일 뿐이라는 것을 명심하자.

의지가 없다면 누구도 나를 도와줄 수 없다. 자신만의 '이유'를 통해 공부 의지를 만드는 것은 온전히 자신의 몫이다. 그런 의미에서, 공부는 원래 혼자 하는 것이다.

공부는 너무 어려운 것 같아요.

공부가 어렵다고 하는 학생들 중 공부를 제대로 하는 친구를 본 적이 없다. '어렵다'는 것은 아무리 시도해도 좀처럼 잘되지 않는다는 것인데, 시도조차 안 하거나 대충하는 학생이 대부분이다. 공부가 어렵다고 하는 친구들에게 물어보고 싶다.

어려운 거야? 아니면 귀찮은 거야?

공부를 떠올리면 드는 생각은 '어렵다'가 아니라 '하기 싫다'는 느낌에 가깝다. 귀찮은 것은 나도 인정한다. 지금껏 하지 않았으니 얼마나 귀찮겠는가? 하지만 귀찮은 것뿐이지, 못할 정도로 어려운 것은 절대 아니다.

앞에서 '관성'에 대해서 설명했던 게 기억나는가? 무언가를 바꾸는 건 원래 어렵고 귀찮다. 하지만 한 번 바뀌면 다시 바꾸기도 쉽지 않다. 일단 하는 '습관'만 생기면 어렵지도 귀찮지도 않다.

그러니 어렵다고만 하지 말고 귀찮음을 이겨내자. '어려워서 못 하겠다.'는 말은 '귀찮음을 이길 정도의 의지도 없다.'는 것과 같다고 볼 수 있다.

반드시 해야만 하는 것이라면, 조금만 더 견뎌내라. 습관이 되는 건 한 순간이다. 습관이 되면 어렵지도, 귀찮지도 않을 것이라고 약속한다.

공부를 아무리 해도 성적이 오르지 않아요.

공부를 해도 성적이 오르지 않는 이유는 단 한 가지다. 제대로 하지 않는 것. '제대로 하지 않는 것'은 벼락치기를 하는 것이나 방법을 모르고 무작정 하는 것, 두 가지 경우를 뜻한다.

벼락치기가 공부라고 생각하는가? 벼락치기는 공부가 아니라 다가올 시험에 대한 임기응변일 뿐이다. 벼락치기로 했던 공부는 시험이 끝나면 전혀 기억이 나지 않는다. 너무 짧은 시간이기 때문에 공부한 내용들을 몸에서 받아들이지 못한다. 소화되지 않은 내용은 당연히 실력이 될 수 없다.

지금껏 벼락치기만으로 시험을 치러왔다면, 그래서 여러분의 실력이 향상되지 않은 것이다. 며칠 앞으로 다가온 시험을 위한 공부는 '벼락치기'고, 공부가 아니라 '임기응변'이다. 그러니 내가 진짜 공부를 했던 것인지 아니면 임기응변으로 넘기려던 것인지를 다시 생각해봐라.

제대로 된 공부 방법은 앞에서 설명했다. 공부란 일단 '꾸준히' 해야 한다. 꾸준히 하지 않으면서 성적이 오르는 것은 불가능하다. 습관이 돼서 자연스레 몸이 움직여야 하고, 어떤 내용이 바로 떠오를 정도로 체화되어야 시험에서 적용할 수 있다. 이 정도가 되려면 꾸준히, 반복적으로 해야 하고, 이런 습관들이 쌓일 때 비로소 실력이 좋아지고 성적이 오르는 것이다. 공부는 하기 싫지만 성적은 올리고 싶다면 이는 '도둑놈 심보'다. 이를 명심하고 '제대로' 하자.

만약 이런 이유가 아니라면? 실력은 늘고 있지만 본인이 느끼지 못할 뿐이다. 조급해 하지 말자. 결과는 조만간 나타나게 되어있다.

게임을 예로 들면, 레벨업을 하기 전에는 캐릭터가 강해지지 않는다. 경험치가 쌓이는 것을 눈으로 확인하지 못할 뿐이다. 공부 경험치를 확인하고 싶다면 '공부일기' 쓰기를 추천한다.

공부를 얼마나 하면서 성과를 바라는 것인지는 잘 모르겠지만, 성과는 완벽한 '가우스 함수'의 형태를 띤다. 그것도 기울기가 매우 낮은 곡선에 가우스가 씌워져 있는 형태의 그래프다. 그래서 당장은 노력의 결실이 보이지 않을뿐더러 레벨업을 해나갈수록 다음 단계로 레벨업 하기가 더 어려워진다.

가우스 함수이기 때문에 1이 되지 못한 0과 1 사이의 모든 노력은 모두 0과 같다. 그래서 노력은 항상 '성과를 내기 위해' 해야 한다. 공부를 했음에도 성적이 오르지 않았다면 내 공부가 성과를 내기 위한 것이었는지, 아니면 그냥 하는 것이었는지 돌이켜보기 바란다.

굳이 공부를 잘해야 하나요?

이 책을 쓰면서, 혹시 이 책을 읽는 학생들이 '무조건 공부를 잘해야 한다'고 착각을 하면 어떡하나 고민했다. 결론만 이야기하면 우리가 일반적으로 알고 있는 '입시'나 '교과' 공부는 의무가 아니다. 할 필요 없는 학생들은 하지마라. 억지로 할 필요는 없다.

공부법을 가르쳐주는 책에서 공부를 하지 말라니 이게 무슨 말인가 싶겠지만, 입시 공부가 누구에게나 필요한 것은 아니다. 모든 사람이 똑같은 공부를 하고 대학에 가서 직장을 다니기 위해 아등바등하는 것은 상상만 해도 끔찍하다.

입시 공부에 목숨을 걸 필요는 없지만, 공부 자체는 하기 싫어도 할 수밖에 없다. 어떤 분야에서 활동을 하더라도 그 분야에 대한 공부는 필수적으로 해야 한다.

음악이나 미술 등 예체능을 하더라도 공부가 필요한 것은 두말할 것도 없고, 장사를 하더라도 공부가 필요하다. 어쩌면 입시 공부보다 더 어렵고 치열하다고도 볼 수 있다. 공부를 통해 발전하고 성장하지 않으면 바로 도태되기 때문에 목숨을 걸고 공부하는 사람들이 대부분이다. 생사가 걸려있는 실전에 들어가면 입시 공부를 할 때와는 또 다른 압박을 견뎌내면서 공부해야 한다. 즉, 입시 공부가 아니더라도 공부는 어쩔 수 없이 평생 동안 해야 한다는 것이다.

지금 당장 하고 싶은 것을 모르거나, 해야 하는 것이 없다면 일단은 입시 공부라도 해야 한다. 입시 공부를 하는 것은 '고속도로를 뚫는 작업'에 비유할 수 있다. 뚫는 작업은 매우 고되지만, 고속도로가 생기고 나면 그 다음부터 모든 이동이 편해진다. 즉, 어떤 것을 '잘해본 경험'은 나중에 다른 분야에서도 그 힘을 발휘한다. 입시 그 자체는 나와 상관없을지라도 나중을 위해 길을 닦아놓아야 한다.

다시 한 번 말하지만, 이 책을 통해 내가 하고자 하는 말은 공부만 하라는 것이 절대 아니다. 공부가 밥을 먹여주지 않고, 공부 말고도 많은 길이 있다는 것을 잘 알고 있다. 스스로 해야 한다고 판단하는 것을 하라고 조언할 뿐이다.

그 어떤 것에도 최선을 다해본 적 없는 사람은 최선을 다하는 방법 자체를 모르기 때문에 다른 어떤 것을 하더라도 대충하게 된다. '대충'만으로는 절대 원하는 것을 얻을 수 없다. 무엇이든 할 때 최선을 다해라. 후회가 남지 않도록 말이다.

왜 공부만 하라고 하시나요? 다른 것도 좀 하면 안 되나요?

공부는 필수가 아니지만 하기로 결정했다면 이야기가 다르다. 이는 '선택'과 '집중'의 논리로 설명할 수 있다.

우리에게 주어진 시간은 하루 24시간, 1년 365일, 평생 약 80년 정도다. 이를 얼마나 효율적으로 사용하느냐에 따라 도달할 수 있는 경지가 달라진다. 게임에서 레벨업은 항상 효율 싸움이다. 더 쉽고 빠르게 레벨을 올릴 수 있는 사람들이 게임을 잘하는 것인데, 현실도 똑같다. 시간은 제한적이고 모든 것을 다 할 수는 없다. 당연히 모든 것을 다 잘할 수도 없다.

'피겨 여왕 김연아'를 떠올려보자. 만약 '열심히 했잖아'라는 핑계로 하루에 3시간씩 컴퓨터 게임을 했더라면? 스케이트 말고도 이것저것 하는 것이 많았더라면? 스케이트도 하고 골프도 쳤더라면? 당연히 스케이트에 투자할 수 있는 시간은 줄어들었을 것이고, 세계 최고라는 경지에 도달하지 못했을 것이다. 모든 사람들이 김연아과 같은 경지에 도달할 필요는 없지만, '선택'과 '집중'을 통해 효율을 상승시킬 필요는 있다.

그렇다면 그것을 어떻게 할 수 있을까? 인생에서 반드시 이루고자 하는 목표를 꼽아 버킷리스트(Bucket List) 30개를 만들어보자. 그 후, 그중에서도 가장 이루고 싶은 5개를 선택해보자. 선택하지 않은 25개의 목표는 어떤 의미를 가질까? 덜 중요한 목표? 아니다. 이것들은 여러분이 선택한 5개의 버킷리스트를 이루지 못하도록 방해하는 장애물에 가깝다. 그래서 여러분에게는 5개에 집중하고 25개는 과감히 포기할 수 있는 '결단력'이 필요하다.

인생은 '선택'과 '집중'의 연속이라는 것을 명심하고, 해야 하는 것에만 집중하길 바란다.

공부를 잘하면 어떤 기분인가요?

공부를 잘하는 친구들은 어떤 문제라도 척척 풀어내니 신기할 수도 있다. 그러면 그 친구들은 모든 것을 다 알고 있는 것일까? 아니면 '문제들을' 어딘가에서 봤던 것일까?

문제를 풀 수 있는 것은 '본 적이 있는 문제이기 때문'인 경우가 많다. 처음 보는 문제는 아무리 적용 능력이 뛰어난 학생이라도 고전할 수밖에 없다. 그래서 처음 보는 문제를 최소화하기 위해 공부를 하는 것이기도 하다.

공부를 잘하면 어떤 문제를 만나더라도 어딘가에서 본 것 같은 기분이 든다고 할 수 있다. 게임에서 상대의 움직임을 예측할 수 있었던 적이 있었는가? 바로 그 기분이 공부를 잘하는 학생들이 문제를 풀 때의 기분과 유사하다.

어떤 문제를 봐도 전지전능하게 다 이해할 수 있는 것이 아니고, 누구라도 도달할 수 있는 경지라는 뜻이다. 여러분도 충분히 가능하다. 궁금하면 궁금해하고만 있지 말고 일단 달리는 게 먼저다.

대학에 가면 뭐가 좋아요?

대학에 가면 모든 것이 해결될 줄 알았던 나는, 세 번째 대학에 입학하고 나서야 대학에 대한 기대가 그저 '환상'이었다는 것을 깨달았다.

대학에 간다고 모든 것이 해결되는 것은 절대 아니다. 때문에 필자는 "무조건 대학을 가라", "대학이 최고다."라고는 절대 말하지 않는다.

그렇다고 해서 대학에서 얻거나 배울 수 있는 것이 아예 없는 것은 아니다. 대학에서는 완전히 새로운 시각을 얻을 수 있다. '대학이 실질적으로 삶에 도움이 되는가?'에 대한 답을 내리기는 애매할 수도 있지만, 적성을 찾고 꿈을 실현하는 장이 되기도 하고, 큰돈을 벌 기회를 만나기도 하기에 가끔은 도움이 된다고 할 수 있겠다.

또, 더 깊게 생각하는 방법을 습득할 수 있다. 고등학교 과정에서 배운 내용도 충분히 생각을 해야 고득점이 가능하지만, 대학교 공부는 그보다 더 깊은 수준의 사고력을 필요로 한다.

때문에 대학에서는 끊임없이 '생각하는' 훈련을 하고, 그로인해 논리회로가 상당히 강화된다. '논리력'이라는 것이 일상생활과는 전혀 관계없어 보일 수도 있지만, 여러분들이 미래에 필요로 하는 '돈을 버는 행위'는 사고력과 아주 깊은 관계가 있다.

단적인 예로, 아무 생각 없이 장사를 한다면 과연 성공할 수 있을까? 무엇을 어떻게 팔아야 할지 모르는데 장사를 잘할 수 있을까? 물론 대학을 나온다고 장사를 잘하는 것은 절대 아니지만, 장사를 잘하는 사람이 생각을 잘하는 사람이라는 것은 명확한 사실이다.

사실, 진짜 좋은 점은 이런 와닿지 않는 것들보다는 교류하는 주변인들의 수준이 상향평준화된다는 것과 '쟤는 뭘 해도 잘할 거야.'라는 다소 잘못된 편견 덕에 굳이 어필하는 수고로움이 필요 없어진다는 것이다. 여러분이 이 책을 읽고 있는 이유 또한 이와 일맥상통하지 않은가?

하지만 대학에 간다고 모든 것이 해결되지는 않는다. 대학은 단지 '지식을 배우고 나를 더 강하게 단련시킬 수 있는 곳'일 뿐이며, 다양한 트레이닝을 통해 세상을 살아갈 때 생기는 고난들을 보다 쉽게 해결하고 '잘 살아갈 수 있도록' 하기 위한 훈련장일 뿐이다.

학원이 좋아요? 과외가 좋아요?

필자는 학원을 추천하지 않는다. 그렇다고 과외를 하라는 것도 아니다.

학생들이 단기간에 내신 성적을 올리기 위해 마지못해 학원을 선택하는 경우를 많이 봐왔지만, 너무나 안타깝다. 대부분의 학원에서 고수하는 교수법은 '내신 성적 향상'에 초점이 맞춰져 있다. 이는 단기적인 성과를 낸 후 잊어버리기가 쉽다.

수능이라는 궁극적 목표를 향해 가는 입장에서 이런 방식의 공부는 시간낭비가 될 수 있다. 열심히 공부를 해도 시간이 지나면 다시 원점으로 돌아가기 때문이다. 수박 겉핥기식 공부는 실력 향상에 큰 도움이 되지 않음을 명심해야 한다. 공부를 하면 남는 것이 있어야 한다. 남지 않으면 하지 않은 것과 같다.

즉, 학원이든 과외든 본인에게 지식을 남길 수 있는지가 중요하다는 것이다.

 태도 관련

지금부터 해도 늦지 않았을까요?

 **어차피 망했는데 뭐.** 

어차피 망했다고? 더 이상 떨어질 곳이 없다고? 착각하지 마라. 지금 여러분이 바닥이라고 생각하는 곳은 결코 바닥이 아니다. 아직 떨어질 곳이 많이 남아 있다. 그곳에 도달해보면 감히 바닥이라는 말도 할 수 없다. 바닥은 여러분이 상상하는 것보다 더한 지옥이다.

'늦은 게 아닐까?', '이미 망했어.', '이번 생엔 틀렸어.' 따위의 생각은 집어치우고 달려라. 지금 당장이라도 달린다면 충분히 상황을 바꿀 수 있다.

늦었다는 생각이 들었다면 늦은 것이 맞다. '그때는 왜 그랬을까?'하고 후회해도 소용없다. 하지만 그만큼 늦었으니 지금부터라도 달려야 한다. 그래야만 최악의 상황만은 모면할 수 있다. 과거가 후회된다면 미래의 과거인 '현재'에 충실해야 한다. 그래야 미래에는 과거를 후회하지 않을 테니까.

미래가 걱정된다면 미래를 바꾸기 위해 열심히 달려야 한다. 앉아서 눈물만 흘리는 것은 어리광에 지나지 않으며, 세상은 여러분의 어리광을 받아줄 만큼 만만하지 않다. 울고만 있으면 우려한 미래는 현실이 된다는 것을 명심해둬라.

그리고 지금부터 해도 가능성이 아주 없는 것은 아니다. 주변에서 심심찮게 볼 수 있는 반전 스토리의 주인공이 내가 될지도 모른다. 하지만 누구나 할 수 있어도 아무나 할 수는 없다.

결코 쉽지 않다는 것만큼은 명심하자. 늦은 만큼 더 빠르게 달리자.

절대 본인을 과소평가하지 말고, 포기하지도 마라. 아무리 좋은 상황이라 하더라도 포기한다면 패배로 끝나지만, 최악의 상황임에도 포기하지 않는다면 가능성은 있다. 기억해라. 아직 끝나지 않았다.

많은 학생들이 문의하는 내용이기 때문에 적어두긴 했지만, 이 질문에는 대답할 가치가 없다. 하고는 싶은데 의지가 없다? 이 어울리지 않는 두 단어는 대체 어디서 나온 조합인지, 너무도 어이가 없다.

이 질문은 의지박약을 그럴듯하게 포장하는 것이다. 의지는 스스로 만드는 것이지 누군가가 만들어주는 것이 아니다. 하지만 이런 학생이 워낙 많기에, PART 1, [STEP 03 공부법 습득]의 '나를 제어하는 방법'에서 의지를 다지는 방법을 자세히 알려줬다.

공부에 입시 공부만 있는 것은 아니다. 다른 것이라도 열심히 하면 그것도 공부라고 할 수 있다. 이 말을 듣고 나서도 "알려주신 것들조차도 못 하겠어요."라며 계속 징징거린다면, 더 이상 방법이 없다. 차라리 그냥 공부가 하기 싫다고 인정하고, 공부는 접고 다른 것을 해라.

먼저, 스스로에게 물어보자.

 나는 공부를 왜 해야 하는가? 

A4용지를 꺼내서 공부를 해야만 하는 이유 5가지를 아주 길게 써보자. A4용지 2장 분량의 칼럼을 써보는 것이다. 길게 쓰다보면 점차 명확해지면서 '공부의 이유'를 찾을 수 있다.

다음은, 미래를 그려보는 것이다. 공부의 이유는 미래를 대비하는 것이고, 나쁘게 말하면 최악의 상황을 모면하기 위한 몸부림이라고도 할 수 있다. 그러면 최악의 상황은 어떤 것일까?

PART 1, [STEP 01 너 자신을 알라]에서 10년 후 미래일기 쓰는 법을 알려줬다. 미래일기를 써보자. 최악의 경우는 어떨까? 지금 미래에 대한 투자는 전혀 하지 않고 하고 싶은 것만 할 경우, 10년 후 다가올 최악의 결과는 어떨까? 그리고 최고의 결과는 어떨까?

그 결과는 본인이 선택하는 것이다. 신중하게 고르자.

공부에 절박함이 느껴지지 않는데요.

당연하다. 가만히 있는데 절박함이 느껴지는 게 제정신이 아닌 것이다.

'절박함'이라는 것은 후에 있을 일을 계산한 후 스스로를 옥죄는 인위적인 감정이기 때문에, 후일을 생각하지 않는다면 절대 절박함이 생길 수 없다. 특히 학생들은 아직 미래를 보는 깊이가 얕고, 보이는 것 위주로 생각하곤 한다. 그래서 미래에 있을 후폭풍을 미리 계산하는 것에 미숙하다.

그러므로 우리는 절박함과는 관계없는 형태의 공부법을 구사해야 한다. 매일 정해진 분량을 공부해서 내 몸이 익숙해지도록 만들면, 굳이 절박함으로 무장하지 않아도 된다. 나와의 약속을 만들고, 이를 습관화하는 것이다.

절박함은 공부를 더 열심히 할 수 있도록 하는 무기일 뿐, 꼭 필요한 것은 아니다. 공부를 '습관'으로 만들어서 공부하면 그만이다.

선생님들은 아는 말만 하시던데요?

맞다. 많은 선생님이 비슷한 말들을 하신다. 그래서 여러분들은 들었던 소리를 듣고 또 듣고, 귀에 딱지가 앉을 정도로 들었을 것이다.

하지만 아는 것이 많은 것과 실제로 이행하는 것은 너무도 다르다. 아느냐 모르느냐가 중요한 것이 아니라 했느냐 안 했느냐가 중요하다는 것이다.

선생님께 들은 것들을 얼마나 이행했는가? 너무나도 많은 공부법이 있는데, 그 공부법들은 여러분들도 이미 잘 알고 있지 않은가? 그러면서도 이 책을 읽고 있다는 것은 여러분이 얼마나 실제로 행동하지 않는지를 보여주는 것이다.

알면서도 하지 않으니 똑같은 말을 할 수밖에 없다. 부모님, 선생님, 선배들 모두 같은 마음이다.

알았으면 지금 당장 행동으로 옮겨라.

최선을 다했는데도 안돼요.

단도직입적으로 말하자면, 최선을 다했는데도 안된다면 그 최선은 최선이 아닐 확률이 높다. 필자가 가장 싫어하고 믿지 않는 말이 '열심히 하겠습니다.'이다. '열심히'라는 단어만큼 주관적인 단어가 없고, 열심히 하겠다는 사람 중에서 최선을 다하는 사람은 별로 없었다.

'열심히'의 기준은 상황에 따라, 사람에 따라 달라진다. 하루에 6시간씩 한 달간 공부했다면 열심히 한 건가? 그렇다고 대답할 수도, 아니라고 대답할 수도 있다. 상황이 바뀌면 노력의 기준이 달라진다.

수능을 10년이나 준비한 장수생이 이번 시험에도 떨어지면 모든 것을 포기하겠다는 마음가짐을 갖고 있음에도 하루 6시간씩 공부했다면? '노력했다.', '열심히 했다.'는 말이 쏙 들어갈 것이다.

반대로, 9시에 출근하고 9시에 퇴근하는 직장인이 퇴근 후 시간을 내서 공부하며 어떤 시험을 준비하고 있는 거라면? 6시간이 아니더라도 엄청난 노력일 것이다.

이렇듯 노력, 최선의 정의는 상황과 사람에 따라 다르다. 누구에게는 '최선'이라고 말할 수 있는 정도의 노력이지만, 다른 누군가에게는 눈도 깜짝하지 않을 수준의 노력일 수도 있다.

그러면 여러분의 최선은 무엇인가? 정말 최선을 다한 것이 확실한가? 최선이라면, 내가 선택한 것 외에 다른 방법은 없어야 한다. 진정한 의미에서의 최선이란, 시간이나 분량의 절대량이 많은 것을 뜻하는 것이 아니라, 주어진 상황에서 최대의 노력을 하는 것이다.

참 신기한 것이, 대부분의 사람들은 최선을 다하지 않는다. '적당히', '대충' 해서 상황을 무마하려 한다. 최선의 노력을 기울이지 않았음에도 최선을 다했다고 자위하며 합리화한다. 이렇게 대충하는 습관은 관성이 되어 또다시 인생을 방해한다.

운이 좋아서 요령이 통할 때는 웃을 수 있지만, 통하지 않을 때는 무릎 꿇고 울어야 한다. 너무도 많은 사람들이 뒤늦게 '최선을 다할 걸.'하며 후회한다.

최선을 다했는데도 안된다는 말은 진짜 최선을 다했을 때만 사용할 수 있다. 원하는 것에 도달하지 못했다면, 그리고 그것이 본인 의지로 할 수 있는 것이었다면, 감히 '최선을 다했다'는 말을 하지 마라. 더 할 수 있었음에도 하지 않았을 뿐, 당신의 능력이 부족해서는 결코 아니다. 내 의지만으로 할 수 있는 것이라면, 최선을 다해도 하지 못할 일이란 절대 없다. 특히 공부처럼 자신과의 싸움인 것은 더더욱 그렇다.

대체 이건 언제 끝나나요?

몇 장 남았는지 볼까?

언제 끝이 나냐고? 이 게임에서 패배하거나 승리할 때까지는 쉴 수 없다. 안타깝지만 '대충 해서 비기는' 결과는 없다.

대충 뛰어도 이길 자신이 있는가? 아니면 패배하더라도 깔끔하게 패배를 인정하고 살 수 있는가? 그게 아니라면 어떻게든 이겨 내라. 언제 끝나는지는 궁금해하지 말고.

이기기 원한다면, 전력 질주를 해야 한다. 상대가 누군지 내가 어떤 길을 걸어왔는지는 전혀 중요하지 않다. 오직 내가 얼마나 빨리 달려가느냐, 어떻게 이기느냐가 중요하다.

전력 질주를 할 때는 뒤돌아볼 여력이 없다. 뒤돌아본다는 것 자체가 이미 전력 질주를 하지 않고 있다는 것이다.

정말 이기고자 한다면 뒤돌아보지 말고 달려라. 몇 장 남았는지 세지 말고 말이다.

○○ 때문에 못하겠어요.

핑계 리스트를 정리해봤다면 알겠지만, 여러분의 인생에 정말 많은 핑계가 있었을 것이다. 사실 어떤 것을 '못하겠다'고 생각하게 하는, 여러분들이 생각하는 '이유'는 모두 핑계다.

 ## 아, 저는 진짜 하려고 했었는데 상황이…. 

과연 정말 하려고 했을까? 아니면 말로만 '그랬던' 걸까? 모든 일에는 핑계가 있다. 핑곗거리는 만들자면 한도 끝도 없이 만들어낼 수 있다. 하고자 하면 반드시 방법이 보이는데, 하기 싫으니 핑곗거리가 생기는 것뿐이다. 진짜 만나고 싶은 사람이 있다면 아무리 바쁘더라도 시간을 내서 만나는 것과 같은 맥락이다. 즉, '시간이 없어서 못했다.'는 것은 '다른 거 할 시간은 있어도 그거 할 시간은 없었다.' 정도로 바꿔 말할 수 있다.

하기 싫은 사람은 변명 거리를 찾지만, 해내겠다고 마음먹은 사람은 방법을 찾는다. 이 차이는 마음가짐에 따라 나타나고, 그 결과는 당연히 다를 수밖에 없다. 해야겠다고 마음먹는 순간, 핑계는 사라지고 불가능해보였던 모든 것들의 방법이 떠오른다.

만약 '내가 생각하는 이유는 정말 핑계가 아니다.'고 생각한다면? 어떤 이유든지 그 이유 때문에 도저히 못하겠다면? 깔끔히 포기하면 된다. 포기하면 편하다. 못하겠다면서 굳이 할 필요가 있을까? 단, 그 결정에 대한 모든 책임은 직접 지는 거다. 후일에 오늘의 포기를 후회하며 징징거리지 마라. 그때 가서는 울고불고해도 소용없다.

모든 것은 여러분이 직접 만든다. 그것이 방법이든 핑계든 말이다. 승자는 절대 변명하지 않고 방법을 찾는다. 방법을 찾아 승자가 될지 핑계를 대는 패자가 될지는 직접 선택해라.

이건 불공평해요!

누군가가 부러운가? 집도 잘사는 친구가 똑똑하기까지 하다니 말이다. 그들에 비해서 나는 너무 초라하고, 불리한 상황에 놓여있다고 생각하는가?

반대로 생각하면, 이 책을 읽을 기회가 있는 여러분도 누군가에게는 부러움의 대상이다. 글을 읽을 줄 모르는 문맹도 있고, 눈이 보이지 않아 읽을 수 없는 시각장애인도 있고, 지적 장애로 인해 이 글을 이해할 수 없는 사람도 있다.

안타깝게도 원래 세상은 불공평하다. 세상이 존재한 이후로 사회는 단 한 번도 완전히 공평했던 적이 없고, 굳이 공평해야 할 이유도 없다. 인정하지 않으면 나만 더 괴롭다. 불공평한 상황은 누구나 겪게 된다.

이런 상황에서 누군가를 부러워하는 한 발전은 없다. 주어진 상황에 만족하라는 것이 아니라 불평불만을 토로할 시간에 그 불평등을 이겨낼 방법을 마련하라는 뜻이다. 언제까지나 불공평한 상황을 유지하기 싫다면, 그만 징징거리고 일어날지 그냥 앉아서 투덜대고 있을지 선택해라.

현재가 행복해야 미래도 행복할 수 있다는 뜻인데, 그 말도 맞다. 하지만 현재는 언젠가는 과거가 되고 미래는 현재가 된다. 준비하지 않으면 다가올 오늘이 행복하지 않을 수도 있다.

설사, 현재 행복하더라도 미래에 있을 결과에 따라 현재에 대한 기억이 바뀐다. 지금 당장은 '추억'일 수 있지만, 결과가 좋지 못하다면 그 추억은 '후회'로 바뀐다.

야간자율학습 시간에 도망이나 다니던 학생이 뒤늦게라도 정신을 차려 공부에서 대성공을 했다면 '야간자율학습 시간에 매일 도망쳤었는데, 그래도 그땐 참 재밌었어.'가 되겠지만, 끝까지 공부를 하지 않다가 결국 진학도 실패하고 그저 그런 인생을 살게 된다면 '아, 그때 그러지 말 걸.'이라는 후회가 생긴다.

'추억이잖아요.'라거나 '지금 당장의 행복만이 중요해요!'라는 것은 '미래 따윈 몰라요.'라는 철없는 이야기다. 모든 과정은 결과에 의해 재해석된다. 추억을 쓰레기로 만들고 싶지 않다면 추억이라는 그럴듯한 핑계로 현재의 나태를 포장하지 마라. 성과를 낼 수 있는 미래를 준비해야만 추억을 온전히 추억으로 남길 수 있다.

03 꿈 관련

저도 저를 모르는데, 왜 그리 아는 척하세요?

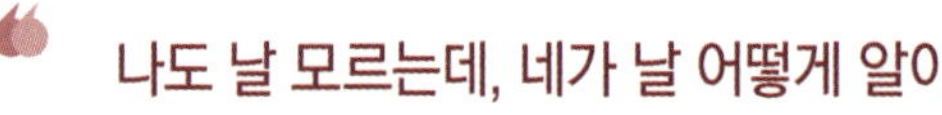

많은 연인들이 싸울 때 하는 말인데, 원래 자기 자신을 알기가 가장 어려운 법이다. 모든 것을 판단하기는 어렵겠지만, 제3자가 나도 몰랐던 부분에 대해서 나보다 더 잘 아는 경우가

꽤 있다. 게임을 하더라도 옆에서 훈수를 두는 사람이 실제 게임을 하는 사람보다 더 객관적으로 판단할 수 있는 것처럼 말이다. 물론 내가 여러분에 대해서 모두 아는 것은 아니다. 직접 만나더라도 본인보다 본인을 더 잘 알기는 힘들 것이다. 하지만 특정 분야에 대한 것이나, 본인조차 깨닫지 못하는 부분에 대해서는 이야기가 다르다.

혹, 이 글에 전혀 해당되지 않는 학생이 있을 수도 있다. 하지만 지금껏 수백 명의 학생들을 만나고 가르치며 분석한 통계적 데이터에 따른 것인 만큼, 사실에 근접하리라 본다.

저는 꿈이 없는데요?

 **선생님께서는 목표를 향해 달려가라고 하셨는데, 저는 목표가 없습니다.** 

이런 학생들이 많다. 아니, 대부분이다. 꿈이 있어서 그 꿈을 향해 달려가는 학생들은 전체의 10%도 안 되기에, 꿈을 만들라는 것 자체가 어불성설(語不成說)인 것처럼 느껴진다.

그러면 꿈에 대한 이야기를 잠깐 해보자. 꿈이란 대체 뭘까? 파일럿? 선생님? 경찰? 대부분의 학생들이 '꿈'이 무엇인가라는 질문에 '직업'을 떠올리지만 직업은 경제 활동을 도와주는 겉옷일 뿐, 그 자체가 꿈이라고 보기는 어렵다.

필자가 생각하는 꿈이란, '적성을 찾아 현실화하는 것과 그 과정'이다. 파일럿이 꿈이라면, 파일럿이 되기만 하면 꿈을 이룬 것인가? 그 다음 스텝은 전혀 없는 것인가?

절대 아니다. 파일럿이 되더라도 그 다음 목표가 생길 것이고, 그때는 다른 꿈을 꾸게 될 것이다. 이처럼 살아가는 모든 과정을 꿈과 목표로도 표현할 수 있는데, 여기서 가장 중요한 요소가 '적성'이다.

적성에 맞지 않는 일을 하면 불평불만이 꾸준히 쌓일 것이고 나중에는 그 일 자체를 증오하게 되어 그만두게 될 것이다. 하지만 경제 활동을 위해서는 일을 하지 않을 수 없고, 꾸준히 일을 하기 위해서는 적성이 반드시 고려되어야 한다.

이런 논리에서, 대부분의 어른들이 생각 없이 말하는 '꿈'이라는 것의 실체는 '적성에 맞는 일'이다. 그래야만 여러분의 미래가 고되지 않을 테니 인생 선배로서 조언을 해주는 것이다.

적성에 맞는 일을 찾기 위해서는 먼저 본인의 적성부터 알아야 한다. 적성을 어떻게 찾을까? 적성검사? 그런 검사들이 유효한지는 잘 모르겠다. 적성이라는 것은 본인이 '즐거울 수 있는가'로 판단하는 것이고, 어떤 행동을 취할 때 즐겁다면 '적성에 맞다'는 판단을 내릴 수 있다.

'즐거움'이라는 것은 감정이기 때문에 그 누구도 대신 찾아줄 수 없고, 스스로 찾아야만 한다. 즉, 경험을 해봐야 한다는 뜻이다. '이걸 할 때는 좋고, 저걸 할 때는 싫고'라는 것을 하나씩 알아가는 과정이 적성을 찾아가는 과정이다. 최대한 경험을 많이 쌓아보자. 내가 싫어하는 것과 잘하지 못하는 것을 찾아낸 후 하나씩 걸러내자. 그러면 자연스레 적성을 찾을 수 있다.

적성을 찾기 위해 여러 가지 경험을 하다보면, 새로운 것을 배우는 것이 생각보다 많이 고되다는 것을 깨닫는다. 늘 하던 것들만 하고 싶고, '이게 과연 의미가 있을까?'라는 생각도 든다. 하지만 이 과정 없이는 적성을 찾기가 어렵다.

'적성 공식'이라는 것이 있는데, 이는 즐거움과 배움의 합의 총량은 항상 같다는 것이다.

$$N(즐거움) + N(배움) = K$$

즐거울수록 배우는 것은 줄어들고, 배우는 것이 많을수록 즐거움이 낮아져 고통이 수반된다는 것이다. 단적인 예로, 게임을 처음 할 때는 배움의 과정이 꼭 필요하기 때문에 즐거움이 크지 않다. 하지만 배움이 끝난 후부터는 게임이 더 재미있어지며, 배움의 양은 급속도로 줄어든다.

이는 공부도 마찬가지다. 공부를 하면서 모르는 내용을 맞닥뜨리면 괴로움이 아주 크다. 대신, 배움의 값 또한 매우 크다. 때문에 너무나 고통스러울 때에는 그만큼 배움이 클 것이라는 생각으로 이를 견뎌내야 한다.

이 ‘적성 공식’은 나에게 맞는 적성을 온전히 찾고 나면 ‘제2 적성 공식’으로 바뀐다.

즐거움 ∝ 배움 ∝ 실력 ∝ 부, 명예

적성을 찾기만 하면 그 때부터는 즐거움과 배움이 비례한다. 하지만, 이 공식은 적성을 찾았을 때만 적용되며, 이 식을 민들이 내기 위해서는 제1 적성 공식에서 수반되는 고통의 시간을 견뎌내야 한다.

그럼 다시 물어보자. 꿈이 없다는 여러분은 적성을 찾기 위해 이렇게 경험을 쌓아 본 적이 있는가? 아이러니하게도 꿈이 없다고 칭얼대는 학생들 대부분은 꿈이 없다는 핑계로 차일피일 시간만 보내고 있다. 본인의 적성을 찾기 위해 고군분투하는 경우는 거의 보지 못했다. 이건 온전히 여러분의 잘못이다.

지금 당장 컴퓨터와 스마트폰을 놓고 밖으로 나가자. 아르바이트라도 해보자. 동아리나 모임에 나가보자. 책으로 새로운 경험을 쌓아보자.

‘성공’은 단어의 위용만큼 그리 대단한 것이 아니다. 성공의 기준은 사람마다 다르다. 적성을 찾아 이행하며 꿈으로 만들고자 한다면, 이미 성공한 인생이다. 칭얼대지 말고, 핑계대지 말고, 지금 당장 적성부터 찾아보자.

꿈이 있긴 한데, 그냥 꿈으로 남겨두려 합니다.

어떤 이유에서인지는 잘 모르겠지만, 나는 이를 응원한다.

꿈으로 남겨둔다는 것과 꿈을 포기하겠다는 것은 전혀 다르다. 아까 말했던 것처럼 꿈은 직업이 아니다. 여러분이 말하는 꿈은 ‘그 직업을 통해 먹고 살 수 있는 정도의 돈을 버는 것’인데, 굳이 적성에 맞는 꿈을 통해 경제 활동을 할 필요는 없다. 취미로도 즐기면서 살아갈 수 있다.

뮤지컬 배우가 되고 싶은데 그걸로 먹고 살 자신은 없다면, 취미활동으로 뮤지컬 배우 활동을 하면 된다. 그래도 꿈을 반 정도는 이룬 것이라고 볼 수 있다. 만약, 너무 적성에 잘 맞거나 호응이 좋다면 뒤늦게라도 다시 시작할 수 있고 말이다.

꿈이 있다면 일상에서도 얼마든지 이를 실행할 수 있다. 현실과 타협했다고 해서 그 꿈을 버리는 것이 아니라는 것을 기억했으면 한다.

부모님이 제 꿈을 반대하세요.

 저는 프로게이머가 되고 싶습니다. 그런데 부모님께서 반대하세요. 

왜 반대하시는지 생각해본 적이 있는가? 혹, 꿈을 핑계로 현실에서 도망치고 있는 건 아닌가?

프로게이머가 되고 싶다고 하는 친구들은 많이 봤지만 게임을 분석하고, 즐기기만 하는 것이 아니라 잘하기 위해 노력하는 학생들은 많이 보지 못했다. 이런 학생들은 단지 게임이 하고 싶어서 말도 안되는 논리를 펼치고 있는 것일 뿐, 진짜 프로게이머가 되려는 것이 아니다.

여러분은 스스로에게 속고 있다. 여러분이 외치는 꿈은 진짜 꿈이 아니라 핑계다. 꿈이라는 그럴듯한 핑계로 현실에서 도망치고 있는 것일 뿐, 진짜 꿈을 이루기 위해 노력하는 것이 아니다. 여러분의 부모님은 그런 여러분을 필자나 여러분보다 더 잘 알고 있기에 반대하시는 것이다. 만약 이것이 아니라면? 설득해야 한다. "수백 번도 더 해봤어요."라고 하겠지만, 설득은 말이 아니라 행동으로 하는 것이다. "하게 허락해 주세요."라고 백날 떠들어도 이미 여러분에게 실망하신 부모님은 쉽게 허락해주지 않으실 것이다. 그러니 허락을 구하지 말고 방법을 찾아서 먼저 해버리자. 꾸준히 노력하는 것은 기본이다.

엄청난 노력을 기울이며 "이만큼 노력하고 있어요."라고 여러분의 진심을 보여드리면 부모님께서 반대하실 이유가 전혀 없다.

꿈이라는 그럴듯한 핑계 뒤에 숨지 마라. 그리고 꿈이 있다면 노력하는 모습을 보여라. 노력하는 모습을 부모님께 보여드린 것이 언제였는지 스스로를 돌이켜봐라.

너무 힘들어요.

안타깝지만 누구도 나를 대신해줄 수는 없다. 타협을 하거나 이겨내는 수밖에 없다. 그게 아니라면 지금 내 눈앞에 놓인 상황은 절대 끝나지 않는다.

힘든가? 그 누구도 나를 도와주지 않는 것 같고 세상에 홀로 남겨진 것 같은 기분이 드는가? 아니면 하루하루가 지옥 같은가? 이게 인생인가 싶을 것이다. 하지만 최악의 상황이 오기 전까지는 포기하지 마라. 힘들다는 생각이 드는 정도라면, 지금 놓인 고통의 상황은 충분히 이겨낼 수 있을 것이다.

아래는 내게 힘을 줬던 노래, <SES – 달리기>다.

지겨운가요 힘든가요 숨이 턱까지 찼나요

할 수 없죠 어차피 시작해버린 것을

쏟아지는 햇살 속에 입이 바싹 말라 와도

할 수 없죠 창피하게 멈춰 설 순 없으니

이유도 없이 가끔은 눈물 나게 억울하겠죠

일등 아닌 보통들에겐 박수조차 남의 일인 걸

단 한 가지 약속은 틀림없이 끝이 있다는 것

끝난 뒤엔 지겨울 만큼 오랫동안 쉴 수 있다는 것

내가 감히 여러분의 고통을 가늠할 수는 없지만, 모든 것에는 반드시 끝이 있다. 이 달리기도 언젠가는 끝이 난다. 끝이 없어 보이는 달리기가 끝난 후에는 실컷 쉬고 또 웃을 수 있다. 그러니 조금만 더 힘을 내보자.

 **실패할 때 다른 사람들이 손가락질할까봐 겁나요. 비웃음거리가 되면 어쩌죠?**

자주 듣는 질문이자 매일 스스로에게 묻는 말이다. 사실 필자도 비웃음거리가 될까 두렵다. 여러분들에게 교육의 기회를 주고자 하지만, 이 역시 두려운 도전인 것은 사실이다.

심지어 이 고난의 끝에 열매가 있을지 없을지, 있다면 어떤 열매일지 몰라 더 두렵다. 필자는 도전을 멈추면 지금 당장 마시멜로우를 주겠다는 달콤한 유혹들을 뿌리치며 나아가고 있다. 혹자들에게는 꿈을 이루겠다는 일념 하나로 엄청난 제안들을 수도 없이 뿌리치며 가시밭길을 걸어가는 필자가 바보처럼 보일지도 모르겠다.

하지만 시간이 흐를수록 드는 확신이 있다. 나는 움직이고 있지만 손가락질과 뒷말을 일삼는 그들은 여전히 제자리걸음 중이라는 것이다.

끝없이 펼쳐진 망망대해에서, 모두들 포기한 채 가라앉고 있다. 그리고 그들은 벗어나려 헤엄치는 이들을 '쓸데없는 노력을 한다', '어리석다'며 비웃고 있다. 하지만 모두가 그렇게 한다고 해서 그것이 옳은 것은 아니다. 우리는 열심히 헤엄치고 있고, 적어도 이들처럼 가라앉고 있지는 않다는 사실이 중요하다.

아래는 최승호 시인의 <북어>라는 시다.

밤의 식료품 가게

케케묵은 먼지 속에

죽어서 하루 더 손때 묻고

터무니없이 하루 더 기다리는 북어들,

북어들의 일 개 분대가

나란히 꼬챙이에 꿰어져 있었다.

나는 죽음이 꿰뚫은 대가리를 말한 셈이다.

한 쾌의 혀가

자갈처럼 죄다 딱딱했다.

진실을 말하지 못하는 부끄러움

나는 말의 변비증을 앓는 사람들과

무덤속의 벙어리를 말한 셈이다.

말라붙고 짜부라진 눈,

북어들의 빳빳한 지느러미.

막대기 같은 생각

빛나지 않는 막대기 같은 사람들이

가슴에 싱싱한 지느러미를 달고

헤엄쳐갈 데 없는 사람들이

불쌍하다고 생각하는 순간,

느닷없이 북어들이 커다랗게 입을 벌리고

거봐, 너도 북어지

너도 북어지

너도 북어지

귀가 먹먹하도록 부르짖고 있었다.

우리는 북어가 아니다. 우릴 비웃는 북어들에게 실컷 떠들고 비웃으라고 하자. 비웃는다는 것 자체가 본인들 스스로 북어라는 것을 인정하는 꼴일 뿐, 신경 쓸 필요가 전혀 없다.

혹여나 실패를 하더라도 끝이 아니다. '실패는 두 번째로 좋은 결과'라는 말이 있다. 실패를 통해 배우면서 더 큰 성공을 도모할 수 있으니 실망하지 말자. 더 많은 실패는 더 큰 성공을 가져다 줄 밑천이다. '호사다마(好事多魔)'라고, 좋은 결과에는 안 좋은 일이 많을 수밖에 없다.

그리고 남들과 달라도 된다. 남들과 똑같이 살 이유는 전혀 없다. 남의 시선 따위 두려워하지 마라.

02 학부모님께

"자녀 교육을 위한 학부모 10계명"

뒤에서 다시 말씀 드리겠지만 일단 10가지를 부탁드리겠습니다. 제가 쓴 글은 아니지만 뒤에 제가 할 말과 맥락을 함께하는 부분이 많아, 첨부합니다. (MBC 무도 어린이집을 참조했습니다.)

1. 아이의 말을 중간에 끊지 마세요.

자신감을 잃어버리고 자기주장이 없는 아이가 됩니다.

2. 따뜻한 눈길로 바라봐 주세요.

부모에게 사랑을 받지 못하면 애정결핍이 생깁니다.

3. 여러 사람 앞에서 나무라지 마세요.

자신감을 잃어버리게 되고 대인기피가 올 수 있습니다.

4. 때리지 마세요.

향후 가해자로서 폭력을 정당화할 여지가 생깁니다.

5. 지키지 못할 약속은 절대 하지마세요.

부모를 믿지 못하게 되고 약속을 가벼이 여기게 되며 거짓말을 하게 됩니다. 약속은 반드시 지키세요.

6. 아이의 일을 대신 해주지 마세요.

자립심이 없는 아이가 되어 다른 데에 기대게 됩니다.

7. 아이에게 하는 사과를 부끄러워 마세요.

사과를 받는 아이는 자존감이 올라가게 됩니다. 나아가서는 부모의 마음을 더 잘 헤아리게 됩니다.

8. 버릇없이 키우지 마세요.

버릇없이 하는 그 행동이 나중엔 부모를 향하게 됩니다.

9. 아이가 화낸다고 같이 화내지 마세요.

훈계는 냉철히 해야 '잘못된 것'의 기준을 스스로 세울 수 있습니다.

10. 아빠는 아이와 보내는 시간의 질에 더 신경 쓰세요.

아이가 아빠에게서 얻는 것과 엄마에게서 얻는 것이 다릅니다. 한 쪽으로 치중되게 되면 편향되어 성장하게 됩니다. 육아시간이 부족하다면 그 시간만큼은 최선을 다해주세요. 육아에 지친 부인을 위해서 라도요.

+α 돈 없다는 이야기를 하지마세요.

모든 기준을 돈에 맞추게 되고 눈치를 보게 됩니다. 또, 돈 때문에 많은 것을 포기하게 됩니다.

왜 그리 자신감이 없을까요?

자신감 부족은 많은 학생들이 겪는 문제입니다. 또 안타까운 일이지만 이 문제의 중심에 학부모님들이 있는 경우가 많습니다.

좋은 뜻에서 하신 말씀이셨겠지만, 단 한 번이라도 타인과 비교를 한 적이 있다면 학생의 자존감에 상처를 줬을 수 있습니다. 학부모님의 과거, 옆집 아이, 사촌 등 비교의 기준은 그 어떤 것도 될 수 있습니다.

나 때는 말이야.

학부모님 때와는 상황이 많이 다릅니다. 굳이 구구절절 말하지 않아도 지금 우리 자녀들이 대입뿐만 아니라, 모든 부분에서 더 힘든 세대라는 것은 알고 계실 겁니다. 때문에 학부모님들의 과거를 기준으로 삼아 현재를 논하기에는 무리가 있으며, 오히려 현실과의 괴리감을 심어줄 수 있습니다.

옆집 애는 뭘 잘한다던데.

정말 자녀가 옆집 애보다 못하다고 생각하시나요? 통계적으로 자녀가 공부를 못하는 것은 학부모님의 영향이 꽤 큽니다. 왜 이 문제를 자녀의 탓으로만 돌리시나요?

그리고 옆집 애가 진짜 잘하는지, 무엇이 거짓이고 무엇이 진실인지 완벽히 알고 계십니까? 혹시 숨기고 있는 것이 있지는 않을까요? 생략되거나 부풀려진 것이 있지 않을까요?

정말 내 자식이 남의 자식보다 못하다고 생각하십니까? 아닙니다. 학부모님의 자녀들은 무한한 가능성을 갖고 있습니다. 자녀들의 자신감과 자존감을 깎지 마세요.

우리 아이는 대체 왜 공부를 안 할까요?

 부족한 게 없는데…. 

학부모님 입장에서만 그렇습니다. 물론 학생에게 물어보더라도 부족한 것이 없다고 할 것입니다. 다른 환경이 어떤지는 전혀 알지 못하니까요. 만약, 학부모님께서 이런 생각이 드셨다면, 지금까지 만들어온 교육 환경이 공부하는 분위기로는 부적합했던 것일 수도 있습니다.

엄청난 계기가 있지 않고서야 단시간에 공부를 잘하게 될 수는 없습니다. 어릴 때부터 쌓아 오신 교육적 재료들이 쌓여 근간을 이루고, 그 뿌리에서 우수한 학업성적이 나오는 것입니다. 혹시 학부모님께서는 학창시절에 공부를 열심히 하셨나요? 자녀에게 공부하는 모습을 많이 보여주셨나요? TV를 보거나 컴퓨터를 하는 모습을 자주 보여주진 않으셨나요? 안타깝게도 IQ는 유전이 되지 않아도 행동과 환경은 물려받습니다.

서울대 경제학과 박사과정 연구논문 중에서 '개천 용 지수'라는 것이 있는데, 아버지의 학력과 가구 소득에 따라 언어 영역은 최대 0.392점을, 외국어 영역은 최대 0.516점을 기록했습니다(1점에 가까울수록 교육 기회 불평등 심화). 이런 이유로 교육에서 빈부의 대물림이 심화되는 것인데, 사실 핵심 논점은 경제력이나 학력이 아닙니다. '자녀들이 공부할 수 있는 환경'을 만들어줘야 한다는 것입니다.

자녀는 반드시 부모를 따라합니다. 부모로부터 행동과 언어를 배우기 때문에 가족은 말투, 식습관, 행동 양식 등 모든 것이 닮게 되어있지요. 지금부터라도 모범을 보이시기 바랍니다. 자녀가 독서하기를 바라신다면 "책 읽어!"가 아니라 책을 읽는 모습을 자주 보여줘야 합니다. 책을 읽는 것이 당연하게 느껴지도록 말이죠.

공부는 환경이 도와줘야 할 수 있습니다. 하고자 해도 쉽게 되지 않는다는 것은 부모님께서도 잘 아실 것입니다. 최악의 상황에 놓고 하라고 보채기만 한다고 해서 되는 것이 절대 아니라는 것을 말입니다.

부유하다고 모든 것이 해결되지는 않습니다. 속된 말로 '돈으로 쳐 발라'도 안 되는 학생이 부지기수인 것처럼 말입니다. 부유한 학생이 모두 공부를 잘 하는 것도 아니고, 가난하다고 해서 공부를 못하는 것도 아닙니다. 하지만 현명한 부모를 둔 자녀는 반드시 현명해집니다.

공부하라고만 하지 말고 생각하고 움직일 수 있도록 도와주세요. 따라할 수 있는 교본을 자녀의 손에 쥐어주세요. 더 많은 가능성을 만나 꿈꿀 수 있도록 기회를 만들어주세요.

학부모님께서는 공부시키고자 노력하지만 자녀가 몰라준다면, 공부하지 않는다면, 스스로를 돌아보셔야 합니다.

왜 미래를 생각하지 않는 걸까요?

 **의사가 되라니까 쟤는 가수를 하겠대요.** 

부모님에게는 선택권이 없습니다. 자녀의 인생은 엄밀히 말하면 남의 인생입니다. 부모님에게는 단지 선택을 도와줄 수 있는 권한 정도만 있을 뿐입니다.

또, 의대를 간다고 해서 모두 의사가 되는 것도 아니고, 의사가 된다고 해서 모두 성공하는 것도 아닙니다. 반대로 가수가 되어 마이클 잭슨처럼 대성할 수도 있지요.

왜 자녀가 하고자 하는 것에 반대하시나요? 공부가 하기 싫어서 핑계를 대는 경우도 있겠지만, 핑계가 아님에도 자녀의 의견을 묵살하는 경우를 많이 봤습니다.

쉽지 않다는 것은 잘 알고 있습니다만, 자녀의 노력에 따라 처우를 달리해주세요. 노력의 '기준'을 정해주고, 그 기준을 통과했을 때 아이의 결정을 믿어주세요. 막연히 하지 말라고만 하면 반항심만 커질 뿐입니다.

 **10년 후에는 어떤 삶을 살고 계실 것 같나요?** 

미리 살아보신 학부모님들도 그걸 모르시는데, 한참 어린 우리 아이들이 어떻게 미래를 생각할 수 있을까요?

아이들에게 미래란 아주 추상적인 것입니다. 다가오지 않을 것 같은 신기루에 가깝고 영원히 학생일 것만 같을 겁니다. 기억이 있는 순간부터 학생이었으니 그럴 수밖에요. 고등학교를 졸업하면 지금까지와는 완전히 다른 새로운 인생이 펼쳐지지만 우리 자녀들은 이것을 절대 알 수 없습니다.

과장된 표현을 예로 들 수 있습니다. 고통을 표현할 때, '죽을 것 같다.'는 표현과 '피부가 불에 타는 것 같다.'는 표현의 경중을 따지면 전자가 압도적으로 더 아프다는 것이겠지만 이는 전혀 와 닿지 않습니다. 최악의 고통을 표현하는 '죽을 것 같다.'는 표현이 그리 크게 느껴지지 않는 이유는 '죽음'이라는 것이 인간이 실감하기 어려운 범주에 있기 때문입니다.

와 닿아야 느끼고 이해할 수 있습니다. 이와 마찬가지로 우리 아이들에게 '미래'라는 단어도 와 닿지 않을 겁니다.

인생은 백 번 말해도 직접 겪어보지 못하면 절대 알 수 없기 때문에, 말로써 이해시킬 수는 없습니다. 단지 이리한 것들을 미리 겪어보고 준비할 수 있도록 다양한 기회를 제공하는 것이 부모님의 역할입니다. 단순히 학원을 보내는 것이 아닙니다.

완전 자기 멋대로 행동해요.

 **그동안 안 해준 게 없는데 이제 와서 왜 저럴까요?** 

그게 문제입니다. 왜 자제할 줄 모르는 아이로 키우셨나요? 어릴 때 반찬투정을 다 받아주셨나요? 사달라는 장난감을 다 사주셨나요? 식당에서 뛰어다니는 자녀를 혼내지 않으셨나요?

당연히 본인의 의사가 가장 중요합니다. 남에게 피해를 주지 않는 선에서 하고 싶은 대로 하는 것이 맞습니다. 하지만 만약 자제할 줄 모르는 아이로 키우셨다면 그 아이는 자라서 남을 배려하지 않는 아이, 하고 싶은 것은 다 해야 하는 아이가 될 것이고, 학부모님은 가장 먼저 아이의 타겟이 됩니다.

이런 상황이 싫으시다면 미리 장치를 마련해두셔야 합니다. 뒤늦게 고치는 것은 어렵지만 예방은 쉽습니다. 하지만 자녀에게 제재를 가하려면 기준이 있어야 합니다. '어떻게 하면, 어떻게 하겠다.'라는 명확한 기준과 논리가 필요합니다. 만약 학부모님의 행동에 기준이 없고 언행 불일치나 거짓말이 반복되면, 자녀들은 금방 눈치 채고 더 이상 학부모님의 말씀을 듣지 않게 될 것입니다.

엄마도 그랬잖아!

일리 있는 말입니다. 자녀에게 일방적으로 숙일 것을 강요하면, 앞에서는 이해하는 척하다가도 뒤에서 딴짓을 합니다. 반드시 명확한 기준으로 자녀를 이해시켜주세요. 대등한 입장에서 토론을 하는 것이 좋습니다.

늦은 감이 있지만 손 쓸 수 없는 상황은 아닙니다. 자녀와 트러블이 생기는 부분이 있다면, 그 부분에 대하여 명확한 기준을 세워 약속을 하세요. 그리고 처벌 기준을 만드세요.

02 드리고 싶은 말씀

잔소리는 명확한 논리에 의해 절차대로!

너 좋으라고 하는 소리잖아!

이렇게 명확한 기준 없이 잔소리를 하면 자녀가 반항하게 됩니다. 잔소리를 하지 말라는 것이 아닙니다. 앞에서 말씀드린 것과 같은 맥락에서, 특정한 '기준'이 있어야 한다는 것입니다. 그리고 그 기준은 자녀와 함께 결정해야 차후 불협화음이 일어나지 않습니다. 토론을 통해 규칙을 만드는 것입니다. 특히 잔소리를 하다말고 이런 말씀을 하시는 학부모님들이 많습니다만, 이는 최악의 결과를 불러옵니다.

 ### 내가 못해주는 게 뭐가 있어? 밥을 안 줘? 집이 없어? 

요즘 학생들은 결핍을 경험해보지 못했습니다. 모든 지식은 경험으로부터 나오는데, 자녀들 대부분은 필수 성분이 결핍된 상태를 겪어보지 못했습니다. 말씀하신 것처럼 밥이 없는, 잘 곳이 없는 상황이 얼마나 괴로울지 공감하지 못하는 것이죠.

많은 학부모님이 위의 말을 충격요법처럼 사용하시지만, 자녀들은 "또 저 소리, 질려 진짜." 라고 생각하며, 이 말을 하기 전에 했던 말조차 잔소리로 합쳐서 쓰레기통에 버립니다.

어떤 물건을 팔 때는 소비자를 설득하여 소비자의 마음에 들게 해야 합니다. 지금 학부모님께서 구사하시는 방법은 물건을 팔기는커녕 고객의 화만 돋우는 격입니다.

자녀와 싸우는 것이 목적이 아니라 진심으로 자녀의 미래를 걱정하는 것이라면, 반드시 토론을 통해 지켜나갈 규칙을 만들고, 그 규칙에 따라 잘잘못을 가리도록 하세요. 상벌 기준이 명확할수록 자녀들은 제정된 규칙을 더 잘 따를 것이며, 세대 갈등도 다소 완화될 것입니다.

절대 감정적으로 대하지 마세요!

자녀를 보고 있자니 화가 나시겠지요. 하지만 조금만 참고 이성적으로 생각하시면 많은 것이 바뀝니다. 학부모님의 어릴 적을 기억해보세요. 부모님께 혼나고 나면 괜한 반항심에 하고 싶었던 것도 하기 싫어지지 않던가요?

부모가 감정적이면 자녀는 어느 장단에 맞춰야 할지 갈피를 잡지 못하다가 결국 엉뚱한 기준을 세워 행동하게 됩니다. 뒤늦게 그걸 알아차린 학부모는 "쟤 왜 저래?", "나한테 불만 있나?"라고 생각하게 되는 것입니다.

화가 나더라도 무작정 소리지르고 혼내시면 안 됩니다. 어떤 것이 잘못되었는지 천천히 이해시켜주시고, 똑같은 실수를 여러 번 반복했을 때 "이런 이유에서 오늘 혼나는 거야. 알겠어?"라고 명확히 설명한 후 혼내셔야 합니다.

아이들은 부모의 생각을 이해하지 못합니다. 학부모께서는 부모이자 인생 선배로서 차근차근 이해할 수 있도록 도와주셔야 합니다. 감정을 앞세워서 자녀들의 마음을 다치게 하는 것은 오히려 더 안 좋은 결과를 불러올 뿐입니다.

성적보다 노력과 과정에 관심을 가져주세요.

어려우시겠지만, 공부를 강요하지 마세요. 공부를 강요한다고 우리 아이들이 공부를 하는 것은 아닙니다. 하더라도 시험기간에 공부하는 척을 하는 게 전부일 텐데, 이렇게 하면 하든 안하든 성적에 큰 차이가 없습니다.

공부를 시키는 방법은 간단합니다. 공부가 재미있다고 느끼도록 만들면 됩니다. 공부가 재미있으려면 공부의 이유가 생겨야 합니다.

학원? 솔직히 백날 가도 성적은 오르지 않습니다. 잠깐 반짝 하더라도 잠시뿐, 궁극적인 실력 향상을 통해 문제 해결이 이루어지지는 않습니다. 그렇기 때문에 "어느 학원에 가야 수학을 잘할까?"가 아니라 "어떻게 하면 수학이 즐거워질까?"가 되어야 하는 겁니다.

차라리 더 놀게 하고, 더 많은 경험을 시켜주세요. 자녀 나름대로 공부의 이유를 찾을 수 있는 기회를 열어주세요. 그게 아니라면 공부를 하더라도 대충할 것이고, 효율도 낮을 것입니다.

"들어가서 공부해!"라는 말은 세상에서 가장 무책임한 말입니다. 뱉는 것은 말이기 때문에 쉽지만, 행동하는 것은 어렵습니다. 행동은 자녀의 몫입니다.

공부를 어떻게 하는 것인지, 공부가 무엇인지 방법을 차근차근 자세히 가르쳐주신 적이 있으신가요? 본인은 드라마를 보면서 공부하라고 고래고래 소리를 질렀던 적은 없나요? 방법은 한 번도 알려주지 않고, 오직 성적표만 보고 하는 말을 대체 누가 듣겠습니까?

당장의 숫자에 목매면 오히려 더 좋은 성적을 받을 수 없습니다. 과정에 초점을 두세요. 결과에 초점을 맞추면 성적을 조작할 방안을 강구하겠지만, 과정에 초점을 맞추면 제대로 된 과정을 찾기 위해 노력할 것입니다. 그리고 그 경험이, 과정이 어땠는지 함께 논의하세요. 자녀가 올바른 방향으로 나아갈 수 있도록 도와주고 함께 생각해주세요. 학원에서의 10시간보다 부모와의 대화 한 시간이 더 큰 역할을 할 것입니다.

또한 자녀의 노력을 칭찬해주세요. 당장 눈에 보이는 성과가 없을 수도 있지만, 모든 노력은 결국 거시적 성장으로 연결됩니다. 어떤 노력이든 상관없습니다. 굳이 공부가 아니면 어떤가요? 노력하는 습관을 가질 수 있도록 격려해주세요. 그 습관이 본인 스스로를 발전시킬 토대가 될 것입니다.

지나친 통제나 방임은 부작용을 가져옵니다.

자녀들은 아직 어리기 때문에 통제가 필요하지만, 본인의 의사를 존중받아야 합니다. 때문에 학부모님의 교육방침은 '방임'과 '구속'의 중간에 있어야 합니다. 이 또한 명확한 기준이 있어야 합니다. 기분에 따라 기준이 달라지면 자녀들은 학부모님을 믿지 않고 더욱 더 반항합니다.

중학교 2학년 때, 어머님께서 "시험 끝나면 게임하게 해줄게."라며 컴퓨터에 암호를 걸어놓으셨는데, 정작 시험이 끝나고 나니 "시험 끝나면 공부도 끝나?"라며 약속을 지키지 않으셨습니다. 그 일을 아직도 기억하고 있을 만큼 분노했었고, "어머니를 믿을 수 없다."라며 삐뚤어졌었습니다.

그리고 지나친 방목은 상상도 못한 결과를 불러올 수 있습니다. 내 자녀에게 어떤 일이 일어나는지는 알고 계셔야 합니다. 그러니 어릴 적부터 최소 1주일에 한 번은 함께 논의하는 시간을 의무적으로 가지도록 하세요.

내 자식은 내가 가장 잘 안다?

굉장히 빈번하게 일어나는 어마어마한 착각입니다. 자녀들도 부모님이 나를 잘 안다고 생각할까요?

필자가 직접 100명의 학생과 학부모님을 대상으로 설문조사를 실시한 결과, 83명의 학부모가 "자녀를 잘 알고 있다."라고 대답했습니다. 하지만 이와 반대로 94명의 학생들이 "우리 부모님은 나를 잘 모른다."라고 대답했습니다. 심지어 "우리 부모님은 나를 아주 잘 안다."라고 대답한 학생은 0명이었습니다.

자녀가 가장 좋아하는 건 무엇인가요? 자녀의 꿈은 무엇인가요? 자녀의 적성은 무엇일까요? 왜 그런 꿈을 꾸고 있는 걸까요? 자녀는 지금의 삶에 만족하고 있을까요? 불만이라면 왜 그럴까요? 자녀는 학부모님을 어떻게 생각할까요? 자녀가 학부모님께 바라는 건 무엇일까요? 이 외에도 질문은 너무나 많습니다. 이 질문들에 막힘없이 대답할 수 있는 부모님이 과연 얼마나 될까요?

동상이몽으로는 건강한 관계를 유지하기 어렵습니다. 지금이라도 늦지 않았으니 진심을 담아 대화를 이어나가야 합니다. 혹여나 자녀가 부모님이 내민 손을 잡지 않는다면, 부모가 준 상처를 안고 있는 것이니 과거의 본인을 돌이켜보셔야 합니다. 또한 자녀에게 앞으로 더 나은 부모가 되고자 하니 손을 잡아달라고 요청하셔야 합니다. 대화와 개선은 그 이후의 필수 조건입니다.

 고등학교 가기 전에 수1, 2는 다 해야 하지 않을까요? 

수업을 진행하면서 이러한 질문을 하시는 학부형들을 많이 뵀습니다. 결론부터 말씀드리면 헛수고입니다.

고등학교 과정의 선행 학습을 했던 학생들이 중학교 수학의 개념이 부족하여 다시 공부해야 하는 경우가 다반사였고, 오히려 진도가 더 늦어지는 기현상이 벌어졌습니다.

기본 원칙을 지키지 않은 공부는 어차피 금방 다 잊어버립니다. 선행 학습을 할 때는 시작점을 체크한다거나 빈 공간을 메우는 꼭 필요한 과정을 생략하고 공부를 시작하고, 생각하는 과정 없이 개념을 주입합니다. 그렇기 때문에 선행 학습을 하는 학생들은 '죽은 지식'을 받아들여, 알면서도 적용하지 못하는 상태에 도달하게 됩니다. 그래서 이런 학생 대부분이 만년 2~3등급을 벗어나지 못합니다.

모든 것에는 때가 있고 공부도 마찬가지입니다. 공부 그 자체에도, 내용에도 때가 있습니다. 지금 하는 공부에 충실하면서 빈 공간이 없도록 해야 나중에 다시 돌아오지 않습니다. 선행 학습을 하면 그때만 배울 수 있는 것들을 모조리 다 버려야 하기 때문에 영영 그 부분의 지식과는 안녕해야 하는 것이죠.

1+1이 2라는 것보다, 왜 2가 되는지 그 원리가 더 중요합니다. 2×7이 14라는 것보다 왜 14가 되는지가 중요합니다.

얼핏 보기에는 아니라고 생각하실 수도 있겠지만, 최상위권에 도달하기 위해서는 고난도 문제를 풀 수 있어야 하고, 고난도 문제를 풀기 위해서는 반드시 원리를 이해해야 합니다. 선행 학습을 하면서 포기해야 하는 것들 중 원리를 이해하기 위해서는 절대 생략할 수 없는 것들이 많습니다. 선행 학습은 득보다 실이 많습니다.

학원, 과외, 컨설팅 다 부질없습니다.

공부법 서적에서 이런 말을 해도 되는지 모르겠습니다만, 사실 학원, 과외, 컨설팅 등의 사교육은 별 의미가 없습니다.

오죽하면 "학원비는 엄마의 신경 안정제 값이다."라는 말까지 나왔을까요? 학원에 가서 학생이 배우는 것은 거의 없다는 뜻입니다. 학생이 원해서 가는 경우에는 상황이 다르겠지만, 학부모님이 권유해서 가는 학원은 그냥 출석 도장을 찍으러 가는 곳일 뿐입니다.

왜냐하면 공부는 본인의 마음이 동해서 하는 것이기 때문입니다. 그 어떤 것이라도 억지로 시키면 효율은 1%도 되지 않지만, 하고 싶은 것이라면 엄청난 효율을 발휘하게 됩니다.

공부를 억지로 시킬수록 책상과 멀어지고, 돈과 시간만 낭비하게 됩니다. 그 돈은 나중을 위해 아껴두세요. 혹시 뒤늦게 공부시켜달라고 조를지도 모르니까요.

그러니 그냥 하고 싶은 대로 두세요. 차라리 놀게 하세요. 그 편이 공부로 돌아오는 가장 빠른 길이 될 가능성이 높습니다. 어차피 공부에 마음이 없는 학생을 억지로 앉혀서 공부를 시켜봤자 공부로 성공할 확률은 0%에 가까우니 이성적으로나 산술적으로나 가능성이 높은 쪽에 투자를 하자는 말입니다.

놀다보면 지쳐서 책상으로 돌아올 수도 있고, 특별한 경험으로 공부의 필요성을 느낄 수도 있습니다. 하지만 책상앞에 앉아서 새로운 다짐을 할 확률은 제로입니다. 현실을 직시하시기 바랍니다.

대학은 필수가 아닙니다.

제가 드릴 마지막 부탁입니다. 저는 일류 대학을 어렵게 입학하고 졸업했지만, 사실 대학은 필수가 아닙니다. 대학을 졸업해보니 대학이 제게 준 것은 꽤나 많습니다. 하지만 솔직히 말하면 그것들은 '없어도 되는 것'에 지나지 않습니다.

사람답게 살고자 대학 진학을 결정했던 저는, 다른 시험이나 기술 습득 등의 대안이 많았음에도 오직 대학만을 바라보며 많은 대안을 무시했습니다. 후회도 했습니다.

대학만 가면 잘 사는 시대는 이제 끝났습니다. 학부모님의 세대와는 명확히 다릅니다. 초일류 대학의 최상위학과를 졸업하고도 실업자가 되는 세상이 되고야 말았습니다. 경제학적으로, 자본주의가 발달할수록 이런 현상은 심화될 것이며 대학은 지금보다도 더 유명무실해질 것입니다. 교사나 의사 같은 직종은 논외겠지만, 대학은 이제 다시 필수가 아니라 선택이 되었습니다.

당연히 대학의 목적이 취업은 아닙니다. 이제는 많이 훼손되었지만, 지식의 상아탑은 아직 건재합니다. 하지만 많은 학생들이 저처럼 '먹고 살기 위해' 대학 진학을 결정하는 것을 보았고, 그로 인해 많은 것을 포기하는 것을 보았습니다. 그 결과가 좋았을 리는 만무하겠지요.

먹고 살기 위해 대학 진학을 결정하는 것은 이제 정말로 깊게 고려해보아야 할 문제입니다. 대학이 필요하지 않을 수도 있습니다.

 자녀분들이 잘 살기 원하십니까? 아니면 그냥 대학을 가기 원하십니까? 

교육을 포기하라는 뜻이 아닙니다. 대학보다 나은 대안이 있을 수 있다는 것입니다. 대학에 목숨을 걸면 더욱 필요한 것을 놓칠 수도 있습니다. 자녀분들에게 필요한 것은 대학 입학이 아닌 다른 무언가일 수도 있습니다. 부디 그 결정권을 자녀에게 주고 학부모님께서는 자녀들이 올바른 선택을 할 수 있도록 도와주시기를 간절히 바랍니다.

MEMO

MEMO

전국 꼴찌 구짱구의
꼴찌도 통하는
공부법

전국 꼴찌 구짱구의
꼴 통
찌도 하는
공부법

전국 꼴찌 구짱구의
꼴찌도 통하는
공부법

전국 꼴찌 구쩡구의
레벨업
플래너

공부일기, 스터디플래너, 질문노트

전국 꼴찌 구짱구의
레벨업 플래너

공부일기, 스터디플래너, 질문노트

본 플래너는 견본이며 비매품입니다. 레벨업플래너 본품은 별도로 구매하실 수 있습니다.

BM 성안당

공부일기, 스터디플래너, 질문노트

"너네, 전교 꼴찌 해봤어?"

전국 꼴찌 구짱구의

레벨업
플래너

공부일기, 스터디플래너, 질문노트

본 플래너는 견본이며 비매품입니다. 레벨업플래너 본품은 별도로 구매하실 수 있습니다.

BM 성안당

레벨업플래너 사용법

Step. 1   **나와의 약속**   나와의 약속 페이지 하단에 제시된 주의사항을 읽고,
이에 유의하며 내가 지킬 약속들을 작성해요.

과목: **수학**
　　하루 최소 10문제 이상 풀기

과목: **영어**
　　하루에 단어 10개 이상 외우기

과목 별 최소 공부량을 설정해요.
꼭 지킬 수 있는 약속들만 적어야 해요!!

Step. 2   **타임 블럭**   주간 생활을 시간대별로 체계적으로 계획할 수 있는 시간표예요

스케줄은 지킬 수 있는 정도로만 만들어야 해요.
30분 단위로 스케줄을 계획하세요!

Step. 3   **먼슬리 플랜**   나의 월별 스케줄을 자유롭게 작성할 수 있는 먼슬리 플래너예요.
예쁘게 꾸며서 사용해보아요!

한 달동안의 다짐을 간단히 적을 수 있어요.

살 것, 필요한 것 등을 메모란에 적어요!

자유롭게 그 날의 일정이나, 기분을 적어요.

레벨업플래너 사용법

Step.4　　**플래너**　　주간 일정과 일별 계획을 작성할 수 있는 나만의 플래너예요!

〈Weekly Event〉

WEEKLY EVENT　　17. 03. 12 ― 17. 03. 18

MON　수학 여행

TUE　수학 여행

WED　수학 여행

THU

FRI　모의고사

SAT

SUN

먼슬리 플래너에 작성해놓은
일정들을 간단히 적을 수 있어요!

이번 주 주요 일정 & 해야 할 일

· 모의고사 3월 15일　　　　　　　　구체적인 일정을 적을 수 있어요.

·

레벨업수학 수Ⅰ 고난도 문제 질문노트 작성

관동별곡 분석하고 암기하기　　　이번 주 전체의 목표를 여기에 적어요.

레벨업코칭 코치님이 내준 특별 미션 제출하기

이번 주 나의 다짐 !

"　　이번 주 미션 빼먹지 않기!　　"

한 주간의 다짐을 적어보아요!

〈Daily Plan〉

Today is 03 / 16　　　금요일　　D - 280

important

_ 레벨업수학 100번까지 반드시 풀어야 함!

_ 영어단어 100개 외우기! 안 외우면 안 잔다!

_ 자기 전에 레벨업코칭 미션 제출하기! 필수!

_

오늘 하루 계획 중에서 가장 중요한 것들을 적어요.

우선순위	과목	내용	완료확인
4	국어	레벨업국어 5-16	
2	수학	레벨업수학 - 미적1 3강	○
1	수학	레벨업수학 - 수1 4강	○
3	영어	레벨업영단어 21일차	✕

(목표분량)

여기에는 과목별 목표 분량과 과목별 숙제를 작성해요.

계획을 지킨 과목은 완료 확인란에 ○로 체크하고,
계획을 못 지킨 과목에는 ✕표시를 해요.

가장 중요한 계획부터 숫자로 순위를 정해요. 우선순위 먼저 실행해야 한답니다.

자투리 시간 활용하기

영어 단어 20개 외우기

자투리 시간을 활용할 수 있는 일을 정해보아요!

오늘의 달성률　　　　　　　70 %

자기 전에 플래너 달성률을 퍼센트로 표기하도록 해요!

레벨업플래너 사용법

Step.5 **공부 일기** **활용 TIP!** 공부를 하면서 배운 내용을 기록하고, 하루를 되돌아보아요!

New
- 일대일 함수와 일대일 대응 — Check !
- PS시는 P파가 S파보다 빠르다
- 직선의 방정식 : $y - y_1 = m(x - x_1)$

Memorize
- 일대일 함수는 $y = a$와 교점 개수가 1개 — Check !
- 일대일 대응은 일대일 함수이면서 치역과 공역이 같은 것!

새로 배운 내용과 외워야 하는 내용을 적고 반복해서 학습해봐요.
한 번 보면 체크 1번, 세 번 보면 체크 3번!

오늘의 반성
게임을 하느라 목표 했던 분량을 채우지 못했다.
ㄴ시간 동안만 게임하려 했는데 더 해버렸다..
내일 부러는 하더라도 알람을 맞추고 해야겠다.

내일의 다짐
게임 시간에 반드시 시간 맞추고 하겠다.
그리고 오늘 못한건 내일 채우겠다.
게임을 안하는 한이 있더라도 채우겠다!

Check up Today !

낭비시간	공부시간	나와의약속	만족도
5시간	6시간	○	60점

반드시 표기!
이 수치가 레벨업을 나타낸답니다!

※ 주의할 점 ※
공부를 하지 않더라도 공부를 포기하지 않는 이상 매일 적어야 해요!

Step.6 **질문 노트** 모르는 문제의 풀이를 선생님께 물어보고, 질문한 내용과, 선생님께 받은 답변을 구체적으로 적어놓을 수 있는 노트랍니다.

DATE 17.02.07 교재 레벨업 수학 / 112 page

선생님께 질문할 내용

문제조건이 $a < 0$으로 주어져있었구요 $\dfrac{a\sqrt{a}}{\sqrt{-a}} = \dfrac{a\sqrt{a}}{\sqrt{a}i} = \dfrac{a}{i}$ 라고 풀었는데

이 방법은 왜 안되는거죠?? ㅜㅜ

선생님께 질문하고 싶은 내용을 작성해요.

선생님의 답변

$a < 0$일 때라고 가정하고 $|a|$ 를 벗겼는데, 이렇게 되면 a가 음수이기 때문에

$\sqrt{a} = \sqrt{-a}i$ 라서 $\sqrt{|a|} = \sqrt{-a}$ 가 됩니다.

$\sqrt{a}$ 를 $\sqrt{a}i$ 로 고치려면 a가 양수여야 합니다.

이 과정에서 틀리셨습니다.

선생님이 알려주신 내용을 자세하게 적어봐요.

내 생각이 틀렸던 이유

a의 조건을 고려하지 않고 제곱근을 없앴다.

선생님의 풀이와 내 풀이를 비교하면서
내가 틀렸던 이유를 적어봐요.

질문을 했던 이유가 무엇인가요?
제곱근은 범위를 고려해야 없애거나 약분할 수 있다는 것을 몰랐다.

똑같은 질문을 하지 않으려면 무엇을 해야 할까요?
앞으로는 조건을 확인하고 그 조건에 맞춰서 식을 전개해야겠다.

선생님의 답변을 적용해서 문제를 다시 풀어 보아요.
풀었다면, 체크!

선생님의 답변 적용해 보기 ☑ 다시 해보니 이제는 안 틀릴 것 같다.

다시 풀어보았을 때 느낀점을 간단히 작성해봐요!

'나와의 약속'

졸려도, 아파도, 무슨 일이 있어도 지키는 약속!
'아무리 힘들어도 이것만은 지키자'하는 최소한의 마지노선.
공부가 정말 하기 싫다면? 이거라도 지키자!

나 __________ 은(는) ______________ 까지

______________________ (이)라는 목표를 이룰 것이다.

그 목표를 이루기 위해서 ______________________ 까지

어떤 일이 있더라도 이것들만은 매일 해낼 것을 나와 약속한다.

과목:

과목:

과목:

과목:

과목:

과목:

어기는 즉시 ______________________ 하는 벌을 받을 것을 나 스스로와 약속하며

이 내용은 ______________________ 와 공유한다.

20 . . . ______________ (본인 서명)

| 주의!! | 1. 시간으로 잡지말고 분량으로 잡기 | 2. 추상적인 계획이 아닌 정확한 계획으로! | 3. 너무 빡빡하지 않게! |

4. 전과목별 최소분량 잡기   5. 어길 시, 벌은 엄하게!!

※유사시의 최소 분량입니다. (이것만 한다고 공부가 되는 건 아닙니다!!)
※어기는 순간 폐기하고, 약속을 다시 만드세요!

	MON	TUE	WED	THU	FRI	SAT	SUN
05:00							
06:00							
07:00							
08:00							
09:00							
10:00							
11:00							
12:00							
13:00							
14:00							
15:00							
16:00							
17:00							
18:00							
19:00							
20:00							
21:00							
22:00							
23:00							
00:00							
01:00							
02:00							
03:00							
04:00							
05:00							

⏰ TIME BLOCK ⏰

	MON	TUE	WED	THU	FRI	SAT	SUN
05:00							
06:00							
07:00							
08:00							
09:00							
10:00							
11:00							
12:00							
13:00							
14:00							
15:00							
16:00							
17:00							
18:00							
19:00							
20:00							
21:00							
22:00							
23:00							
00:00							
01:00							
02:00							
03:00							
04:00							
05:00							

	Sunday	Monday	Tuesday
Memo			

Wednesday	Thursday	Friday	Saturday

MON	
TUE	
WED	
THU	
FRI	
SAT	
SUN	

🔔 이번 주 주요 일정 & 해야 할 일

이번 주 나의 다짐 !

"   "

Today is   /   요일   D -

important

–

–

–

–

우선순위	과목	내용	완료확인
목표 분량			
숙제			

자투리 시간 활용하기

오늘의 달성률   %

Today is / 요일 D -

important

-

- 오늘의 달성률

-

-

우선순위	과목	내용	완료확인

목표
분량

숙제

자투리 시간 활용하기

오늘의 달성률 %

Today is / 요일 D -

important

-

- 오늘의 달성률

-

-

우선순위	과목	내용	완료확인

목표
분량

숙제

자투리 시간 활용하기

오늘의 달성률 %

<table>
<tr><td>Today is   /   요일   D -</td></tr>
</table>

important

-

-

오늘의 달성률

-

-

	우선순위	과목	내용	완료확인
목표 분량				
숙제				

자투리 시간 활용하기

오늘의 달성률   %

Today is   /   요일   D -

important

-

-

오늘의 달성률

-

-

우선순위 과목 내용 완료확인

목표 분량

숙제

자투리 시간 활용하기

오늘의 달성률 %

Today is   /   요일   D -

important

-

-

-

-

우선순위	과목	내용	완료확인

목표
분량

숙제

오늘의 달성률   %

Today is   /   요일   D -

important

-

-

-

-

우선순위	과목	내용	완료확인

목표
분량

숙제

자투리 시간 활용하기

오늘의 달성률   %

MON

TUE

WED

THU

FRI

SAT

SUN

🔔 이번 주 주요 일정 & 해야 할 일

이번 주 나의 다짐 !

"   "

Today is   /   요일   D -

important

-

-

-

우선순위	과목	내용	완료확인

목표
분량

숙제

자투리 시간 활용하기

오늘의 달성률   %

Today is   /   요일   D -

important

  -
  -
  -
  -

우선순위   과목   내용   완료확인

목표
분량

숙제

자투리 시간 활용하기

오늘의 달성률   %

Today is   /   요일   D -

important

  -
  -
  -
  -

우선순위   과목   내용   완료확인

목표
분량

숙제

자투리 시간 활용하기

오늘의 달성률   %

Today is   /   요일   D -

important

-

-   오늘의 달성률

-

-

우선순위	과목	내용	완료확인

목표
분량

숙제

자투리 시간 활용하기

오늘의 달성률   %

Today is   /   요일   D -

important

-

-   오늘의 달성률

-

-

우선순위	과목	내용	완료확인

목표
분량

숙제

자투리 시간 활용하기

오늘의 달성률   %

| Today is | / | 요일 | D - | | Today is | / | 요일 | D - |

important

-
-
-
-

| 우선순위 | 과목 | 내용 | 완료확인 |

목표
분량

숙제

important

-
-
-
-

| 우선순위 | 과목 | 내용 | 완료확인 |

목표
분량

숙제

자투리 시간 활용하기

오늘의 달성률　　　　　　　　　%

자투리 시간 활용하기

오늘의 달성률　　　　　　　　　%

Today is   /   MON   TUE   WED   THU   FRI   SAT   SUN

D -

☀ Wake Up Time :   ☾ Sleep Time :

TITLE

Draw

New   Check !   Check !

Memorize   Check !   Check !

check up Today !

낭비시간	공부시간	나와의약속	만족도

Today is   /   MON TUE WED THU FRI SAT SUN

D -

☀ Wake Up Time :   🌙 Sleep Time :

TITLE

Draw

New   Check !   Check !

Memorize   Check !   Check !

오늘의 반성   내일의 다짐

check up Today !   낭비시간   공부시간   나와의약속   만족도

Today is   /   MON   TUE   WED   THU   FRI   SAT   SUN

D -

☀ Wake Up Time :   ☾ Sleep Time :

TITLE

Draw

New   Check !   Check !

Memorize   Check !   Check !

오늘의 반성   내일의 다짐

check up Today !   낭비시간   공부시간   나와의약속   만족도

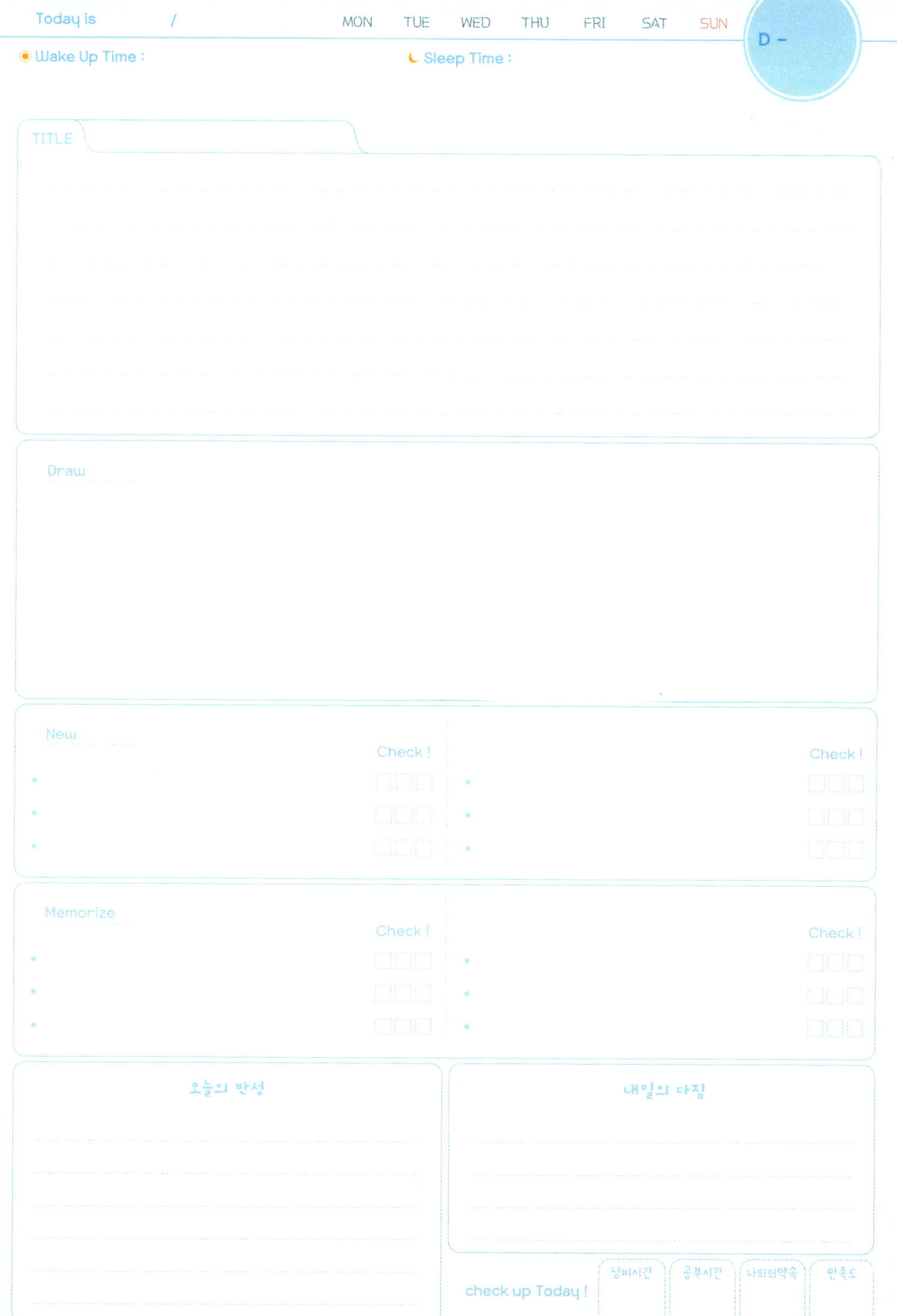

Today is   /   MON   TUE   WED   THU   FRI   SAT   SUN   D -

Wake Up Time :   Sleep Time :

TITLE

Draw

New   Check !   Check !

Memorize   Check !   Check !

오늘의 반성   내일의 다짐

check up Today !   낭비시간   공부시간   나와의약속   만족도

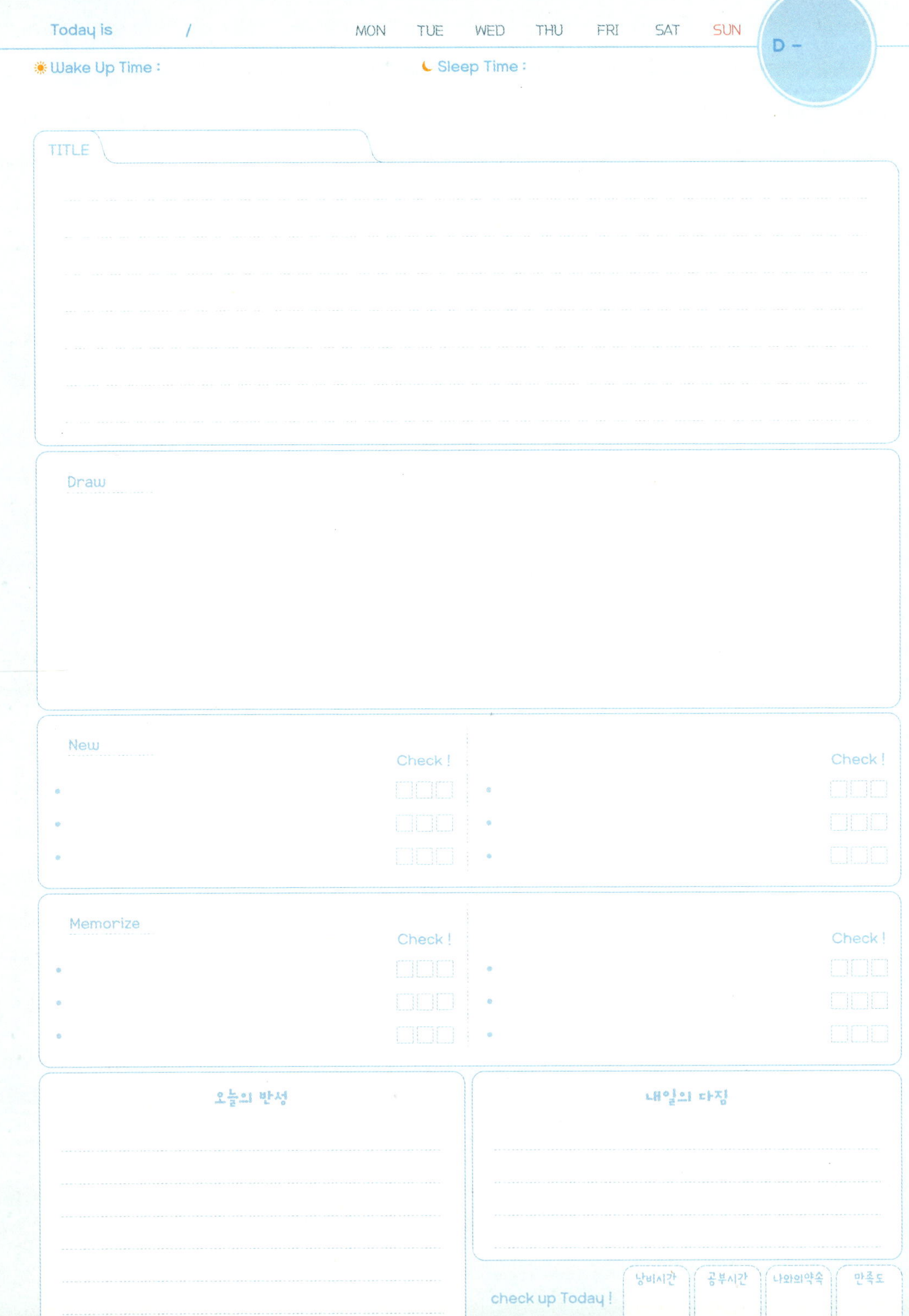

Today is   /   MON   TUE   WED   THU   FRI   SAT   SUN
D -
Wake Up Time :   Sleep Time :
TITLE
Draw
New   Check !   Check !
Memorize   Check !   Check !
오늘의 반성   내일의 다짐
check up Today !   낭비시간   공부시간   나와의약속   만족도

Today is   /   MON   TUE   WED   THU   FRI   SAT   SUN

D -

☀ Wake Up Time :   ☾ Sleep Time :

TITLE

Draw

New   Check !

Memorize   Check !

check up Today !   낭비시간   공부시간   나와의약속   만족도

Today is   /   MON   TUE   WED   THU   FRI   SAT   SUN   D -

☀ Wake Up Time :   ☾ Sleep Time :

TITLE

Draw

New   Check !   Check !

Memorize   Check !   Check !

check up Today !   낭비시간   공부시간   나와의약속   만족도

Today is   /   MON   TUE   WED   THU   FRI   SAT   SUN

D -

☀ Wake Up Time :   ☾ Sleep Time :

TITLE

Draw

New   Check !   Check !

Memorize   Check !   Check !

오늘의 반성   내일의 다짐

check up Today !   낭비시간   공부시간   나와의약속   만족도

Today is   /   MON   TUE   WED   THU   FRI   SAT   SUN

D -

☀ Wake Up Time :   ☾ Sleep Time :

TITLE

Draw

New   Check !

-
-
-

                                                       Check !

Memorize   Check !

-
-
-

                                                       Check !

오늘의 반성   내일의 다짐

check up Today !   낭비시간   공부시간   나와의약속   만족도

Today is   /   MON   TUE   WED   THU   FRI   SAT   SUN   D -

☀ Wake Up Time :   ☾ Sleep Time :

TITLE

Draw

New   Check !   Check !

Memorize   Check !   Check !

오늘의 반성   내일의 다짐

check up Today !   낭비시간   공부시간   나와의약속   만족도

Today is   /   MON   TUE   WED   THU   FRI   SAT   SUN

D −

☀ Wake Up Time :   ☾ Sleep Time :

TITLE

Draw

New   Check !   Check !

Memorize   Check !   Check !

오늘의 반성   내일의 다짐

check up Today !   낭비시간   공부시간   나와의약속   만족도

Today is   /   MON   TUE   WED   THU   FRI   SAT   SUN

D -

☀ Wake Up Time :   ☾ Sleep Time :

TITLE

Draw

New   Check !   Check !

Memorize   Check !   Check !

check up Today !   낭비시간   공부시간   나와의약속   만족도

Today is   /   MON   TUE   WED   THU   FRI   SAT   SUN   D -

☀ Wake Up Time :   ☽ Sleep Time :

TITLE

Draw

New   Check !   Check !

Memorize   Check !   Check !

오늘의 반성   내일의 다짐

check up Today !   낭비시간   공부시간   나와의약속   만족도

Today is   /   MON   TUE   WED   THU   FRI   SAT   SUN

D -

☀ Wake Up Time :   ☾ Sleep Time :

TITLE

Draw

New   Check !   Check !

Memorize   Check !   Check !

오늘의 반성   내일의 다짐

check up Today !

낭비시간	공부시간	나와의약속	만족도

Today is   /   MON   TUE   WED   THU   FRI   SAT   SUN

D -

☀ Wake Up Time :   ☾ Sleep Time :

TITLE

Draw

New   Check !   Check !

Memorize   Check !   Check !

오늘의 반성   내일의 다짐

check up Today !   낭비시간   공부시간   나와의약속   만족도

Today is   /   MON   TUE   WED   THU   FRI   SAT   SUN   D -

☀ Wake Up Time :   ☾ Sleep Time :

TITLE

Draw

New   Check !

Memorize   Check !

check up Today !   낭비시간   공부시간   나와의약속   만족도

선생님께 질문할 내용

선생님의 답변

내 생각이 틀렸던 이유

질문을 했던 이유가 무엇인가요?

똑같은 질문을 하지 않으려면 무엇을 해야 할까요?

선생님의 답변 적용해 보기 ☐

선생님께 질문할 내용

선생님의 답변

내 생각이 틀렸던 이유

질문을 했던 이유가 무엇인가요?　　　　　똑같은 질문을 하지 않으려면 무엇을 해야 할까요?

선생님의 답변 적용해 보기　☐

선생님께 질문할 내용

선생님의 답변

내 생각이 틀렸던 이유

질문을 했던 이유가 무엇인가요?

똑같은 질문을 하지 않으려면 무엇을 해야 할까요?

선생님의 답변 적용해 보기

선생님께 질문할 내용

선생님의 답변

내 생각이 틀렸던 이유

질문을 했던 이유가 무엇인가요?

똑같은 질문을 하지 않으려면 무엇을 해야 할까요?

선생님의 답변 적용해 보기 ☐

선생님께 질문할 내용

선생님의 답변

내 생각이 틀렸던 이유

질문을 했던 이유가 무엇인가요?

똑같은 질문을 하지 않으려면 무엇을 해야 할까요?

선생님의 답변 적용해 보기

선생님께 질문할 내용

선생님의 답변

내 생각이 틀렸던 이유

질문을 했던 이유가 무엇인가요?

똑같은 질문을 하지 않으려면 무엇을 해야 할까요?

선생님의 답변 적용해 보기

선생님께 질문할 내용

선생님의 답변

내 생각이 틀렸던 이유

질문을 했던 이유가 무엇인가요?   똑같은 질문을 하지 않으려면 무엇을 해야 할까요?

선생님의 답변 적용해 보기

선생님께 질문할 내용

선생님의 답변

내 생각이 틀렸던 이유

질문을 했던 이유가 무엇인가요?

똑같은 질문을 하지 않으려면 무엇을 해야 할까요?

선생님의 답변 적용해 보기

선생님께 질문할 내용

선생님의 답변

내 생각이 틀렸던 이유

질문을 했던 이유가 무엇인가요?

똑같은 질문을 하지 않으려면 무엇을 해야 할까요?

선생님의 답변 적용해 보기

선생님께 질문할 내용

선생님의 답변

내 생각이 틀렸던 이유

질문을 했던 이유가 무엇인가요?

똑같은 질문을 하지 않으려면 무엇을 해야 할까요?

선생님의 답변 적용해 보기

선생님께 질문할 내용

선생님의 답변

내 생각이 틀렸던 이유

질문을 했던 이유가 무엇인가요?   똑같은 질문을 하지 않으려면 무엇을 해야 할까요?

선생님의 답변 적용해 보기

선생님께 질문할 내용

선생님의 답변

내 생각이 틀렸던 이유

질문을 했던 이유가 무엇인가요?

똑같은 질문을 하지 않으려면 무엇을 해야 할까요?

선생님의 답변 적용해 보기 

선생님께 질문할 내용

선생님의 답변

내 생각이 틀렸던 이유

질문을 했던 이유가 무엇인가요?

똑같은 질문을 하지 않으려면 무엇을 해야 할까요?

선생님의 답변 적용해 보기 ☐

선생님께 질문할 내용

선생님의 답변

내 생각이 틀렸던 이유

질문을 했던 이유가 무엇인가요?　　　　똑같은 질문을 하지 않으려면 무엇을 해야 할까요?

선생님의 답변 적용해 보기

전국 꼴찌 구짱구의
꼴찌도 통하는
공부법

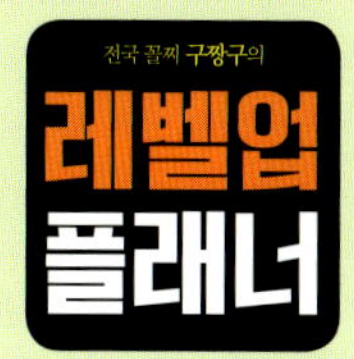

공부일기, 스터디플래너, 질문노트

공부일기, 스터디플래너, 질문노트

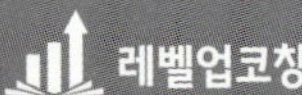

레벨업코칭

공부일기, 스터디플래너, 질문노트

공부일기, 스터디플래너, 질문노트